ESCRITOS INEDITOS

I
HOJAS SUELTAS

Cubierta de Ricardo Baroja

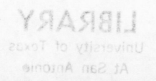

Edición conmemorativa del
        Centenario del nacimiento de Pio Baroja,
Cubierta de Ricardo Baroja
Es propiedad. Derechos reservados
© Herederos de Pio Baroja
Edita y distribuye: CARO RAGGIO, EDITOR
Alfonso XII, 50. Tel. 2306851. MADRID - 14
Depósito Legal: BI. 355 - 1973
ISBN: 84 - 7035 - 021 - 8
Imprime: GRAFICAS ELLACURIA, Avda. del
        Generalísimo, 19. ERANDIO-BILBAO

PIO BAROJA

HOJAS SUELTAS

(Prólogo y notas de D. Luis Urrutia Salaverri)

*Editorial
Caro Raggio
Madrid*

NOTA PRELIMINAR

*Don Luis Urrutia Salaverri, francés de naci-
miento y de nacionalidad, pero vinculado por as-
cendencia al País Vasco, es uno de los hispanistas
que conocen mejor la Literatura española de co-
mienzos del siglo XX. Sus investigaciones acerca
de Unamuno pusieron a tiro de los estudiosos una
considerable cantidad de textos de aquél nunca recogidos y dieron pie a una serie de observaciones
jamás hechas. Urrutia realizó, a la par, otras sobre
Baroja, que quedarán reflejadas, primero en este
libro y luego en una gran tesis, escrita con arreglo
a la tradición académica francesa, dentro de la cual,
como es sabido, el doctorado se obtiene tras muchos años de esfuerzo, de suerte, que hay tesis que
constituyen la obra mayor en la vida de un hombre laborioso. Para terminar la suya, Urrutia ha
trabajado años y años: como una de las consecuencias del trabajo, he aquí ahora este libro con
textos juveniles de Baroja, descubiertos merced a
minuciosas rebuscas en Madrid, en París, en San*

Sebastián, en Bilbao... Creo que nadie que en lo futuro pretenda entender la obra de Baroja podrá prescindir de la lectura de los pequeños escritos recogidos en estos dos volúmenes. Personalmente he de decir que constituyen una sorpresa, incluso para los que más familiarizados estábamos con ella. Una sorpresa y una comprobación de que, en la senectud, la memoria del escritor para las cosas de su juventud, era muy fuerte cuando aquéllas le habían apasionado. Mucho más débil cuando se trataba de ciertos asuntos personales.

Publica aquí, por ejemplo, Urrutia la serie de artículos escritos en París, en 1899. Hace mucho que en casa no teníamos rastro material de ellos. Pero allá entre 1945 y 1950, cuando Baroja se refería a sus recuerdos parisinos finiseculares, hablaba en términos casi iguales a los que se encontrarán en los escritos de casi medio siglo antes. Semblanza de Oscar Wilde, imágenes de cargas en las calles, comentarios populares sobre el asunto Dreyfus, etc., etc. La memoria de Baroja era, pues, de una fidelidad extraordinaria, y Urrutia —ya lo dice— se valió de ella en su búsqueda. Pero así como de ciertos temas el escritor, viejo, hablaba con gusto una y otra vez, otros apenas los tocaba. Por ejemplo, el de los seudónimos. Esta es la razón por la que yo mismo apenas he podido aclararle a Urrutia algo sobre su uso y tengo las mismas vacilaciones y dudas que él sobre atribuciones posibles de artículos firmados con varios.

No voy a insistir en este y otros temas que él mismo desarrolla con pericia en el prólogo o intro-

ducción que sigue. Si advertiré al lector que debe ponerse ante esta colección de escritos nunca recogidos en libro, como un crítico o historiador que quiere ahondar en la comprensión de una personalidad que le interesa. No como el simple lector que busca pura fruición. Baroja pasa diez años haciendo pruebas, antes de llegar a un grado de madurez, más o menos consciente. Los años de aprendizaje se caracterizan siempre por tanteos y vacilaciones. También por ciertas torpezas e inexperiencias. Sin duda, lo que en esta obra resultará más árido para el lector actual serán los artículos de 1890 acerca de la literatura rusa, y la tesis sobre "El Dolor", publicada en 1896. Lo restante se lee —creo yo— de modo más gustoso. ¡Pero cuán significativo es que un joven español de dieciocho años, hace ochenta y dos, se preocupara por los grandes maestros rusos del XIX! ¡Quién no ve en la tesis del doctorando del médico de veinticuatro el germen de una obra de la que acaso se desprende como consecuencia última que el dolor es la base de todo existir!

Desde el punto de vista idiomático se observará también el tránsito de un modo de escribir convencional y de receta a otro más suelto, a medida que los artículos, cuentos y descripciones son más modernos. Ideas y expresiones van ajustándose. Alguien, con motivo del centenario que ahora se cierra, dijo "ex cathedra", solemnemente, que Baroja no fue autor que manejara "ideas" y que en la fórmula novelesca fue menos innovador que otros. Creer que los monopolizadores del manejo *de ideas son unos pocos filósofos y que la novela tiene fórmulas de "formulario" puede producir tranquilidad y sensación de beatitud a ciertas personas. Pero la creencia no encaja tan bien en las cabezas de otras, según mis experiencias. Cuando los filósofos y los sociólogos teorizan acerca de literatura pueden decir cosas peregrinas. Platón quiso que de la "República" perfecta quedaran desterrados los poetas y los trágicos. También los autores cómicos. Acaso un codificador de repúblicas literarias podría pensar que de ellas debía desterrarse a los filósofos, o por lo menos, a determinada clase de ellos. No tendría peores razones que las que tuvo Platón.*

En fin, quiero concluir dando al profesor Urrutia las gracias en nombre de mi tío y también en el nombre de sus sobrinos: es decir, mi hermano Pío y yo mismo.

Julio Caro Baroja

EL PRIMER BAROJA

"La formación psicológica de un escritor" fue el tema del discurso de ingreso de Pío Baroja en la Academia Española, en 1935. Ya llevaba don Pío treinta y cinco años de vida de escritor, y cuarenta y cinco escribiendo. Nótese la diferencia entre los dos años mencionados. Aquel discurso fue un eslabón en sus múltiples aclaraciones autobiográficas en defensa de la sinceridad, de la explicación de una personalidad: la suya.

La formación de un escritor es, en nuestros tiempos, un tema que preocupa mucho. J. P. Sartre ha dedicado ya tres tomos a Flaubert, poniendo en la mesa de disección la infancia consciente del joven "preflaubertiano" en *L'Idiot de la Famille*. Asimismo, Proust, en estos años del centenario, ha sido observado, mirado y remirado en todo lo palpable e impalpable suyo. Lo mismo ha sucedido con otros escritores y artistas franceses en la crítica actual.

No es que pretenda ahora seguir con Baroja un camino tan puntualmente trazado, tan preciso y detallista. Para ello, hubiera sido necesario tener ya buenos estudios completos, biográficos y de crítica literaria sobre Pío Baroja, como ocurre justamente con aquellos autores franceses.

No basta la exégesis repetida, por brillante que sea. Y por eso, los mejores libros escritos sobre Baroja son los de don Pío, y el que ahora acaba de publicar Julio Caro Baroja sobre su familia con el título de *Los Barojas*.

A mi ver, la crítica, incluso la universitaria, no debe ser descarnada, desvitalizada, tiene que adentrarse, con los más diversos métodos y sin dogmatismos, en la psicología e incluso en la fisiología de un escritor, tiene que tratar de desandar lo andado, para volver a emprender con el autor estudiado la quebrada carrera que fue la vida de un hombre, y nada más que de un hombre.

Pero antes, para ello, convenía, conviene saber, conocer mejor lo que hizo, lo que dijo y lo que escribió don Pío en cada año de su larga vida, empezando por sus años de juventud, de formación, aquellos que van de 1890 al novecientos, más exactamente 1904, e incluso los anteriores a su primerísimo escrito.

Pero aquí viene lo interesante: para un aficionado a Baroja, para un estudiante de su obra, la fuente más segura es esta obra misma, son sus escritos.

En esta España en que el escritor se cuida tan poco de contar su vida, tenemos a dos hombres, dos vascos que constantemente lo hicieron cada uno a su modo. Don Miguel en su oceánico carteo, don Pío en su acertado memorialismo.

El arte de las *Memorias,* muy francés, muy europeo (basta con citar a Gide o Alain), es uno de los grandes aciertos barojianos. Desde sus primeros pasos casi, y en varias circunstancias de su vida, don Pío fue un memorialista de primer orden, de los pocos que existen en la literatura española.

En dichas *Memorias,* leemos cantidad de pormenores de su vida, pero también está el retrato de una época, de una sociedad. También son un documento histórico, ni más ni menos objetivo que muchas obras de historiadores.

Ahí tenemos a mano, *Juventud, Egolatría;* las *Páginas escogidas* para la editorial Calleja; *Las Horas Solitarias; Momentum Catastrophicum; Las Divagaciones de autocrítica* y su estudio sobre *Tres generaciones;* ahí están sobre todo sus "*Memorias*": *Desde la última vuelta del camino,* pasados ya los setenta años y la terrible guerra civil.

Gracias a estas obras, gracias a su *Discurso de ingreso en la Academia,* gracias a muchos datos autobiográficos sacados (o que quedan por sacar) de sus novelas, ensayos y artículos, podemos formarnos una idea de lo que fue la sociedad española de fin de siglo; de lo que fue la vida del escritor, así como la de sus amigos y enemigos; de lo que fue su creación literaria y cómo se fue formando.

Hace ya unos cuantos años que ando recogiendo y comparando todo lo escrito por don Pío en los primeros treinta años de su vida, hasta 1904.

Fecha arbitraria, como toda la que se escogiera. Fecha que, sin embargo, me parece interesante por cloturar más o menos la época de formación, de tanteos y ensayos. Epoca en que, generalmente, publicaba sus novelas de folletín en los periódicos, antes de sacarlas a la luz en libro. (Salvo un par de excepciones, en efecto, después de 1904, don Pío publicará sus novelas directamente en libro.)

Que quede esto bien claro: Antes de vagabundear por diarios y revistas del siglo pasado y principios de éste, convenía, conviene, leer todas esas páginas autobiográficas antes evocadas. Para ir a la caza de tesoros, de perlas o de confesiones, se necesitaba un guía, un "cicerone", en Madrid y en provincias: el autor.

Por lo cual, siguiendo el hilo de los recuerdos y memorias del propio don Pío, hemos ido hacia todos esos diarios y revistas que él nos señaló tratando de cumplir así, en una primera etapa analizadora, con el cometido de todo buen aficionado a un escritor; el conocerlo mejor, si se puede, en una como psicobiografía, por sus primeros escritos y el análisis de sus años de infancia, adolescencia y juventud. Recoger y completar, si era posible, la ya inmensa teoría de páginas escritas por él para satisfacer nuestro gusto y fantasía.

Conviene no olvidar que, cuando don Pío llegó a Itzea, hace sesenta años, tenía ya la fama de un novelista de empuje. Entre los veintiocho y cuarenta años había sacado dieciocho novelas importantes, acaso varias de ellas entre las mejores suyas; una colección de cuentos que tuvo tres edi-

No se tratará en las páginas que siguen de ofrecer las diferencias. Esto queda para ediciones críticas y comparativas, en preparación de *Silvestre Paradox*, de *Camino de Perfección* y de *La Busca*.

* * *

Como se comprenderá, en el caso presente, tampoco se traerán a colación las demás obras escritas y publicadas antes de la compra de la casa de Itzea, que en su vida marca no obstante un nuevo y definitivo acercamiento a la tierra, a sus antepasados de Alzate, lo que le hace congeniar con Aviraneta, su antepasado. Tal encuentro le va a marcar más decididamente que en *Zalacaín* y en sus dos trilogías anteriores, su nueva ruta de autor de novelas históricas. Ello estaba no obstante ya en germen en sus escritos anteriores, hasta en parte en los primerizos, aquí ofrecidos.

Efectivamente en estos artículos y ensayos escritos entre 1890 y 1904 y publicados en diarios y revistas, está en cierne el Baroja de las primeras novelas, así como se puede notar en ellos su concepción de la retórica y del arte de novelar, explicación imprescindible para un escritor que quiere ser distinto de lo que él conoce en España o en el extranjero; que quiere elaborar un *Arte nuevo de la Novela*, confesando sus aficiones y preferencias.

Anteriores a su célebre y para mí definitiva controversia con Ortega hay de esta época varios textos manifiestos: *En defensa del Arte*, publicado en "El Ideal", *Las Confidencias de un hombre de pluma,* que salió primero con el folletín de *La Busca,* como introducción a la novela, el prólogo a *Valle de lágrimas* de Rafael Leyda, el manifiesto de *Nosotros* (los tres, Maeztu, Martínez Ruiz y Baroja), "A la Juventud Intelectual", los discursos ante la tumba de Larra, etc...

Entonces conoce a Galdós, un *Galdós* nuevo para él *vidente* con la presentación de "Electra", pero no desea seguir sus pasos, quiere superarlo, como se puede averiguar leyendo justamente la introducción a *La Busca,* de la que tenemos varias versiones, tres en concreto.

Opina sobre el realismo y el naturalismo francés y ruso; le parece necesario rebasarlos, hacer algo distinto en España, algo que tampoco sea lo de Pardo Bazán, de Blasco Ibáñez, de Felipe Trigo, ni tampoco lo de Zola, hispanizado.

Prefiere la novela folletinesca, la por entregas a la psicológica de Hervieu, Paul Bourget o Marcel Prévost. Está ya contra el arte modernista, el arte por el arte, otra vertiente de su comprometimiento de entonces.

Leyendo un párrafo de su *Discurso de Ingreso,* dejaremos la palabra a Baroja: *Con todo el cargamento de pasiones, de antipatías y de simpatías, paso a hablar de mi juventud y a ponerla, en parte, como sujeto de estudio en la mesa de disección. No me cegará el espejismo de lo pretérito, no siento esta nostalgia; no me parece que cualquier tiempo pasado fue mejor. No creo que el sol de mis años juveniles fuera más alegre que el de ahora ni que la vida tuviese más intensidad ni más gracia. Unicamente las formas varían en esos períodos de tiempos largos para las personas y pequeños para los pueblos... Lo que le interesaba al hombre de hace cincuenta años como nuevo y curioso no le interesa al de hoy; pero quizá le vuelva a interesar al de dentro de un siglo. Probablemente no se mejora, y se cambia solamente el gusto.*

La literatura, la novela son una creación permanente, en constante evolución, en continuo retorno. La vida manda. ¡Qué distancia entre Baroja y Baroja!

Parece que la juventud de hoy que siente mayor afición por Baroja y Machado, por Nietzsche y el nihilismo, por las viejas teorías del siglo XIX finalizante, que por teorías más codificadas, le da la razón a don Pío en muchas de sus negaciones.

* * *

En sus *Memorias* está ya lo esencial de la ruta que seguí para recoger estos textos.

Por ejemplo, en *Familia, Infancia y Juventud* (páginas 585, 605 a 607), nos dice lo siguiente: *"En casa de Venero comenzamos los tres compañeros a ensayar algo literario. Yo publiqué dos artículos en "El Liberal", uno creo que sobre Octavio Feuillet; el otro, sobre Elías Berthet, que debieron de morir por entonces. Había leído algo de los dos; pero los datos estaban copiados del Diccionario Larousse. Escribí también algunos cuentos, y comencé dos novelas, que no puedo juzgar si estarían bien o no, porque las abandoné. La una se ti-*

tulaba El Pesimista o Los Pesimistas, *y la otra,* Las Buhardillas de Madrid. *Creo que una de ellas debía 'parecerse a mi novela "Camino de Perfección", y la otra a "Las Aventuras de Silvestre Paradox". Para las* Buhardillas de Madrid *hizo mi hermano Ricardo unos dibujos que todavía hace poco estaban en casa."*

Más adelante, evocando ya su estancia durante dos años y medio en Valencia, dice: *"Madrid me era más grato que Valencia. Mis aficiones literarias surgían de nuevo, después del desdén que por ellas había sentido durante la época en que había vivido un poco aplastado por el pesimismo. Comencé por entonces a escribir en "La Justicia", periódico de Salmerón. No era ésta la primera vez que aparecía mi firma en un periódico. Cuando yo estudiaba en cuarto año de Medicina, se me ocurrió enviar algunos artículos, uno de ellos sobre Dostoievski a "la Unión Liberal" de San Sebastián, donde me los publicaron. También había escrito en "El Liberal" de Madrid, en un periódico de Valencia, que se ocupaba de arte, y en "El Ideal", aunque sin firmar."*

Asimismo nos habla de sus ulteriores colaboraciones en "El País", "El Globo", en "El Imparcial", en "España", en "El Diario Universal".

Todo ello significa, lo que dije ya, que yo no he inventado nada, que no he hecho más que seguir todo lo indicado ya por don Pío en sus *Memorias.*

Con ello se ha formado este libro, un libro que perfilará al primer Baroja. De siete partes pudiera componerse esta labor de recolección, que nos da aquí la primera elaboración abreviada o distin-

ta de tal cuento; la circunstancia de un artículo
o ensayo; que nos ofrece también buena parte de
textos nuevos, si no inéditos, de la misma ideología, del mismo color, en cierto modo precursores
de los "Cuentos" y novelas publicados después.

Las siete partes serán respectivamente:

1) *La Prehistoria;* 2) *Los Cuentos de "La Justicia" y artículos de "El Ideal"*; 3) *Baroja en "La
Voz de Guipúzcoa"*; 4) *Baroja en las revistas de
arte joven;* 5) *Baroja y Los Cuentos de "El País"*;
6) *Baroja en otros periódicos madrileños, princi-
palmente "El Globo" y "El Imperial"*; 7) *Baroja y
"El Pueblo Vasco". Por último, su tesis doctoral
sobre El Dolor.*

* * *

La primera parte llamada *La Prehistoria* recoge
los trece artículos y no sólo el de *Dostoievski,* mandados desde Madrid a "La Unión Liberal de San
Sebastián", y que tratan de *Literatura Rusa,* des-
tacando los estudios sobre el naturalismo y el nihilismo rusos. Confirman la impresión que ya teníamos de que don Pío Baroja conocía de muy joven, a los 17 años, a ciertos autores rusos, aunque
más a Tolstoï que a Dostoievski. El conocimiento
de Gorki le vendrá más adelante, cuando su viaje
a París en 1899 y sus visitas a *"l'Humanité Nouvelle"*, sin que le entre con ello la simpatía por el
autor ruso, con quien algunos quisieron compa-
rarle. Los tres nihilistas estudiados —Herzen, Bakunine y Tschernychevski— llevan su simpatía y
nos predicen al republicano intransigente, evolu-

cionando hacia el anarquismo, que, como nos lo dice él mismo, "era un anarquismo schopenhauriano y agnóstico, que se hubiera podido resumir en dos frases: *No creer, no afirmar*".

Recordemos así todo lo negativo en la frase barojiana, sin meternos a explicaciones críticas, lingüísticas o estilísticas.

En esta parte, hemos incluido los dos artículos necrológicos sobre *Octavio Feuillet* y *Elías Berthet,* dos novelistas franceses algo folletinescos, muertos en 1890 y principios de 1891.

Sacamos también dos textos más interesantes, fruto de un colaboración que acaso hubiera podido ser fecunda entre Pío y Darío, colaboración literaria que les permite presentar, por primera vez, a *Silverio Lanza,* el "solitario de Getafe", autor estimable y estimado por la juventud literaria; y en el segundo atacar a *los Vates Calenturientos*, los poetas modernistas, seudo-románticos, decadentes, los estetas del tiempo.

Esta colaboración literaria de Pío con Darío muestra la afinidad que existía entre ambos hermanos, y que nunca llegó a ser tan fuerte entre Pío y Ricardo.

* * *

La *segunda parte,* también casi totalmente nueva, corresponde a la presentación de los *Cuentos* de "La Justicia".

En realidad, con esta confesión de don Pío en sus *"Memorias"*, comienza, comenzó a plantearse para mí un problema, el de la posible existencia de seudónimos que usara don Pío para firmar ciertos artículos a los que no daba tanta importancia, en "El Ideal" o en otros diarios y revistas.

En las listas presentadas por Maxiriarth-Hartzenbusch hijo, en 1904, no está Pío Baroja y quedamos con las mismas dudas con Pousa, u Ossorio y Bernard (no he visto el estudio de José María Nogués). Pongamos un paréntesis y hablemos ahora de los posibles, entrecomillados, "seudónimos".

En "El Ideal" y otros diarios (por ejemplo, "El Nervión" de Bilbao) aparece un tal *Bachiller Sansón Carrasco*, que a un momento dado escribe una *Psicología y sopa de arroz* desde Benidorm, en los tiempos en que está por Valencia viviendo la familia Baroja.

También habla en *Instantáneas* de "Galdós", "Pereda" y de "Lo que dicen las letras". Francisco Zea, muerto en 1857, había usado dicho seudónimo en el siglo XIX.

En el mismo diario, leemos *Las Cartas de un Provinciano*, firmadas por *Inocente Amedias*, que poco después se llamará *Inocente Cantaclaro* (al que no debe confundirse con *Cantaclaro*, usado por Ubaldo Romero Quiñones, un periodista de entonces).

Al llegar a Cestona y desde Zarauz, manda a "La Voz de Guipúzcoa" de San Sebastián crónicas que firmaba *Tirteafuera*, lo que nos plantea un nuevo problema, cuando en la revista "Vida Nueva" vemos ciertos artículos firmados *Doctor Pedro Recio de Tirteafuera*, o *Tirteafuera* a secas, al lado de otros, bastante anticlericales, firmados *Pío Quinto*. Sabido es que sus nombres de pila eran Pío Inocente, por la fecha de su nacimiento el segundo y por su abuelo el primero. Dichos seudónimos los vemos usados hasta 1904, en "El Globo" o en otros periódicos (abreviado el penúltimo en *Pedro Recio*), sobre el que se pudiera tener una duda, la de que fuera un tal Benito Avilés.

Se me olvidaba decir que en "El Mercantil Valenciano" de los años 1893-1894, aparece un *Doctor Solo* que escribió algunas críticas literarias en dicho diario. Cerrando este paréntesis, o antes de cerrarlo, quiero sugerir que el seudónimo es cosa muy usual entre los aficionados a las teorías anarquistas y entre los literatos de entonces.

José Martínez Ruiz tomó varios seudónimos, el último siendo *Azorín*. Miguel de Unamuno usó también varios, para citar a dos de los escritores de mayor relieve de la época.

Estos cuentos, a los que volvemos ahora, los escribió esencialmente entre noviembre del 93 y julio del 94 —aunque existan textos aislados del 95 y 96—, o sea, en su año de Doctorado, pasado sólo en Madrid. En el intervalo, y después de Navidades, empeoró la salud de Darío, el cual murió en febrero del 94.

Si digo esto es para recordar que la tesis suya trataba *del Dolor,* y más que un estudio médico, era un *estudio psicofisiológico* que iba camino del escritor médico más que del médico escritor, que fue don Pío en toda su vida.

Los "Cuentos" de "La Justicia" vienen empañados de dolor, de pesimismo, de las lecturas de

Schopenhauer, a veces ya a través de Nietzsche (que no fue tanto de su gusto y afición, aunque se interesó mucho por él).

El pesimismo estaba entonces en el ambiente de una juventud que no veía en las obras de la Regencia motivo alguno para cambiar de parecer. Dicho sea de paso, el pesimismo no es cosa inherente a don Pío, ya que con los años, y pasados los cuarenta, con sus temporadas veratarras acaso, se modificó profundamente para dar paso a una serenidad, también nacida del éxito, de la plenitud literaria cobrada por su constante e intensa labor intelectual.

Son veintiséis los cuentos de "La Justicia". En seis de ellos asoma la primera versión —y no la única de otros seis cuentos publicados en *Vidas Sombrías*. Anteriores a su estancia en Cestona, y no como a menudo se ha escrito. Los demás son "nuevos", o sea, sin relación, pero no sin hilación, con otro escrito posterior.

De ellos han hecho ya mención García Mercadal y Jorge Campos, pero sin presentarlos al público, como en este libro se hace.

En "El Ideal" salió, no obstante lo dicho por don Pío, además de los escritos, un artículo firmado *En Defensa del Arte,* que es un escalón más en la cadena de los textos barojianos sobre teoría y estética literarias.

Que escribiera en "El Nervión" de Bilbao, un periódico creado en 1893 por Gandarias, capitalista vizcaíno, no tiene por qué extrañarnos, pues éste trató de atraerse los mejores escritores vascongados, esencialmente los jóvenes, por lo que

Miguel de Unamuno, Manuel Bueno y otros varios firmaron muchos textos en dicho diario. De Baroja saldrán también ahí con su firma varios de los cuentos de *Vidas Sombrías,* que son repetición (pero con modificaciones y variantes) de lo publicado en otros diarios y revistas, o del texto de "Vidas Sombrías".

* * *

La tercera parte la vamos a centrar en "La Voz de Guipúzcoa", no porque dejara de escribir en periódicos madrileños, entonces, sino porque, desde su llegada a Cestona, a mediados de agosto de 1894, vamos a verle reanudar su colaboración en el diario donostiarra, tan apreciado por su padre don Serafín, que escribía en él cuentos y humoradas.

A partir de enero del 96, e incluso después de su vuelta a Madrid para ocuparse de la fábrica de pan de su tía Juana Nessi, sacó en "La Voz de Guipúzcoa" buena parte de los Cuentos de "Vidas Sombrías": *El Carbonero, Grito en el mar, Noche de médico, Golfos, El Vago, La playa en otoño, Mari Belcha, El Trasgo, Errantes, El reloj, De la Fiebre,* con el título definitivo; pero también: *La Farsa de Pachi, La Guerra y la Ciencia, El Charlatán, Visiones, De Otoño, La Casa de la Trapera, Camino del Este, El Remedio, Al llegar a la Venta, A la Pesca,* que corresponden con otros títulos del libro, demostrando una voluntad constante de que siguiera viviendo el texto, después de escrito.

Entre sus "Cuentos de la Tierra" o "Cuentos

Propios" hallamos algunos totalmente "nuevos",
como *Morir al Sol*, *Las Dos Oraciones*, *La Vieja*,
El Hospital de Noche, *Fornos*, *La Institutriz* (que
no es totalmente nuevo, puesto que será el cuento llamado luego *Biquette*).

Con ocasión del primer viaje largo a París, en
el verano de 1899, que no le resultó lo que deseaba —faltándole lo conseguido por los hermanos
Machado con Zerolo en la casa Garnier hermanos—, escribió para "La Voz de Guipúzcoa" siete
artículos *Desde París*, del 20 de julio al 4 de setiembre de 1899; uno de ellos es en parte conocido al evocar el cementerio del Père Lachaise y
otro está en *El Tablado de Arlequín* con el título
de *Lagny* —(aquí "el Viaje a Lagny").

Durante aquella misma estancia en París sacó,
redactadas en francés, y que entre varias y otras
cosas de Unamuno y de Baroja, indiqué a nuestro
difunto amigo Pérez de la Dehesa (quien las publicó en "Papeles de Son Armadans") dos "*Chro-
niques espagnoles*", una del 10 de agosto de 1899
y otra el 4 de enero de 1900, redactadas para
"*L'Humanité Nouvelle*", la revista de los hermanos Reclus, anarquistas y sabios geógrafos, con
quienes mantuvo relaciones don Pío, antes y después de aquel viaje a París.

En "La voz de Guipúzcoa" hay otras varias colaboraciones de Baroja a lo largo de los treinta
y seis años del siglo XX, que duró dicho diario.
Habrá que volver sobre ellas más adelante en otro
estudio.

La cuarta parte va dedicada a *las revistas madrileñas*, sobre todo. Es acaso la más conocida,

después de los trabajos del doctor Granjel y de Domingo Paniagua. Estas revistas traen a veces manifiestos firmados con otros escritores jóvenes de su generación —pues son revistas de jóvenes— como en "Germinal", "Revista Nueva", "Vida Nueva" o "Juventud".

En la primera, salió *Piedades Ocultas,* el primero de octubre de 1897, que con el título de *Bondad Oculta,* será el primer cuento del libro "Vidas Sombrías", con muy pocas variantes.

"La Revista Nueva" sacará varios artículos, recogidos luego en el *Tablado de Arlequín,* o en *Vidas Sombrías,* o en los *Ensayos del tomo VIII.*

Como se ha escrito ya, esta parte está muy vista y no merece extenderse mucho sobre ella. Sin embargo, en "Electra", hay dos textos que son ya una prefiguración de "Camino de Perfección": *"El Amigo Ossorio"* y *"Domingo de Toledo".*

En "Juventud", sacó otro que tomará para el mismo libro, y titulado: *Ciudad sin alma,* que es Yécora, terriblemente retratado en dicha novela y en la melliza de José Martínez Ruiz, *La Voluntad.*

También otros textos firmados *Pío Quinto* bien pudieran ser fragmentos de un libro sobre *los Jesuitas,* que pensaban publicar juntos Baroja y Azorín. Nuevos son los ensayos de "Juventud" y alguno también de "Alma Española", revista de 1903.

Lo dicho anteriormente confirma que ésta ha sido la parte más castigada y conocida, por lo cual no me detendré más en ella, a pesar del valor e interés de los manifiestos literarios.

* * *

Se han separado luego sus colaboraciones periodísticas madrileñas en dos apartados, por el interés que suscita su participación a la vida de "El País", por un lado, y luego su papel de redactor (incluso de redactor jefe, o director interino, en diciembre de 1902 y por unos meses), de "El Globo", un periódico de mayor tirada aún. A esas colaboraciones convendría añadir las de "El Imparcial" y sus "Lunes", y las de "España" en 1904, antes de su entrada en "El Diario Universal".

En "El País", como lo había hecho a veces en "La Voz de Guipúzcoa", vuelve a poner en el telar cuentos ofrecidos anteriormente y que modifica, reelabora y vuelve a estructurar. Entonces se presenta para el estudioso que desea ahondar en la técnica de un Baroja (mucho más preocupado de lo que se ha dicho por el estilo, por la claridad, la concisión, la precisión del estilo) el problema del estudio comparativo de los distintos textos que tenemos ahora a mano.

De esto nos hemos explicado algo en la revista *Cuadernos Hispanoamericanos* con mayor detención. Y al número especial dedicado a Pío Baroja remitimos para no prolongar demasiado este Prólogo.

En "El País", además de los cuentos remozados, hay cuentos nuevos, que pasaron a "Vidas Sombrías", y otros que van a parar a una nueva colección o que están sin coleccionar, como *Al Extranjero, Humo, Las Vidas Tristes,* etc..., cuando no los empleó luego en "*Silvestre Paradox*", como ocurrió con *Las Dentaduras de Mister Philf,* maestro de dentistas para todo lo postizo.

También en "El País" sacaron, pero no la terminaron, una novela titulada *"La Guerra del Transvaal o los Misterios de la Banca de Londres,* cuatro escritores, entonces amigos, que colectivamente firmaron Van Poel Krupp. Los cuatro se llamaban Valle-Inclán, Camilo Bargiela, Pío Baroja y Ramiro de Maeztu. Lo que tenemos de esta novela salió entre el 20 de marzo y el 30 de junio de 1900. Por lo que Baroja nos dice, la mayor parte la escribió Maeztu.

En este diario publicó Baroja un artículo a mi ver importante titulado *Galdós Vidente,* texto que el lector podrá leer, analizar y comentar a su gusto en las páginas que le corresponden en este libro. A mí me consta que se trata de algo muy útil para entender las relaciones entre Baroja y Galdós, para darse cuenta de las ilusiones que nacieron con la salida de *Electra* en esa juventud intelectual del 98: *"El Galdós de hoy, el Galdós vidente, adquiere ante nosotros, ante la juventud que busca su ideal y no lo encuentra, un compromiso grave, una terrible responsabilidad, no impunemente se puede ser la conciencia de una multitud".* Más adelante, matizará Baroja su opinión sobre Galdós, alejándose, distanciándose de él, no por motivos mezquinos como a veces se supuso, sino desilusionado por la débil actuación del vate en la escena española.

En "El Globo" y en "El Imparcial" va a seguir su preparación al oficio de escritor, mientras van saliendo ya sus novelas, fruto de esta prolongada germinación y de la constante puesta en telar de lo que ya preparaba en los años 90 el joven Pío Baroja.

Su actuación en "El Globo" es más de regenerador que de novelista, de hombre activo en la opinión española en lo que cabe, como periodista. Concide casi con su mudanza de casa, pues como se lo dice a Azorín en una carta del 7 de julio de 1902, *"Estamos en la casa nueva, Mendizabal 34, en donde yo estoy pensando poner una especie de pequeño laboratorio para dedicarme a hacer análisis químicos. He encargado unas cuantas cositas baratitas y he comprado un microscopio simple de los baratos. Suyo affmo. Pío Baroja"*.

Tenemos aquí al Baroja cientificista y hombre práctico.

Pero esta mudanza les ocasionará a Ricardo y a él dificultades y desavenencias con los obreros de la panadería que "todos se han hecho socialistas".

Baroja sigue, pues, con su doble preocupación: la alimenticia y la literaria. Y hace vida doble, sobre todo cuando en "El Globo" se le llama para que lleve la crónica de la vida teatral, lo que hará muy aguda y críticamente, con severidad y sin dulzonería, durante cinco semanas.

Poco después se encarga de la redacción de "El Globo", y va a fines de ese año 1902, como responsable del diario y corresponsal de guerra, a Marruecos, desde donde manda en enero y febrero de 1903 muchas crónicas, unas 23, que son un documento, otro documento valioso y parcialmente conocido. Con ello se verá a Baroja, émulo de Alarcón, como comentarista y corresponsal de guerra.

En el mismo diario, y también en *Los Lunes del Imparcial*, saca o ha sacado ensayos que luego irán a parar en *El Tablado de Arlequín,* o cuentos como *La Obra de Pello Yarza,* o artículos aún sin publicar. También ha dado una serie a "*A orillas del Duero*", nacida de unos viajes hechos en compañía de su hermano Ricardo y de Ciro Bayo.

También allí salió parte del futuro prólogo a "*El Mayorazgo de Labraz*", con el título "*Las Cigüeñas*".

Trata de entenderse con Nietzsche, al que no aprecia tanto como a Schopenhauer y Kant y escribe dos artículos sobre *Nietzsche Intimo.*

Evoca la muerte de un amigo, Rodríguez Serra, que podía haber sido su editor más tiempo de lo que desgraciadamente lo pudo ser.

Está también, y cada vez más, pendiente de los hechos callejeros, de los sucesos del día, de los sucesos de España, de los escándalos (*Los Humbert, El Caso Borbón*) como de los desórdenes de la vida española. Habla de política hidráulica, sale en defensa de Miguel de Unamuno encausado por los acontecimientos de Salamanca (en "*Lo que nos importa*" y "*Nuestra denuncia*").

Saca en este diario *La Busca* y *Mala Hierba* en folletín bajo el único título de la primera. Pone un prólogo a *La Fuerza del Amor* de Azorín y a una novela, "*Valle de Lágrimas*", de Rafael Leyda, prólogo que interesa por ser una profesión de fe literaria del arte de novelar.

En fin, que Baroja, entonces, a fines de 1903,

es hombre destacado en Madrid. Y por ello un pariente lejano suyo, Picavea, hombre influyente en San Sebastián, interviene para que él, Baroja, y también Azorín y Maeztu, accedan a su deseo de formar parte de la plantilla veraniega de un nuevo diario guipuzcoano.

* * *

La séptima parte, más breve, se forma alrededor de dicho diario, "El Pueblo Vasco", que salió el 1 de agosto de 1903 .Si la colaboración de Baroja se dejó esperar hasta el 29 de agosto, por no gustarle la orientación algo conservadora y clerical que tomaba el periódico, como lo dice en cartas a Azorín, la de Maeztu salió con los primeros números y la de Azorín en setiembre. Esto lo ha estudiado también de modo excelente Granjel, aunque olvidándose de un par de textos. Por lo tanto, tampoco insistiré mucho sobre artículos que a veces se leerán o se leyeron luego en *Tablado de Arlequín*.

Vamos llegando al término de este prólogo. Uno de los últimos artículos lleva por título en "El Pueblo Vasco": *¡Triste País!* El afán de regeneracionista va perdurando, tiñéndose de desilusión y de melancolía. No le falta pesimismo, y sobraban los motivos.

En el diario "España", de Madrid, se notan las mismas tendencias a finales del año 1904.

La colaboración de Baroja en los periódicos no cesa con esos años. En los años de la República, sus artículos salieron con frecuencia y asiduidad, en "Ahora" sobre todo. En los años de destierro en Francia: San Juan de Luz, o París, le salvó el trance su colaboración en la prensa porteña, particularmente "La Nación de Buenos Aires". Nunca dejó don Pío de tener las manos manchadas de tinta de imprenta. ¡Cosas de familia!

* * *

Si ahora tratamos de sacar unas sucintas y provisorias conclusiones sobre la labor literaria de Pío Baroja antes de los treinta años, vemos que no se puede desligar todo ello de lo que fue su porvenir histórico, en la novela y en la literatura española.

En germen están ya sus obras futuras de principios de siglo, sus novelas; en cierne están sus ideas, su rebeldía y voluntad de permanecer "hombre libre, humilde y errante", como lo firmará en el libro de oro del museo San Telmo de San Sebastián.

La evolución de la vida acaso tuvo su impacto en la de sus ideas, de sus opiniones y pareceres; en él, en sus escritos como en su actuación, acaso hubiera alguna vez contradicción o paradoja, incomprensibles para muchos dogmáticos. Pero, ¿quién de nosotros, al analizarse sinceramente, puede adelantar sin hipocresía que no ha variado, que siempre se ha mantenido firme en sus opiniones, sean políticas, religiosas o sociales? ¿Quién puede afirmar que no ha caído en la contradicción? El variar, el cambiar, como el errar, son humanos.

Este prólogo no es más que un avance de estudios más profundos, o que quisieran serlo. En él, como en mis estudios posteriores, ha dominado en mí el afán de convivir más y mejor, en tanto que lector asiduo, con el escritor Pío Baroja; se me ha ocurrido emprender esta labor, una labor de universitario acaso, y algo técnica; labor también de hombre que desea con ello acercarse más al hombre del pueblo que fue don Pío, al escritor que desde ahora ha de ser popular porque así lo quiso él en la aldea y en la corte, en Vera de Bidasoa y en Madrid, sus dos patrias carnales.

Luis Urrutia Salaverri
Vera, agosto 1972

PRIMERA PARTE

LA PREHISTORIA

... En casa de Venero comenzamos los tres compañeros a ensayar algo literario.

Yo publiqué dos artículos en *El Liberal;* uno creo que sobre *Octavio Feuillet;* el otro, sobre *Elías Berthet,* que debieron de morir por entonces. Había leído algo de los dos; pero los datos estaban copiados del "Diccionario Larousse".

Escribí también algunos cuentos, y comencé dos novelas, que no puedo juzgar si estarían bien o no, porque las abandoné. La una se titulaba *El Pesimista* o *Los Pesimistas,* y la otra, *Las Buhardillas de Madrid.* Creo que una de ellas debía parecerse a mi novela *Camino de Perfección,* y la otra a *Las Aventuras de Silvestre Paradox.* Para *Las Buhardillas de Madrid* hizo mi hermano Ricardo unos dibujos que todavía hace poco estaban en casa...

(*Memorias;* II: *Familia, Infancia y Juventud,* en O. C.,585).

* * *

... Madrid me era más grato que Valencia. Mis aficiones literarias surgían de nuevo, después del desdén que por ellas había sentido durante la época en que había vivido un poco aplastado por el pesimismo. Comencé por entonces a escribir en *La Justicia*, periódico de Salmerón. No era ésta la primera vez que aparecía mi firma en un periódico. Cuando yo estudiaba el cuarto año de Medicina, se me ocurrió enviar algunos artículos, uno de ellos sobre "*Dostoiewski*", a *La Unión Liberal de San Sebastián*, donde me los publicaron. También había escrito en *El Liberal* de Madrid, en un periódico de Valencia, que se ocupaba de arte, y en *El Ideal*, aunque sin firmar.

La redacción de *El Ideal* estaba en la plaza del Celenque, próxima a mi casa; fui algunas veces allí; era de un comandante zorrillista, revolucionario, de bigote y perilla, a quien unos calificaban de terrible, y otros aseguraban que en la hora del peligro o de la verdad, como dicen los chulos, en vez de salir a la calle y dar la cara, lo que hizo fue salir de casa e ir a la barbería, a afeitarse, para que no le conociesen y estar escondido un mes.

(*Memorias:* II: *Familia, Infancia y Juventud,* en O. C., 605-606).

LITERATURA RUSA [1]

I. LOS CUENTOS POPULARES

No hace muchos años, antes de los estudios sobre la literatura rusa de Saint René de Taillandier, Maruré y Xavier Marmier, la Rusia estaba considerada como un país que no producía sino tiranos y regicidas, y raras veces algún poeta que pagaba su amor a la libertad trabajando en las minas de Siberia bajo el látigo del capataz, o viviendo miserablemente en el fondo de alguna yurta (cabaña). Hoy la literatura rusa está llamada a producir una revolución política y una revolución literaria. Revolución política porque está haciendo grandes brechas en la tiranía, y revolución literaria porque el moderno naturalismo ruso es la expresión más completa de la novela naturalista.

Los cuentos, para penetrar en la literatura, necesitan de uno de esos espíritus investigadores como Perrault, que después de un difícil trabajo trasladan al libro la poesía popular sin quitar nada de su color.

Atanasief, Kudyakovo y Dietrich han sido los Perrault rusos. Roudehencq escribió dos volúmenes de cuentos en un dialecto tan enrevesado que ni los mismos rusos lo entienden. Un escritor inglés, Balsten, publicó algunos de éstos en su obra *Songs of the Rusian people* (Cuentos populares de la Rusia), en el año 72.

El cuento ruso es de toda clase: mitológico, leyendas piadosas, cuentos de familia, etc.

Las encarnaciones del mal son frecuentes en los cuentos rusos. La *babazaga,* bruja de grandes narices, pariente de las harpías y sibilas, vive en una casa cuyas paredes están hechas con huesos humanos, y viaja montada en un almirez empujando con la mano en el suelo. Los animales le obedecen; no hay puertas cerradas para ella porque con dos palabras misteriosamente pronunciadas se abren de par en par. Sus compadres son *Kochtchei,* el inmortal, y *Licho,* que aparece en forma de una vieja dispuesta a devorar al que vaya a visitarle, *Gore* (desgracia), *Beda* (miseria), *Nuyda* (necesidad) y *Vodiany* y *Liechi,* los espíritus de los bosques.

Otra de las encarnaciones más notables es el vampiro, llevado de Alemania según Littré. El vampiro es un hombre castigado por Dios. Penetra en las casas de los aldeanos y chupa la sangre de sus hijos. Se convierte en hombre si se le toca con un bastón tres veces en el vientre. Su tumba canta como un gallo.

Cuando el aldeano ruso vuelve a la noche a

su isba, ve en su imaginación cernirse sobre la cuna de sus hijos la fatídica sombra del vampiro. Contra la influencia de estos malos genios hay otros seres sobrenaturales que luchan contra el mal, curan las heridas y resucitan los muertos. El pájaro de fuego, *Yar Psitsa,* que favorece las citas de los amantes, que ilumina con la luz de sus alas los bosques, que duerme cuando el sol aparece y sale de su nido a la caída del astro diurno.

En las narraciones rusas las hay de tendencias democráticas, y en las que se nota su afán a la igualdad. Un aldeano imbécil, necio, al que todos han despreciado, hace prodigios de valor y de sabiduría y concluye por casarse con una princesa y gobernar un vasto reino.

El cuento ruso es el que ha dado origen a las novelas de Polovoi, Bestouchef, Sollohoub, Ryeleief, conocido vulgarmente por el pseudónimo de Marlinski, Pouxtin y Belinski, y otros escritores que demostraron a la faz del mundo que Rusia daba algo más que tiranos.

(*La Unión Liberal,* n.º 321, del 10-II-1890)

II. DESDE SU ORIGEN HASTA FINES DEL SIGLO XVIII

Así como la religión católica, con su poético misticismo, ha contribuido en mucho a la grandeza de la literatura de la raza latina, así también la griega cismática, fría, seca y poco imaginativa, influye grandemente en la eslava.

En Rusia, los primeros vagidos de la literatura se oyen en el siglo XVI. En esta época, y bajo el reinado de Iván IV, se fundó en 1564 la primera imprenta rusa que se estableció en Moscú.

Antes de este siglo no se encuentran documentos literarios, y aún se conservan tradiciones en algunas comarcas, leyendas religiosas del siglo XIV y XV. En el siglo XVI aparecen las notas de censura, en las cuales se narraban los acontecimientos sucedidos, las acciones de los boyardos y se redactan las "Memorias históricas" del Príncipe Kroubski, bajo el reinado de Iván el Terrible. Los estudiantes de Kiev, representan pasajes dialogados de la Biblia, y cunde entre ellos el entusiasmo por estos *Autos Sacramentales*.

Igualmente árido es el siglo XVII. En éste se escriben Crónicas, entre ellas muy notables, la del fraile Simeón de Polock, la de Abrahan Palitzin, el Sitio del monasterio de Troitzki, la Krotochinchín, la Rusia, bajo el czar Alexis Michailovitch y la de Inocente Cizel, Sipnosis.

En estos tiempos, la literatura estaba oprimida por trabas insuperables que fueron disipadas con el advenimiento de Pedro el Grande. Este hizo desaparecer por completo el yugo mongol, consolidó la paz pública, gracias a sus lentas y sucesivas reformas, y al mismo tiempo que constituía con varios estados una gran nación, protegía la literatura y se rodeaba de escritores que formaron un cenáculo a su alrededor y a cuya cabeza iba Antiochus Cantemin, autor de varias poesías imitadas de las de los autores griegos y en el que también figuraban Fedor Policarpou, autor de un diccionario, e Iván Possochkou, el primer tratadista de Economía Política de Rusia y uno de los primeros economistas que defendió el libre cambio en Europa.

En los reinados siguientes de Catalina Primera y de Ana, la literatura sigue en el estado que la dejara Pedro el Grande; mas cuando comienza a desenvolverse, es en el reinado de Elisabeth y en el de Catalina II; la primera funda la Universidad de Moscú y la Academia de Bellas Artes en Petersburgo; la segunda sigue las huellas del czar Pedro y rivaliza con Federico II en su protección a las artes; funda seminarios y universidades en varios pueblos y la Academia de la Lengua, en la que descuellan Miguel Vassilievtch *Lomonosov,* que nace en Arkangel a orillas del Mar Blanco, en el año 1771. De humilde cuna, hijo de un pobre pescador, aprende a leer en las largas noches de invierno. Se siente poeta al leer los Salmos de David y huye de la casa paterna a Moscú, en donde pasa días atormentado por el frío y el hambre, hasta que es admitido por compasión en el Colegio de Karkonopask, concluyendo después sus estudios en la Universidad de Kiev. Escribe varias obras didácticas: la *Historia de Rusia,* la *Gramática rusa,* en la que demuestra su vasto saber y traza la línea divisoria entre la lengua eslava y el idioma antiguo del clero. En sus disertaciones sobre la Química, Física y Astronomía, se nota al sabio y al matemático.

Muere este célebre escritor en 1765, dejando

escrito su poema *Petreida,* grande oda en dos cantos considerada como una de las mejores de Rusia.

Catalina llama a *Soumarakoff* y se representan sus tragedias *Nabucodonosor* y *El hijo perdido,* en el teatro de Wolkoff, y ambas son aplaudidísimas, pues son obras de puro estilo y de magníficos caracteres.

A *Soumarakoff* le sucede el ampuloso *Kniajuine,* que toma de su antecesor algo de su noble estilo, el ingenioso Dionisio *Visine,* autor de exquisito gusto, un Moratín ruso, pero más refinado, y cuya principal comedia, *El joven corrompido,* queda de repertorio, y *Cheraskoff,* del que hablaré en el siguiente capítulo.

(*La Unión Liberal,* n.º 324, del 13-II-1890)

III. EL CLASICISMO

A fines del siglo XVIII, la afición literaria se comunicó de tal manera a la aristocracia, que algunos nobles fundaron una asociación que tenía por objeto el adelantamiento de las letras, llamada *Sociedad Tipográfica.* Esta empresa compraba para publicarlo todo lo que le ofrecían, y pagaba lo bueno como lo malo, según su volumen. Esta sociedad produjo medianos resultados, pues no dio a conocer ningún talento desconocido, que era lo que se proponía.

En aquella época el que adquirió más celebridad fue *Cheraskoff,* entonces considerado como

el Homero de Rusia. Escribió muchísimas tragedias faltas de interés, y dos poemas: *La Rossiada,*
en el que canta la conquista de Kassan por Iván
el Terrible, y *Wladimir,* que trata de las victorias
de este guerrero y de la conversión de los rusos
al cristianismo. Después de su muerte, acaecida
en 1807, su nombre quedó en el olvido.

Contemporáneo de Cheraskoff fue *Petroff.* Nació en 1736, tradujo la *Eneida* en alejandrinos,
y compuso poemas, en los que celebra las victorias de Catalina. Es en ellos poeta rico en ideas
como en imágenes, claro, profundo, pero algo ampuloso y afectado.

En esta época figuran también *Bobroff,* cuyo
poema *Chersonida* es la confusión, el caos, en
donde se divisan las chispas del genio, como en
la noche de tormenta los relámpagos que rasgan
el negro abismo del cielo; *el conde de Chutoff,*
autor lírico didáctico lleno de gracia y de originalidad; *Oseroff,* que escribió tragedias como *Fin-
gal* y *Edipo,* de tosco estilo, pero de bellos caracteres y magníficas situaciones.

Posteriores a éstos son *Derjavine,* poeta original, cuyos escritos recuerdan los de Marmontel,
autor del *Himno a Dios* y de la *Oda sobre la ex-
pulsión de los franceses. Kapuist,* puro en sus
ideas como en su lenguaje, escribe una crítica de
la *Odisea,* basada en hipótesis, ingeniosísima, la
comedia *Chicara* en la que ataca con gracia los
vicios de la administración judicial, y la tragedia
Antígona. El Príncipe *Mikhailovitch Dolgorouski,*
que se distingue por la novedad de sus epístolas
y odas filosóficas; *Rogdanovitch,* que demuestra

su originalidad y su gracia en su poema *Psyche* y varios otros de menos importancia.

La literatura toma más incremento después de la muerte de Pablo I y con el advenimiento de Alejandro. Los ministros Roumanzioff y Speranski tanto la protegen, que *Sopikoff* cuenta en el año 13 en su *Cuadro de Literatura rusa,* 13.249 las obras publicadas desde el establecimiento de la imprenta.

En este período un hombre domina la literatura: *Karamzine.* Nicolás Mikhailovitch Karamzine nació en 1765 en Simbirsk, sobre el Volga. Estudió en Moscú y viajó después de concluidos sus estudios por Francia, Alemania e Inglaterra. Sus primeros escritos aparecieron en el *Diario de Moscú* y en el *Correo Europeo;* en 1802 le nombraron director de *El mensajero ruso,* y en este periódico publicó su célebre novela *Marta o la conquista de Novgorod; La hija del boyardo; La pobre Lisa; Cartas de un viajero* y una colección de bellas poesías: *Pequeñeces.* Como historiador es el más notable de Rusia; su *Historia Rusa,* publicada en 1816, ha sido traducida a casi todos los idiomas, lo mismo que el *Elogio histórico de Catalina II* y *Los Recuerdos históricos del camino de Moscú a Tratza.* Este escritor tuvo el defecto de alterar la pureza de la lengua eslava, introduciendo frases, giros y palabras francesas e inglesas, amenazando la construcción del idioma moscovita. *Schiskoff* se rebeló contra este abuso y fue poco a poco volviendo el idioma a su primitivo estado, y esta misma marcha siguieron el correcto *Dimitrijeff,* el patriota *Joukovski,* cuyos inspirados cantos inflamaron la Rusia en 1812; el lacónico *Viasemski* con su prosa áspera, dura, pero rica en ideas y en imágenes, el fértil *Schakowski Voieikoff, Flün*, el dramaturgo a estilo de Iffland, *Milanoff* y muchos otros que precedieron al creador del romanticismo ruso, el autor de *Boris Godunoff* y de *La Roussalka*, al gran poeta *Alejandro Pouschkine*.

(*La Unión Liberal*, n.º 328, del 17-II-1890)

IV. EL ROMANTICISMO.—PRIMERA PARTE

No puede trazarse una línea divisoria entre el clasicismo y el romanticismo rusos. Al aparecer esta última escuela, no hubo como en Francia partidarios acérrimos ni enemigos furibundos; su aparición fue el tránsito de una literatura decadente a otra que nacía vigorosa; además en Rusia hay corrientes que llevan a la literatura a extremos opuestos sin que en estos cambios influya sólo un hombre, sino la mayor o menor libertad que concede la censura, las costumbres, la esclavitud, la manera de vivir, pues todo se refleja en la literatura rusa que aún el período romántico es esencialmente verista.

Por eso el romanticismo ruso no ha sido tan autoritario y despótico como el romanticismo francés. Este tuvo un jefe tiránico, Víctor Hugo, que aplastaba con obras maestras a sus contrarios; aquél daba emociones literarias desconocidas, y

le apartaba la vista de aquellas enormes tragedias escritas en alejandrinos en las que todo con-
sistía en cantar las hazañas de un rey antiguo o
de un célebre guerrero. Entre los principales poetas de este período ruso figuran Pouschkine, considerado como jefe, y Reyeleieff, cuyas obras tienen además de pensamientos literarios, pensamientos políticos.

Alejandro Pouschkine nació en 1799. A la edad
de trece años escribió *Los Recuerdos Parskogelo,*
obra que produjo gran sensación aunque nadie
quiso creer que estuviera escrita por un niño de
tan corta edad. Después de algún tiempo escribió
una *Oda a la Libertad,* por la que fue desterrado
fuera de San Petersburgo, y en su destierro escribió la novela *Los prisioneros del Cáucaso.*

De vuelta a San Petersburgo, compuso un hermoso poema, *Russlan y Lioudmila,* que aparece en
los heroicos tiempos de Kiw, obra que entusias-
mó y se leyó en toda la Rusia; pero lo que le elevó al pináculo de la fama fue la tragedia *Boris
Godunoff,* magnífica obra que presentan los rusos como una de las mejores de su teatro, que fue
escrita por su autor después de un estudio profundo de las obras de Shakespeare, y que eclipsó
con su brillo a *Ligane,* obra también de Pouschkine, pero no tan bella como la anterior.

Entre sus poemas célebres se citan *La Roussalka,* de la que el marqués de Valmar hizo una imitación bastante desgraciada, y *La Fuente de Bat-
chisarai,* que su amigo Odoevski, muy conocedor
del inglés, tradujo a este idioma. Entre sus novelas, *Eugenio Oneguin* es la más conocida. Con-

tiene bellísimas descripciones de la vida frívola de San Petersburgo. Murió Pouschkine a los treinta y siete años en desafío con el Barón Heckeren.

Al lado de este poeta sólo puede colocarse a *Ryeleieff,* alma altiva, enemigo de todo lo que trascendiese a tiranía. En sus obras se advierte el libre carácter de los Cosacos. Este célebre poeta publicó los primeros almanaques de Rusia.

Su amor a la Libertad le hizo tramar una conspiración con el coronel Pestely en la que también figuraban Mouravief, Kalkwski y los hermanos Bestouchef. El objeto de la conspiración era dar muerte al czar Nicolás; el fin fue la ejecución en la horca de todos, menos uno de los hermanos Bestouchef, que fue deportado.

Volnarofski y *Navalikas* son las principales obras de Ryeleieff; estos dos poemas tuvieron un éxito colosal, sobre todo el segundo, cuyos acentos libres excitaron la Rusia. Pinta un cosaco de la Ucrania que cansado de la tiranía de los polacos levanta el pendón de la Libertad. Antes de salir al campo se confiesa y comulga, declarando a un ermitaño sus intenciones; éste le hace reflexionar sobre lo que va a hacer y le contesta:

I

"Oh padre mío, no volváis a decirme que cometo un pecado; nuestras palabras se las lleva el viento... Aunque fuera un crimen, por la emancipación de la Pequeña Rusia en donde he nacido, por la restauración de su libertad, estoy dispuesto a arrostrar solo las crueldades del tártaro y del judío, la apostasía del griego."

II

"El infierno es la esclavitud de la Ucrania; el cielo, su libertad."

III

"Desde la cuna ardió en mi alma el fuego de la independencia... Entonces el cosaco trataba con el polaco de igual a igual como hombre libre. ...¡Ay!, ha mucho que el cosaco es esclavo. El judío, el griego, el lituano, el polaco se ceban en nosotros cual hambrientos cuervos. El pueblo llora al son de sus cadenas. Sus quejas como sus lágrimas son inútiles."

IV

"Oh, padre mío, el odio que tengo a los polacos me hace delirar. Mis ojos se han teñido de sangre, mi alma desfallece en la esclavitud. Un solo pensamiento me persigue como una sombra. Ya es tiempo, murmura una voz secreta en mi oído; ya es tiempo de inmolar los tiranos de la Ukrania."

Por estos párrafos se puede conocer el efecto que esta obra produciría en un país en el cual la esclavitud era tan grande como en los pueblos antiguos.

Casi a la altura de estos dos poetas se encuentra el paralítico *Kosleff* (Iván), cuyas obras: *El fraile; La loca* y *Natalia Dolgoraki,* están a la altura de Byron; *Lermontov* y otros, de los que me ocuparé en la segunda parte del artículo.

(*La Unión Liberal,* n.° 331, del 20-II-1890)

V. EL ROMANTICISMO.—SEGUNDA PARTE

A fines del primer tercio del siglo XIX, multitud de escritores siguieron las huellas de Pouschkine, unos en la poesía lírica y en el drama, y otros en la novela y en el cuento.

Entre los que cultivaron la poesía lírica descollaron algunos poetas, entre los cuales son los más notables el *barón Delvig,* autor de bellísimos idilios, sonetos, cantos y de un poema lleno de inspiración, titulado *Las flores del Norte, Nicolás Pavlof,* considerado como uno de los corifeos del romanticismo, cuyo poema "María Stuart" fue muy celebrado; *Jarikoff* con sus obras *El temblor de tierra* y *La imitación de los salmos; Merslekoff,* célebre por su magnífica traducción de la "Jerusaleme liberata"; *Baratynscki,* tenido por algunos como rival de Pouschkine; *Krylow,* el primer fabulista de Rusia, y algunos otros.

Posteriores a éstos fueron tres grandes poetas: *Fedor Glinka, Rossen* y *Lermontov.* Nació *Fedor Glinka* en 1778. Comenzó su carrera literaria con la publicación de las *Cartas de un oficial ruso en la batalla,* obra de hermoso estilo, en la que cuenta las marchas del ejército, las escaramuzas, las batallas, de una manera poética y pintoresca; siguió a esta obra la novela *Chinjelnick,* que gustó extremadamente al público, y tradujo después *Los Salmos* y *El Libro de Job,* luego una serie de poemas de asuntos militares, y *Recuerdos de la campaña de 1812; Caselia o la cautividad de Martha; Johannewna* y *El cuadro de la batalla de Borodino.*

Más poeta que Glinka es *Lermontov*, el Byron ruso. Admirador entusiasta del autor de "Childe Harold", sus obras tienen un gran parecido con las del poeta inglés, y hasta tuvo sus excentricidades y sus locuras. Se propuso ser el Don Juan de la sociedad rusa, y en verdad que no le acompañaba mucho su figura, pues era bajo, contrahecho y de una fealdad supina.

Después de la muerte de Pouschkine pidió al Emperador el castigo del barón Heckeren y el czar colgó a éste en imagen y mandó deportado al Cáucaso al poeta.

Sus poemas se asemejan bastante a los de Espronceda, y los más principales son: *La joven cherckesses; Valerick; Hadschi; Abreck; Ismaïl Beg; El demonio; El barco fantasma* y el *Canto del czar Iván Dasilieritch*, llenos de cantos extraños, pero de gran fuerza poética.

Su última obra, la novela *El héroe de nuestro tiempo*, fue la causa de su muerte. Pintaba en ella un personaje repulsivo y antipático en el que creyó verse retratado un amigo suyo que le desafió. Lermontov aceptó, con la condición de que el duelo se verificase a pistola y a los bordes de un precipicio, como pasaba en su novela. Su contrario accedió, y días después caía el poeta, con el pecho atravesado por una bala, desde el borde de un altísimo barranco.

Rossen fue el que siguió al malogrado poeta; este autor adquirió, desde joven, fama de lírico inspirado, con la publicación de sus poemas *Misterios; La Virgen ante los ángeles;* y sus tragedias *Rusia* y *Barthoy; Iván el Terrible* y *Rasmanow* obtuvieron grandes éxitos, pero lo que más popularizó su nombre fue la ópera *La vida por el czar,* música de Glinka.

De los que cultivaron la novela son los más citados *Polevoi* y *Bestouchef.* El primero se muestra en sus novelas muy conocedor del corazón humano, y sus obras tienen un sello de melancolía extraña. *Polevoi* fundó en Moscú "El Telégrafo", en donde publicó muchos de sus artículos literarios y políticos que después reunió en su libro *Bocetos de literatura rusa.* Suspendido el periódico, pasó a San Petesburgo, en donde fundó "El hijo de la patria", y, en la lucha de su viril naturaleza por el deseo de descorrer la cortina que no dejaba ver los abusos administrativos y el temor de nuevas persecuciones, murió a la edad de cincuenta años. Escribió algunas novelas, entre ellas muy notable *Lioudmila,* por las bellezas del pensamiento que hay en la obra, y varios dramas: *El casamiento del czar; Blanca de Borbón; El abuelo de la armada; Pacha la Siberiana* y *Un corazón de soldado,* en el que aparece como protagonista su amigo Tadeo Bulgarin.

Bestouchef escribió sus novelas imitando a Pouschkine. Comenzó su carrera literaria con *Un Viaje a Beoll,* que encantó por las bellezas de su estilo, y escribió en el destierro sus dos obras principales: *Mulloh Nur* y *Amalat Beg,* muy conocidas en todos los países, sobre todo la última, por la traducción que hizo Dumas padre, con el título de *Sultanetta.*

(*La Unión Liberal,* n.º 336, del 25-II-1890)

VI. EL NATURALISMO.—SU ORIGEN

Aunque *Gogol* está considerado como el creador del naturalismo ruso, antes de la publicación de sus novelas, el realismo se había manifestado en Rusia por las obras de algunos autores que sin llevar la nota realista al grado que la llevó el autor de *Almas muertas,* no dejaron por eso de trasladar al libro las escenas de la vida real, pero no con tanto acierto ni con tanta verdad como Gogol, al que con justicia puede llamarse el Balzac ruso.

Tadeo Boulgarine fue el primero que trazó con imparcialidad los cuadros de la vida ordinaria, estudió las obras de Walter Scott y tomó del célebre novelista escocés su precisión en las descripciones y su finura en la observación. Polonés de nacimiento, sus primeras obras aparecieron en este idioma; mas llegado a San Petersburgo e iniciado en el idioma ruso por el publicista ruso Gretsch, determinó fijar su estancia en aquella ciudad y colaboró en el periódico "Los Archivos del Norte", que después cambió de título y se llamó "La Abeja del Norte".

En 1828, escribió *Cuadros de la guerra de Rusia,* obra sin artificio alguno y desprovista de sensiblerías y candideces; publicó después la novela *Winshigin,* su obra maestra, de una trama parecida a la de *Gil Blas* y en que cuenta las aventuras de un joven y sus vicisitudes y correrías, y luego escribió *Rostataflef o la Rusia en 1812,* cuyos acontecimientos pasan durante la invasión francesa, y *Demetrio Mazzepa,* cuyo título es de un tipo vulgar ruso, como era de antiguo en España *Colmenares*.

De un realismo más acabado es *Wladimir Dahl*. Su estilo es sobrio, sus obras se caracterizan por un sabor local, y por la naturaleza de sus personajes.

Más irónico y burlón es *Sagoskine*. Nació éste en 1789. A los 26 años, escribió la comedia *El travieso*, que obtuvo gran éxito y que le valió la protección del Príncipe Schackovski, que le nombró, meses después de la representación, archivero de la Real Biblioteca de San Petersburgo. Sus obras más principales son: *Bogatanoff o el provinciano en la capital; Los descontentos; Reunión de sabios; La escuela de las madres;* y algunas más en el teatro y en la novela: *Sury Miloslavski o los rusos en 1612,* en la que describe la vida patriarcal de los rusos antiguos, y *Roslanleff o los rusos en 1814,* que es una antítesis de la obra anterior; *La tumba de Alkold; Moscú y los Moscovitas* y *El bosque de Brynsk,* que son del mismo género que las obras de Boulgarine.

No de las mismas tendencias que éstos es el *conde Sollohoub,* pues aunque compite con los anteriores en fina observación y en pureza de estilo, no puede competir en la descripción minuciosa ni en el trazado de los caracteres.

Su mejor obra es *Tarantas,* en la que cuenta las impresiones de un joven petersburgués que viaja por las provincias y traza un cuadro comparativo por demás ingenioso entre los antiguos tiempos de la Rusia y los modernos con los refinamientos de la civilización.

Antes que esta obra, había escrito, en colaboración con Shoukovski, *Beneditkof y la Princesa Rostopchine*: *Ayer y hoy; La viejecita; La mujer del boticario; Dos minutos* y *La historia de los chanclos*, novelas que por su delicadeza podían ser atribuidas a Alfonso Karr.

Sus comedias: *Sufrimiento de un corazón débil* y *Una prueba de amistad* obtuvieron verdadero éxito en su representación en el Gymnase de París.

Más realista que éste fue *Constantino Masalki*. En 1829, publicó una novela en verso que obtuvo general aceptación, llamada *Paciencia, cosaco, tú llegarás a ser hetmán*. En 1832 escribió una novela histórica en cuatro partes, que llamó *Sterlitz*, en la que imitaba a Walter Scott. Siguió a esta obra *La caja negra*, del mismo género y de la época de Pedro el Grande. Sabía el español y era admirador de Cervantes. Tradujo el *Quijote* al ruso y escribió *El Quijote de nuestros tiempos*, obra en que exponía lo prosaico de nuestra época y que obtuvo gran éxito, así como también las novelas: *El sitio de Origlitch; El icario ruso; Pasión de mozalbete; Primer amor del último de una raza*, en el que traza cuadros del reinado de Catalina, y la comedia *Clásicos y románticos*, en la cual ridiculiza a ambas escuelas. Después de Masalki, *Uschakoff* se hace célebre por su *Kirghiz Kaisaos*, y el realismo va tomando más incremento hasta que aparece *Gogol*, que pone los cimientos del nuevo naturalismo cultivado por *Turguenieff, Dostoyevski* y por *Tolstoi*.

(*La Unión Liberal*, n.º 340, del 1-III-1890)

VII. NATURALISMO: GOGOL

Gogol es el creador del naturalismo ruso. No fue un jefe, porque en su vida no tuvo discípulos, fue el maestro de donde salieron *Turguenieff,* que por su poesía y gracia está a la altura de Daudet; *Dostoyevski,* brusco y enérgico, sin representante en el naturalismo francés, y *Tolstoï,* de estilo puro y sencillo como el de Renán, y que se asemeja a Zola, no al autor de "L'Assomoir" y de "Pot-Bouille", sino al de "La Conquête de Plassans" y de "La faute de l'abbé Mouret".

Nicolás Vassielevitch Gogol nació en Vassiljewska en 1809. De veinte años, marchó a San Petersburgo, en donde gracias a la protección de un personaje, logró conseguir un destino de corto sueldo.

El tiempo que le dejaba la oficina, lo dedicaba a la literatura, y escribió, en aquella época, su primera colección de novelas que llamó *"Las reuniones de la quinta",* que aunque llenas de descripciones soberbias no dieron a su autor gran celebridad.

En 1834, publicó *"Las Narraciones de Mirgorod",* otra colección de novelas notabilísimas. Entre ellas sobresalen *"Tarass Boulba",* magnífico cuadro de las costumbres de los Laporogos —pueblo de las orillas del Dnieper—, obra de narraciones hermosas que ha sido traducida a todos los idiomas. *"El rey de los gnomos",* historia de brujería, en donde lo grotesco alterna con lo maravilloso, y *"Los propietarios de antes",* en la que pinta una vida sin accidentes y hace gala de su talento en descripciones. Después de esta colección, publicó otra con el título de "*Arabescos*", que le dio aún más fama que la anterior por las dos novelas que contenía: "*La historia de un loco*", en la que sigue paso a paso los fenómenos progresivos de la locura y "*La Capa*", su primera sátira social, triste y amarga. En esta obra, pinta un pobre hombre Akaly Akakievitch, abandonado en San Petersburgo y tiritando de frío bajo sus harapos. Su única ambición es tener una capa que al fin logra comprar a fuerza de privaciones y de ahorros. Está contento, no deseaba otra cosa, pero el mismo día se la roban, se queja a la Policía que se burla de sus pretensiones, y el desdichado Akaly muere de tristeza en un rincón, solo y abandonado.

Escribió después su comedia, "*El inspector*", otra sátira social, aún más cruel que la primera; su argumento es más que de comedia, de sainete de enredo. Los funcionarios de un pueblo esperan la visita de un comisario que debe llegar de incógnito para enterarse del servicio público; un viajero que pasa casualmente por el pueblo es tomado por el inspector. La conciencia de los funcionarios no está muy limpia, pues todos se disculpan, atribuyendo lo malo a sus colegas y algunos deslizan en la mano del que creen comisario dinero para que haga la vista gorda. El viajero se guarda los cuartos y aumenta el alboroto, hasta que concluye la comedia con la visita del verdadero inspector.

Esta obra cuyo argumento es bastante trivial tiene en cambio caracteres dibujados de una manera admirable y un diálogo vivo y animado y sin ningún artificio dramático. Después de ésta, publicó su mejor obra, *"Almas muertas"*. La idea de su novela es muy ingeniosa. Tchichiskoff es un hombrecillo gotoso, muy ambicioso y muy maligno; se le ocurre el pensamiento de hacer un negocio comprando los papeles en donde se inscribían los esclavos muertos, y después pidiendo sobre ellos una fuerte cantidad. Digamos lo que dice Tchichiskoff: "Iré a los rincones más ignorados de la Rusia, pediré a los amos que gusten en el empadronamiento próximo de su capital los siervos muertos y se quedarán tan contentos, cediéndome una propiedad ficticia y librándose de un impuesto real, haré empadronar mis compras en la debida forma y ningún tribunal podrá comprender que lo que quiero es realizar una venta de muertos. Cuando haya adquirido algunos miles de siervos, llevaré los contratos al Banco de Moscú o de San Petersburgo, pediré sobre estos contratos una fuerte suma y me veré rico y podré comprar carne y hueso."

Tchichiskoff vuelve de una expedición en la que ha comprado muchas almas muertas. Se frota las manos, baila y salta de alegría haciendo contorsiones delante del cofrecillo que contiene las hojas en donde están escritos los nombres de los siervos y hace una lista de ellos:

"Miraba repetidas veces aquellas hojas de papel que trabajaban, labraban, acarreaban el grano, se emborrachaban y robaban, a no ser que fuesen honrados aldeanos; un sentimiento extraño e indefinible se apoderó de su espíritu. Cada uno de aquellos papelitos parecía tener un carácter peculiar y descubrir algo de las vidas de aquellos hombres.

Junto a un hombre se leía: *Buen carpintero;* a tal otro le seguía el calificativo: *inteligente, no bebe;* bajo un tercero se leía: *"Nacido de padre desconocido y de una criada a mi servicio, buena conducta; no es ladrón."*

Todos estos detalles daban a aquellos papeluchos algo de animado; hubiérase dicho que, aunque viejos, aquellos hombres vivían. Tchichiskoff inspeccionó largo tiempo aquella serie de hombres. Se enterneció y dijo suspirando: "¿Hay inscriptor allá arriba? Decidme queriditos: ¿Qué hicisteis en vuestro tiempo? ¿Cómo erais? ¿Os embrolláis?"

Y el gracioso de buen humor reconstruye la vida de aquellos hombres oscuros, y el autor con hábil mano traza cuadros de su vida, de sus alegrías, de sus placeres, de sus bailes, de sus aspiraciones y miserias.

Esta obra produjo gran efecto. La aristocracia se escandalizó. El emperador le quitó su destino y Gogol marchó a Italia para restablecer su salud, de donde escribió sus *"Cartas religiosas"*, retractándose de sus escritos, y volvió a Moscú, en donde murió a los cuarenta y dos años.

Es Gogol más realista que naturalista y no usa ese procedimiento de acumular en una obra lo más sucio que existe; su observación es fina y llega hasta lo minucioso, escudriña y busca la ridiculez, y, cuando la encuentra, la azota con su ironía de manera despiadada. Su risa es triste; no es la de los monstruos de Byron que asustan y horrorizan; es una risa amarga que indigna. Sus sátiras encolerizan.

Consideradas sus obras desde el punto de vista moral, son de carácter más disolvente que las de los naturalistas franceses y enseñan más. Pinta los aldeanos como son, embrutecidos, avaros, borrachos, ladrones, gozando con la satisfacción de una necesidad y teniendo esto como único manantial de placeres.

Como pintor de costumbres, es admirable. Tiene algo de Teniers en el colorido y algo de Velázquez en el dibujo, y describe las escenas familiares con una naturalidad y un colorido que encantan.

Sus personajes son de carne, andan, viven, y nos enseña de tal manera sus rarezas y hasta sus menores gestos que creemos conocerlos, haberlos hablado, haberlos visto.

El diálogo no puede ser más animado, sus descripciones no pueden ser más verdaderas, pero no dispone de la acción, deja languidecer las situaciones más dramáticas y parece que adivina el interés del lector en una escena para fatigarle con sus descripciones.

Su talento es inquieto, su ironía mordaz, y ese desprecio por el lector junto con esa lógica, implacable y absurda para nosotros, hacen que sus novelas disgusten y se lean poco.

Gogol es un maestro y su nombre figurará siempre en la literatura rusa y en la general en las primeras filas de ese naturalismo que seguramente tiene que cambiar mucho y hacer grandes evoluciones.

(*La Unión Liberal*, núm. 345, del 6-III-1890).

VIII. EL NATURALISMO: TURGUENIEFF

Turguenieff tomó de manos de Gogol el cetro de la novela naturalista, así como le legó éste antes de su muerte al conde de Tolstoï. Para Mérimée, Turguenieff no pertenece a ninguna escuela; sigue sus inspiraciones y se dedica como todos los buenos novelistas, al estudio del corazón humano; pero, a pesar del dictamen de este dato escrito en cosas que atañen a la literatura rusa, nadie vacila en colocarlo en las filas del naturalismo, y así lo hacen en sus libros Courrière, Mackenzie Wallace y Eugenio de Vogüé.

Ivan Serguievitch Tourguenieff nació en el departamento de Orel en 1818; hizo sus primeros estudios en Moscú y perfeccionó su educación en Berlín, ciudad en la que vivió largo tiempo.

Comenzó su carrera literaria con un tomo de poesías que llamó *"Conversación"*, que fue recibido por el público con suma frialdad; publicó después *"Las Narraciones de un cazador"*, obra notable, en la cual el autor inspirado en *"Almas muertas"*, describía la vida de los siervos, con esa observación fina, con esa exactitud minuciosa que le caracteriza. Su *"Carta sobre Gogol"* le atrajo la cólera del gobierno y fue desterrado.

Con el advenimiento de Alejandro II fue indultado y salió de Rusia viajando por Francia, Alemania e Italia, hasta que fijó su residencia en París, de donde escribió muchas de sus novelas que fueron traducidas al francés por Delaven, Marmier y Mérimée. A Turguenieff le ocurre lo que a

Zola; para comprenderle, para apreciar sus dotes de escritor y de artista, hay que leer todas sus obras.

Difícil es hacer un análisis en particular de cada una de sus novelas; éstas no tienen más que argumentos sencillos sacados de la vida ordinaria; en sus obras no se encuentran ni grandes acciones ni grandes crímenes; deja languidecer, como Gogol, las escenas interesantes con minuciosas observaciones; y es como aquél, profundo conocedor del corazón humano, sus personajes están tomados del natural y los presenta de tal manera que creemos ver retratos y no cuadros de fantasía.

Un detalle curioso de Turguenieff es el presentar a los hombres faltos de energía y de voluntad, mientras que a la mujer la embellece con esas cualidades que a los hombres niega. En *"Dimitri Roudine"* pinta un vanidoso, incapaz de hacer un trabajo serio, seductor de jóvenes, y que pasa la vida en la inacción, hasta que muere miserablemente. Este tpio ha sido después imitado por *Pisenski* en el héroe Baklanof de su novela *"Mar agitado."*

A veces Turguenieff se eleva a la poesía como en *"Nido de gentiles hombres"*. Presenta en esta novela una joven bella, de alma altiva, que está para casarse con un antiguo pretendiente, cuando llega a su casa un joven llamado Lavretzky, que está casado con una perdida y separado de ella.

Lavretzky y Lisa, que así se llama la joven, se aman; un día leen en los periódicos la noticia de la muerte de la mujer de Lavritzky. Nada los separa; el obstáculo ha desaparecido. El autor, al describir la dicha de los amantes, es casto, como casto es Praxiteles al esculpir su Venus. La noticia de la muerte resulta falsa, y Lisa se encierra en un convento.

En "*A la víspera*", pinta un carácter parecido a Lisa; una joven seria, honrada, de gran fuerza de voluntad que se entrega a su amante con el convencimiento de que su acción no es reprensible, y pasa después una vida miserable.

En "*Padres e hijos*", retrata dos generaciones: la de los padres, respetando toda clase de principios admitidos sin examen, y la de los hijos, que el autor identifica en su héroe Bazaroff, influida por las obras de Schopenhauer, Brückner, Max Stirner y Alejandro Herzen.

La juventud protestó por verse retratada en Bazarof, y Turguenieff fue considerado como un escritor del "corrompido Occidente".

Después de esta obra, escribió novelitas como: "*Moumou*"; "*Los tres encuentros*"; "*Primer amor*" y "*Asia*", en la que presenta una joven rusa que vive en Alemania, a orillas del Rhin; un estudiante la seduce, y la joven escapa de su casa. Copiaré un trozo, a la casualidad, de esta obra para dar idea, aunque ligera, de las bellezas que encierra.

"Cuando atravesaba el Rhin, a la mitad del río, pedía al barquero que dejase a la lancha impulsada por la corriente. El viejo levantaba los remos y el río real nos arrastraba. Miraba en torno mío, escuchaba; me acordé súbitamente y sentí en el corazón una turbación completa; levantaba los ojos al cielo; pero el cielo no estaba tranquilo; agujereado por las estrellas se movía y palpitaba. Miré al fondo del río; en aquellas sombrías y húmedas profundidades, las estrellas brillaban, temblaban, titilaban, la agitación de la vida me rodeaba y me sentía cada vez más agitado.

Apoyéme en el borde de la barca; el murmullo del viento que resonaba en mis oídos, y el rumor sordo del agua bajo el timón irritaban mis nervios, las frescas emanaciones de las olas no me calmaban; un ruiseñor cantaba en la orilla y su canto me embriagaba como un filtro delicioso. Lágrimas hinchaban mis párpados, no de vagas embriagueces sin causa; no sentía esa sensación confusa de aspiraciones infinitas que se siente cuando el alma se ensancha y vibra, cuando parece que todo comprende y ama... No; una sed de dicha me quemaba; no me atrevería a llamarla por su nombre, el placer hasta el aniquilamiento; he ahí lo que yo quería, eso era lo que me angustiaba... La barca flotaba y el viejo barquero dormía inclinado sobre los remos."

Con la aparición de *Humo,* en 1868, comenzó otra serie de novelas sociales entre las cuales la más notable es *Tierras vírgenes,* que publicó en el año 77. En las primeras páginas, nos transportaba a una reunión de conspiradores de San Petersburgo; uno de éstos, llamado Niejdanoff, entra como preceptor en casa de un funcionario; allí encuentra una joven, a la que inspira sus ideas nihilistas. Huyen la joven y el preceptor; ven de cerca al pueblo y forman un casamiento de hombres nuevos, siguiendo las teorías de Owen y de Enfantin. Mas

Niejdanoff no es un verdadero nihilista, no tiene como profesión de fe que "un buen químico vale más que el mejor de los poetas", es un soñador que se pasa las noches haciendo versos; y viendo que ni ama la causa del nihilismo, ni a la mujer que por él se ha sacrificado, se suicida. De este mismo argumento es la obra del escritor nihilista Cernicevski[1]: ¿Qué hacer?

La última fase del talento de Turguenieff fueron las sátiras que escribió por el año 83, en que murió el 3 de setiembre.

Turguenieff no tiene más defectos que esa minuciosidad de detalles heredada de Gogol, y la lentitud en el desenvolvimiento de la intriga. Le pasa lo que a Zola; ama a los miserables y a los abandonados, aunque éste a veces les calumnia y aquél les realza. Representa los vicios, las extravagancias, los ridículos de una época, pero no siente este maligno placer de algunos críticos que buscan y escudriñan hasta sorprender horrores y debilidades del hombre, que a veces ni se sospechan.

Sus novelas se están discutiendo ahora. Mérimée le compara a Shakespeare, y aunque no es comparable al poeta inglés, es un hombre que quedará unido al naturalismo.

(*La Unión Liberal*, n.º 349, del 10-III-1890)

---

(1) Luego ortografiado Tscheznyschevky.

IX. EL NATURALISMO: DOSTOIEVSKY

El dolor es abono que ha fecundado el árbol del progreso, si se convierte en sufrimiento, es estéril y no produce más que esas fúnebres melancolías, esos caracteres extraños, idealistas a veces, otras escépticos, y otras mezclas de los más encontrados sentimientos. *Dostoievsky* es uno de estos caracteres.

Fedor Michailovitch Dostoievsky nació en Moscú en el año 1821. Hizo sus primeros estudios en el colegio de ingenieros militares, y fue nombrado alférez a los 22 años de edad. Poco tiempo sirvió en el ejército, pues se retiró un año después para dedicarse exclusivamente a la literatura. Después de su retiro, pasó una serie de miserias sin cuento; con el producto de algunas traducciones que hacía y copiando legajos, vivían su hermano y él.

Su primera obra fue *Pobres gentes,* que apareció en el 46 en una revista literaria. Nekrassof, cuando la leyó, dijo: *Un nuevo Gogol ha nacido.*

El argumento de la novela es muy sencillo: Dievouchkine es un pobre empleado que desciende la triste pendiente de la vida entre miserias y privaciones; su inteligencia es corta, su candidez ejemplar; en su mísera vida hay un rayo de sol que le alumbra: una joven que vive en la guardilla enfrente de la suya, perseguida como él por la fatalidad, y perseguida además por los hombres que quieren hacerla blanco de sus caprichos. Dievouchkine, a pesar de la falta de recursos, la protege, imponiéndose sacrificios, copiando a todas horas para sostener la existencia de su amiga a la que adora con un amor sencillo, puro y casto como su alma.

Los dos amigos no tienen tiempo de verse y establecen una correspondencia; en sus cartas pinta Dievouchkine sus desesperaciones, relata sus correrías buscando trabajo, y ella le cuenta su vida y le aconseja, pues su inteligencia es mayor que la de su amigo.

Pasa así algún tiempo, pero un hombre que ha requerido de amores a la joven, le ofrece su mano que la muchacha acepta, y sigue escribiendo a su antiguo amigo y le cuenta el lujo de su nueva morada, y no sabe que el pobre Dievouchkine le ama.

Esta obra tiene resonancia en nuestro corazón. Los caracteres están trazados por mano maestra. Las narraciones son trágicas y hermosas. Cuenta la joven, en una de sus cartas, la desesperación de un pobre hombre vecino suyo al que se le había muerto su hijo. *"Ni mi madre, ni Anna Fedorovna acudieron a los funerales. Mi madre estaba enferma; Anna Fedorovna reñía con el viejo y no quería mezclarse en nada. Yo fui sola con él. En la ceremonia, una vaga inquietud se apoderó de mi ánimo; algo así como un presentimiento, las piernas se negaban a sostenerme. Por fin se cerró el ataúd y se colocó en el coche. El cochero arreó al caballo, que tomó el trote largo. El viejo corría detrás sollozando. Su sollozo se interrumpía por el hipo producido por la velocidad de la carrera. El viento le llevó el sombrero y no se paró a recogerlo. La lluvia empapó de agua sus cabellos; se levantó un viento helado y empezaron a caer copos de nieve. El pobre viejo parecía no apercibirse del tiempo; corría sollozando de un lado al otro del coche fúnebre. Los faldones de su raída levita, impulsados por el viento, parecían grandes alas; los libros caían de su bolsillo; apretado contra el pecho llevaba un libro grande. Los transeúntes se descubrían y santiguaban. Algunos se volvían y miraban asombrados al viejo, le detenían para enseñarle los libros que caían en el barro, los recogía y daba otra carrera para alcanzar el coche. En la esquina de una calle, una vieja mendiga se reunió a él para acompañar el cadáver... el coche desapareció a la vuelta de una esquina y les perdí de vista."*

Escribió después *La mujer de otro*, sátira burda que fue acogida por el público con indiferencia.

En 1849, fue condenado como afiliado en la conspiración de Petrachevsky y estuvo a punto de ser ejecutado, pero cuando iba a ser fusilado llegó el indulto del czar, enviándole a Siberia por diez años.

Después de salir de las prisiones, escribió *Los recuerdos de la casa de los muertos,* obra de trágicas narraciones, si no superior, igual por lo menos a la de Silvio Pellico.

En 1861, publicó *Humillados y vencidos*, en la que estudia el mismo vicio que tan magistralmente trata Víctor Hugo en "Los Miserables".

En 1866, escribió *Crimen y castigo,* una de sus mejores obras, y en la que se refleja el inquieto genio del autor.

El argumento de esta novela es muy conocido: el estudiante Raskolnikof, que se halla en la miseria, va a empeñar una alhaja a casa de una vieja usurera; el dinero que ésta tiene en su casa le deslumbra, y piensa matar y robar a la usurera. Medita el crimen, lo estudia bajo todos sus aspectos y se decide a cometerlo. Después de perpetrado, un miedo atroz le sobrecoge, teme a la Policía y busca la amistad de los agentes; y por una extraña voluptuosidad lleva la conversación a un término en que una palabra podía perderlo; pero no la dice y sigue con este espantoso juego. Raskolnikof ama a una pobre muchacha, Sonia, que arrastra su vergüenza por el fango de las calles. Sonia sospecha la turbación del alma del estudiante, le hace confesar y le dice: *"Es preciso sufrir, sufrirlo todo... suplicar, expiar el crimen... y luego el presidio."* El estudiante pasea por los alrededores de la Policía sin tomar partido, por fin se decide y confiesa su crimen y le condenan a trabajos forzados. Esta obra hizo popular a su autor en Rusia; comparada con la de los autores de genio más inquieto, como Poe y Baudelaire, es aún más terrible, pues el análisis de las sensaciones y pasiones de los personajes es más perfecto.

El idiota fue publicada después; en esta obra aparece como protagonista un hombre que ha estado casi toda su vida en un manicomio, y al salir de él y al aparecer en el mundo, vence con su rectitud y buena fe a la cáfila de usureros y ladrones que le rodea para aprovecharse de su idiotismo.

Después escribió *Crecida,* que fue eclipsada con la aparición de *Los Poseidos,* pintura de la sociedad nihilista, en donde pasa revista a los pesimistas, los que se matan por indiferencia, los débiles, los malvados...

Comenzó después la publicación de una revista, *Las notas de un escritor,* en donde contó su vida y la historia de sus libros.

Escribió después *Los hermanos Karamazof; El Jugador; Krotkaial,* y algunas otras.

Murió el 10 de febrero de 1881; su entierro, verificado dos días después, fue una manifestación del pueblo.

Dostoievsky es a veces pesado, su genio inquieto, es el sacerdote del sufrimiento, y así como Turguenieff representa la simpatía, Dostoievsky representa la piedad, pero la piedad exagerada por los débiles y los humildes, y parece decir como Raskolnikof a Sonia: *"Me arrodillo delante del sufrimiento de la humanidad".*

(*La Unión Liberal,* n.º 356, del 17-III-1890)

X. EL NATURALISMO: TOLSTOI

León Nikolaievitch Tolstoi es la representación de Turguenieff, su heredero legítimo, el discípulo al que legaba su poder sobre Rusia, en la carta que le escribió desde su lecho de muerte, y en la que decía en sus últimas líneas: *"¡Amigo mío, no abandonéis la literatura! Ese don os viene del cielo. ¡Qué feliz si accedieseis a mi súplica...! ¡Amigo, gran escritor de nuestra tierra, oíd mi ruego! Contestad al recibo de esta carta; os abrazo por última vez en mi corazón y a vuestra fa-*

milia..." Tolstoi no ha escuchado el ruego de su maestro, ha abandonado la literatura, ha desertado cuando la gloria le sonreía, y estima más la fama de buen agricultor que la que le dan sus triunfos literarios.

Nació el conde de Tolstoi en el año 1828. Estudió en la Universidad de Kazan, y fue educado como suelen ser los hijos de familias nobles en Rusia. Sirvió en el ejército en tiempo de la guerra de Crimea, y en su espíritu observador encontró en el campamento y en las ciudades que visitaba en la guerra el germen de la más hermosa de sus novelas, *Guerra y Paz.*

La aparición de su primera obra fue bastante para darle fama como escritor claro, brillante y observador, que fue *Infancia, adolescencia y juventud,* que la distinguida escritora Arvède Barine, al traducirla al francés le ha llamado *Recuerdos del Conde de Tolstoi.* En esta obra asiste el lector a las luchas que el autor pinta entre sus pasiones y las ideas morales, presenciamos sus transformaciones, sus cambios; y diseca de tal manera sus sentimientos, que parece mostrarnos con el escalpelo la manera de funcionar de las fibras más escondidas de su cerebro.

Nos describe el carácter de sus padres, de sus amigos, de sus maestros, con todos sus detalles, con todos sus rasgos, con sus manías, con sus fatuidades, con sus tics, y cuando pinta la muerte de su madre y el olor que el cadáver despedía se encuentra en él esa nota lúgubre y desesperada, patrimonio de todos los grandes escritores rusos. *Los Cosacos* y *Los Cuadros del sitio de Sebastopol* fueron publicados después en un tomo. En *Los Cosacos* se vale de una intriga sencilla para hacer magníficas descripciones de las llanuras, bosques y sitios pintorescos del Cáucaso. Cuenta la vida de los montañeses de este país y describe las costumbres y los trajes diferentes en todo de los que el ingenio europeo ha pintado. En *Los Cuadros del sitio de Sebastopol* cuenta algunos episodios de la guerra de Crimea y hace brillantes narraciones de Sebastopol en diciembre, en mayo y en agosto.

Katia o las alegrías de la familia fue la novela que precedió a su obra maestra, *Guerra y Paz*. Es aquélla un estudio profundo de la desilusión de los casados, que van poco a poco encontrándose mutuamente defectos hasta que concluyen por profesarse una fría amistad. *Guerra y Paz* es, como he dicho, su obra maestra. Esta novela, si así puede llamarse, ha sido traducida a casi todos los idiomas. Al castellano se ha traducido hace pocos meses por *El Cosmos Editorial,* y publicado por el folletín de "La Correspondencia", pero esta traducción está, como las que con frecuencia aparecen en este periódico, plagada de galicismos.

Guerra y Paz es el cuadro de las guerras napoleónicas en Rusia, la pintura de la sociedad en tiempo de la invasión francesa. Tiene una multitud de personajes y pasa de uno a otro cortando a veces una escena de las más interesantes. Entre esa acumulación de personajes sobresale María Volkonsky, su hermano Andrés, Natalia Rostof y Pedro Bezouchof. María es una pobre niña que vive con su padre, viejo atrabiliario que la maltrata con sus irónicas frases; apartada del mundo por los cuidados que tiene que rendir a su padre, y además porque, a pesar de su alma hermosa, no tiene un exterior agradable; su hermano Andrés, que aunque tiene todos los elementos que se necesitan para ser feliz no lo es, y abandona a su mujer para marchar a la guerra; Natalia es la muchacha encantadora, que se enamora sucesivamente de Boris, de su profesor de piano, de Dologhow, del Príncipe Andrés; que quiere escaparse con Kouraguine, hasta que concluye por casarse con Bezouchof, que es el filósofo, el masón, primero escéptico y nihilista, después, por la influencia de un aldeano prisionero como él llamado Karataief, creyente.

Difícil es hacer un análisis de esta obra, se necesitaría un grueso volumen para dar idea de esta multitud de personajes, de escenas y de lugares que hay descritos.

Ana Karenine fue su última novela. En la "Biblioteca de Artes y Letras" hay una traducción de esta obra que es de gran moralidad; pinta en ella el amor adúltero de Ana y de Vronsky a la par que el puro de Kitty y Constantino Levine. Describe la caída de Ana desde sus primeras turbaciones hasta que después de haber abandonado a su marido se suicida.

Levine es la personificación del tipo favorito de Tolstoï, el escéptico, convertido en místico. *Ana Karenine* ha sido su última obra literaria; las que ha publicado después son todas religiosas. En *Mi confesión,* explana su idea fija y cuenta su transformación de nihilista en creyente. *Mi religión,* que publicó después, es obra en donde expone sus ideas sobre la moral y sobre el mundo. Ataca a la Iglesia porque sustituye con catecismos al Evangelio, y con ritos y ceremoniales a las sublimes máximas de Cristo, sigue al Evangelio y expone las contradicciones que tienen nuestras religiones positivas y los distingos que hacen para seguir una máxima de Cristo; los *Comentarios sobre el Evangelio* es una continuación de esta obra.

Las dos últimas obras de Tolstoi son: *¿Qué hacer?*, en la que expone sus teorías sobre la división del trabajo, y en la que dice, como Sutaief, *el salario es la forma agravante de la esclavitud;* y *Los decembristas,* publicado hace pocos meses, es un estudio político religioso. Tolstoi es un escritor brillante, gran pintor de costumbres, observador perspicaz, gran conocedor del corazón humano. Si Turguenieff es el más poético, si Dostoviesky es el más trágcio, Tolstoi es, en cambio, el más majestuoso de todos los escritores rusos.

(*La Unión Liberal,* n.º 363, del 24-III-1890)

XI. EL NIHILISMO: HERTZEN

Si Alejandro Schiskof hubiese sabido la influencia que sus leyes draconianas habían de tener en Rusia, a buen seguro que no las hubiera dictado y permitiera las aficiones galómanas de la aristocracia, y la tendencia que la literatura nacional tenía para todo lo francés; mas creyó que la galomanía era perjudicial a su política de opresión, y lo era en efecto, pero no vio que al mismo tiempo que cerraba el paso a las importaciones francesas, dejaba puerta franca a la filosofía alemana, aún más opuesta a su política que la filosofía francesa.

Entre los filósofos alemanes, Hegel y Feuerbach fueron los que tuvieron más partido entre los jóvenes rusos; alguno de éstos había que analizaba los pasajes más insignificantes del filósofo de Stuttgart y de su ferviente discípulo, y querían llevar las más abstractas teorías al terreno de la práctica.

Con los partidarios de las teorías alemanas, se formaron dos círculos: el uno dirigido por *Stankievitch*, el otro por *Hertzen* y *Ogaref;* el primero compuesto por poetas y filósofos, que pasaban el tiempo en conversaciones y controversias, y entre los que descollaban *Bielinsky,* el gran crítico; *Granovsky* y algunos otros que tenían por único filósofo a Hegel, por único poeta a Goethe y por el mejor de los músicos a Beethoven. En el bando que mandaba Hertzen se discutía de una manera menos acalorada y se trataba de cuestiones bajo un punto de vista más práctico.

En 1840, ambas escuelas fueron aproximándose, hasta que en 1845 se unieron fraternalmente. Hertzen, que por su inteligencia y vasto saber había sobrepujado siempre a los que le rodeaban, fue considerado jefe de aquella escuela que no había de llamarse nihilista, hasta que Turguenieff empleó esta palabra en su famosa novela *Padres e hijos.*

Hertzen es el precursor del nihilismo; nació

Alejandro Hertzen en 1812 en Moscú, año del incendio de esta capital, según unos debido a la barbarie de los franceses, según otros a los rusos y al general Rostopchine, aunque éste en su obra titulada *Verdad sobre el incendio de Moscú*, niega rotundamente el hecho que se le atribuye.

A los veintitrés años, Hertzen fue reducido a prisión por haberle encontrado la policía en su maleta escritos en los que predicaba la revolución social. De la cárcel fue enviado a Perm, de allí a Viatka, pasó luego a Novgorod hasta que le autorizaron después para vivir en Moscú.

Escribió gran número de obras filosóficas: en 1842, *El dilettantismo en la ciencia*, y después, *Cartas sobre el estudio de la naturaleza*. Antes de la revolución de 1848, escribió *Antes de la tempestad*, en que profetizaba un trastorno social, en el que el socialismo vencería; pasó la revolución y vio que no había cumplido lo que él deseaba y escribió *Después de la tempestad*, libro en el que atacaba con saña a la burguesía y le culpaba de aquella inútil algarada; publicó en el año 1849, *La República una e indivisible;* refiriéndose al tiempo del socialismo, dice: *Los pueblos que avanzan, pasarán más dificultades si llegan a herir los pies del coloso, pero por encima de todo, pasarán; la fuerza de las ideas socialistas es grande; sobre todo desde que han comenzado a ser comprendidas por su verdadero enemigo; por el enemigo por derecho del orden actual, por el proletario, por el obrero...*

En esta obra expone el principio de que el operario no puede trabajar para los otros, y describe con imágenes brillantes y frases apocalípticas el triunfo del socialismo, el del proletariado sobre el burgués, y el del trabajo sobre el capital.

Sus últimas obras filosóficas, *Desde la otra orilla; La propiedad bautizada* y *Cárcel y destierro...* hicieron gran impresión en Rusia; pero lo que más impresión causó fue la aparición de *Kolokol* ("La Campana"), que denunciaba todos los abusos e inmoralidades que sucedían. Sus dos obras literarias, *¿Quién es el culpable?* y *El doctor Kronpof,* tuvieron gran resonancia.

¿Quién es el culpable? es su obra maestra, su argumento es el siguiente: El general retirado Negrof se casó con una mujer todavía joven, de temperamento sensible, que sabiendo que su marido ha tenido una hija de una de las labriegas que trabajan en su casa, recoge a la niña, llamada Loubenka, que cuando se hace mayor, comprende su situación en casa de su padre, y como es de carácter exaltado, no puede sufrir las humillaciones que le hacen. Como está en edad de estudiar, el general Negrof trae un preceptor, Dimitri Krittsipersky, joven, aplicado, modesto, tímido, que se enamora de Loubenka y pide a Negrof la mano de su hija. El general la concede, la joven acepta, se verifica el casamiento, y ambos esposos marchan a Moscú, en donde Dimitri obtiene una cátedra. Así las cosas; Loubenka se encuentra con Beltof, tipo byroniano, del que se enamora; Beltof también la ama, mas un amigo suyo le aconseja que se separe de Loubenka y Beltof marcha para siempre. Loubenka va lan-

guideciendo poco a poco hasta que muere, y su marido, viendo su felicidad rota y sus sueños desvanecidos, se entrega a la bebida.

Ahora viene el problema: ¿de quién es la culpa? Hertzen no la resolvió, Tchernyschevsky propuso la solución por una sociedad nueva.

En *El doctor Kronpof,* nos cuenta las conversaciones del viejo doctor, los recuerdos de su juventud, las razones que le impulsaron para seguir la carrera de médico, como el medio para conocer las miserias humanas.

Hertzen murió en 1870; desde 1848 a 1865, dominó la Rusia con su periódico *Kolokol;* como político, fue un grande hombre; como novelista, fue claro, brillante, satírico, mordaz, de estilo terso y pulido como el de Tolstoi.

En sus obras filosóficas, se advierte una extraña mezcla de pesimismo hegeliano y de entusiasmo por las ideas socialistas y los hombres nuevos.

Hertzen es para el ruso una divinidad, su nombre está unido en los buenos corazones rusos con el de Pestel, con el de Bakounine y con los de todos los que han querido elevar al pueblo, al proletario, al obrero, que son los que tienen por delante lo porvenir.

(*La Unión Liberal,* n.º 371, del 1-IV-1890)

XII.   EL NIHILISMO: BAKUNINE

En la reunión polaca, verificada en París, en 1847, en la que se atacaba con saña la opresora política del czar Nicolás, un hombre se distinguió por sus valientes ideas contra la Rusia; cualquiera hubiese dicho que era algún patriota polaco, o algún noble arruinado por la independencia de Polonia. Mas no; aquel hombre era un ruso. Era el socialista Bakunine, el agitador más grande de Rusia. Conociendo el ministerio Guizot la importancia de este personaje, le expulsó de Francia. Bakunine marchó a Dresde, en donde quiso quemar los edificios públicos para impedir la entrada de los prusianos en la capital; hecho prisionero, fue condenado a muerte, y hubiéranle ejecutado a no ser reclamado por el gobierno austríaco, que le redujo a prisión aherrojándole; pidió el gobierno ruso su extradición como súbdito rebelde y estuvo algún tiempo prisionero en el castillo San Pedro. Allí redactó un extenso *"Memorandum"* sobre la situación europea, que el Príncipe Orlof puso en manos del Emperador.

Al advenimiento de Alejandro II, fue enviado a la Siberia. Recorrió este vasto país de Oeste a Este, y al llegar a la embocadura del río Amur, tomó pasaje en un barco que partía para el Japón. De aquí marchó a Nueva York, de donde pasó a Inglaterra a reunirse con Hertzen. Colaboró en *El Kolokol,* y conspiró con Ogaref, y el traidor Kelsief, que con una mano servía a los conspiradores y con la otra al Emperador. En 1868, afiliado a la *Internacional Socialista,* ideada por Talain, expuso a la Sociedad un programa que llevaba 84 firmas y en el que decía: " "La Alianza Internacional de la Democracia socialista" se declara atea; quiere la abolición de los cultos. la sustitución de la fe por la ciencia y de la justicia divina por la humana; quiere la abolición del matrimonio como institución política, religiosa y civil. En los párrafos siguientes pedía la abolición del derecho de herencia, y la supresión de todos los estados."

Jourdan en su *Sistema social de Economía humana* admite dos clases de socialistas; los unos, que quieren destruir el mecanismo social, para construirlo nuevamente por completo; los otros, que no quieren más que modificar un resorte de este mecanismo. Bakunine pertenece a los primeros, y define el socialismo como Sorel, que dice que es *"la filosofía económica de la clase que sufre"*. Para los Katheder Socialisten, o socialistas de la cátedra, Engels, Wagner, Schonberg y otros, lo mismo Bakunine que Karl Marx, que Lassalle, que Bebel y que Louis Blanc, no son más que soñadores, utopistas de malsanas teorías.

En 1869, Hertzen se separó de sus antiguos amigos Ogaref y Bakunine. Este siguió con su propaganda revolucionaria hasta que murió en la capital de Suiza, solo y abandonado, a los 62 años de edad.

Hertzen y Bakunine fueron los hombres de la primera revolución del nihilismo. La novela naturalista de este tiempo puede llamarse más que realista, monstruosa, exceptuando las novelas de Turguenieff, que, aunque lo trató en sus libros, no lo hizo a la manera de los otros. En esta época, se distinguieron *Saltikof* por sus *"Boatos de provincia"*, libro en el que parece que va buscando lo más inmoral y antipoético; y con su comedia, *"El asunto embrollado"*, en la que llega a pintar a una mujer prostituyéndose para dar de comer a su marido y a sus hijos; *Grigorovitch*, con su comedia *"Anton Goremiuka"*, y el revolucionario *Petrachevsky*, que, con su *"Diccionario de frases extranjeras"*, causó gran impresión en Rusia.

Pasado este período, que concluyó en 1857, vino otro, a cuya cabeza se puso después Tschernyschevsky.

A fines del año 56 y principios del 57, se comenzaron a conocer en Rusia las obras del pesimista Schopenhauer, las del naturalista Büchner, y las del socialista Max Stirner.

Hegel, el gran filósofo de Stuttgart, fue derrotado por el pesimista de Dantzig. Este era más racionalista, y su crítica más imparcial; la obra de Büchner, *Fuerza y Materia,* era leída con entusiasmo, se le consideraba como el creador del materialismo científico, cuando en realidad no era más que el incansable propagandista de las teorías de Darwin, de Wallace, Huxley, Spencer y Haeckel. El gobierno prohibió la lectura de esta obra, y por lo mismo las ediciones clandestinas y las traducciones rusas pasaban de mano a mano.

Se hablaba de oídas del *"Viaje a Icaria"* de Cabet, de *"El destino social"* de Victor Considérant, de *"Las contradicciones económicas* de Proudhon, y de *"La organización del trabajo"* de Louis Blanc.

Se conocía *"La religión"* de Feuerbach, y el libro de Max Stirner: *"Unico y en propiedad"*, cuyo sistema filosófico se basaba en la nada.

Entonces, y a consecuencia de estos nuevos elementos que penetraron en la sociedad rusa, se formaron los nihilistas modernos, los apasionados de la destrucción, a los que dio nombre Turguenieff, en su obra *"Padre e hijos"*, y a cuya cabeza se colocó Tschernyschesvsky; y éste dice así, hablando del desarrollo de esta clase de hombres: *"Hace seis años, estos hombres no existían; hace tres se les despreciaba, y ahora... Pero importa poco lo que ahora se piense de ellos; dentro de algunos años, quizás no muchos, se llamará a los que componen la secta, se les pedirá su cooperación, y la sociedad se verá obligada a obedecer a sus mandatos. Algunos años más, acaso, en algunos meses, serán encarnecidos, arrojados, silbados, deshonrados. Mas, ¿qué importa? Arrojadlos, deshonradlos, maldecidlos; siempre os serán útiles, y ésta será su satisfacción."*

Así explica este apóstol del nihilismo el nacimiento de *los hombres nuevos* y profetiza que por la influencia de estos hombres, la sociedad se irá mejorando por múltiples evoluciones, que conduzcan a la felicidad del género humano.

(*La Unión Liberal*, n.º 377, del 8-IV-1890)

XIII.   EL NIHILISMO: TSCHERNYSCHEVSKY

El nihilismo ha tenido, como todas las sectas religiosas, mártires y filósofos; los primeros, que han animado con su ejemplo a los rezagados, enseñándoles a padecer y a morir por una causa; los segundos, que han dirigido las fuerzas por el mejor camino, para llegar al fin deseado por la secta. Tschernyschevsky ha sido filósofo y mártir, filósofo en el comienzo de su vida, mártir en la vejez; sus sufrimientos, sus miserias, sus desgracias, dieron más sectarios a la causa nihilista que los reglamentos de Bakunine y la filosofía de Nertchinsk, entre las turbas de malhechores que allí trabajaban, pues el gobierno ruso lleva al condenado político junto al bandido, y si algo les distingue a ambos, es que el segundo tiene cosido en la espalda de su capote un paño, que es rojo en el asesino, negro en el ladrón, amarillo en el incendiario; y el primero no lleva ninguna marca infamante.

Nació *Nicolás Gawrilovitch Tschernyschevsky* en Saratov, en 1828; estudió en la Universidad de San Petersburgo, distinguiéndose por sus exageradas ideas políticas y por la facilidad de su inteligencia de asimilarse lo que leía. Colaboró luego de concluida su carrera en la *"Colección militar"* y en la revista de Nekrassof, *"El Contemporáneo"*, en la que escribió artículos históricos, críticos y económicos; tradujo *"la Historia Universal"* de Schloesser y escribió una *"Compilación concentrada de los principios económicos de Stuart Mill"*, en la que refuta bajo el punto de vista del socialismo al ilustre economista inglés y a sus grandes maestros, Smith, Malthus y Ricardo, ataca sus principios económicos porque son favorables a la burguesía, y los quiere sustituir con otros útiles al proletariado, y en esta tarea le acontece lo que a muchos innovadores, que critica y destruye algunos de los principios de Stuart Mill, pero cuando quiere establecer los suyos, forja utopías irrealizables que tienen el mismo sello del artificio y convencionalismo que las que ataca.

En 1863, apareció en *"El Contemporáneo"*, la novela de Tschernyschevsky, *¿Qué hacer?*; en ella resuelve con el amor libre, el problema que Hertzen plantea en su novela nihilista, *¿De quién es la culpa?*

La idea de la novela *¿Qué hacer?* es la siguiente: Vera Palowna es hija de un empleado de poco sueldo, y de María Alexevna, mujer ambiciosa, que quiere casar a Vera con Storetsnikof, joven rico que liena sus miras ambiciosas. Lopukhof, estudiante de medicina y hombre nuevo, logra entrar como preceptor de un hermano de Vera en casa de María Alexevna, catequiza a madre e hija, seduce a ésta y se escapa con ella. Se casan; Lopukhof abandona la carrera para dedicarse al trabajo, y Vera funda un taller de cooperación, que es una especie de falansterio, en el que se reparten las utilidades. El taller prospera, todo va a pedir de boca. Lopukhof tiene un amigo médico llamado Kirsanof, que se enamora de Vera, y ésta corresponde a su amor.

Cualquier marido que no fuera hombre nuevo se consideraría deshonrado en la situación de Lopukhof, y se dispondría a vengarse al estilo de los esposos ultrajados de los dramas de Echegaray; pero el antiguo estudiante no tiene ideas trasnochadas sobre el honor, y lo único que le preocupa es la manera de arreglar su hogar. ¿Qué hacer? Lo primero que se le ocurre es lo que a San Juan Crisóstomo, cuando un joven de Bettlem le pidió consejos para poner paz en su casa, pues su madre, que era viuda, tenía un amante, y su hermana vivía amancebada con un hermano en fe, y el santo contestó que si no podían romper aquellos pecaminosos lazos vivieran los cuatro juntos, pues esto era lo que él consideraba más moral.

Vera no acepta la proposición de su marido y Lopukhof resuelve el problema, simulando un suicidio, aunque antes participa a su esposa su resolución; le dice que su muerte es sólo legal, aconsejándole que se case con Rakhmetof, el hombre nuevo por excelencia, un rigorista estoico, cuyo carácter pinta Tschernyschevsky con pasión, poniéndole como acabado modelo de nihilista; Vera no hace caso de la recomendación de su marido y se casa con Kirsanof, a quien ama. Los esposos son felices; Kirsanof, ejerciendo su profesión, salva a Catalina Vassilievna, que se halla enferma por infidelidad de su amante. Catalina traba conocimiento con un americano, Carlos Beaumont, que no es otro sino Lopukhof, y después de algunos meses de relaciones se casan.

Catalina presenta a su marido a los esposos Kirsanof; se celebra un banquete entre los dos matrimonios, y concluye la novela entre brindis y copas de Champagne.

Tschernyschevsky, no contento con predicar la revolución social en sus libros, pasó al terreno de la práctica, se relacionó con Hertzen y Bakunine, y redactó manifiestos, entre ellos muy notable es el que dirigió a los campesinos feudales".

El 7 de julio fue arrestado, y el senado gubernativo le condenó "*a ser privado de sus derechos como súbdito ruso, condenado a 14 años de trabajos forzados y deportado perpetuamente a Siberia*".

Esta condena terrible fue ejecutada en todas sus partes; se le degradó en San Petersburgo, rompiendo una espada por encima de su cabeza; pasó 7 años en las minas de Nertchinsk, y quedó después preso en Vilouysk. En 1880, se dijo que había muerto, mas la noticia resultó falsa.

Los ukases, que dio desde su prisión, fueron seguidos por todos los nihilistas, que escuchaban los mandatos de su apóstol y del hombre que ha dirigido las fuerzas del nihilismo.

(*La Unión Liberal*, núm. 390, del 22-IV-1890)

PERSONALIDADES LITERARIAS

SILVERIO LANZA Y SU EDITOR J. B. A. [2]

¡Qué injusta es la suerte! Yo que me precio de crítico de alto coturno, un Taine, un Sainte Beuve, un Janin, que he disecado a granel, no tenía noticia de que había existido en el mundo un tal Silverio Lanza, el cual, mientras vivió, dio en la flor (bien espinosa y de acre perfume, por cierto) de escribir para el señor Lector, que decía el malogrado Agustín Bonnat. Pero nunca es tarde si la dicha es buena.

Han llegado a mis manos, el cómo lo callo, las obras de Lanza. Las he leído, y digo ya quisieran muchos que blasonan y alardean de literatos manejar la pluma como él.

Es humorista, verdadero humorista, romántico de buena cepa cuando se le ocurre, poeta si le viene en gana, profundo si le da el naipe por pensar. ¡Lástima que el Sr. Amorós, editor de los libros, viva ahí arrinconado en Getafe y tarde un siglo en publicar las obras de su difunto amigo!

Es una verdadera historia

El Sr. Amorós contrajo el compromiso de pu-publicarlas.

Y lo cumple inmediatamente, ¡qué demonio! Se conoce que se quema las cejas leyendo y rele-yendo los manuscritos que le leyó Lanza, muerto, si no lo saben ustedes, en la ciudad del Tormes no hace mucho tiempo.

Dejémosle descansar y sentemos las costuras al editor.

En 1882, publicó una serie de cuentos en un tomo que bautizó con este título: *El año triste.*

Ese tomo, Sr. Amorós, me demuestra que su amigo era uno de los más observadores escritores contemporáneos.

Su estilo es claro, conciso, nervioso, desprovisto de esos fuegos artificiales retóricos que cautivan y entusiasman a algunos entes dejados de la mano de Dios que andan por ahí a salto de mata, a caza de galicismos y otras chinchorrerías de sintaxis, la parte más pestilente de la gramática.

El año triste no llamó la atención de la prensa, y, es claro, no serían muchos los ejemplares que se vendieron.

¡Justo castigo a la mezquindad y poca maña del Sr. Amorós!

¿Quién le mandó no adornar el tomo con una ristra de dibujitos? ¿Por qué no encabezó cada cuento con dedicatoria rimbombante a algún personaje de campanillas? Sr. Amorós; lo siento mucho, pero usted no entiende la aguja de marear.

El año 1883 apareció la novela *Mala cuna y mala fosa*. Campea en ella una melancolía... Tiene unas páginas, ¡nada!, parecen escritas con la calenturienta pluma de aquel sublime autor de *El gato negro* y *Arenice,* y otras como la analítica de Panin. Y ¡qué novedad! Y sobre todo ¡qué pensamientos!

Pasan cinco años y salen por esos mundos *Cuentecitos sin importancia.* Atrás eso de Boulanger que tanto priva actualmente en París.

Amorós se debió poner más contento que Camilo cuando Spero le regaló el reloj de sobremesa con la estatua hechicera de la Musa de la Astronomía (véase "Urania" de Flammarión).

Vendió nada menos que ocho ejemplares en ocho meses.

¡Oh ambicioso! No se contentó con éxito tan extraordinario. Dio a la estampa en seguida las *Noticias biográficas acerca del Excelentísimo Señor Marqués del Mantillo, Ni en la vida ni en la muerte* y *Cuentos políticos.*

Creo yo que Silverio Lanza no pertenece a ninguna escuela literaria. Su talento imaginativo, su poder cerebral, no sé explicarme, vamos, le impide ser naturalista (Perdón). Su pesimismo filosófico unido a su escepticismo, le prohíbe el ser idealista.

Cultiva la novela psicológica; estudia con detención, con asombroso cuidado, los caracteres de sus personajes. Por eso precisamente me los pinta tan reales. Sus diálogos son preciosos. Ha suprimido lo que podíamos llamar las notas aclaratorias para actitudes, movimiento, gestos, muecas y "ejusdem furfuris" de los interlocutores. Stendhal hacía lo mismo. Se echa de ver que Lanza conoce la literatura inglesa; que ha estudiado el inmortal autor de "El Mercader de Venecia", cuyo ser o no ser le preocupa casi tanto como a Flammarión. Leyendo despacio las obras de Lanza se vislumbran rasgos a lo Miguel de los Santos Alvarez. Carece, sin embargo, de la impiedad y de la mordaz ironía que hace gala el amigo de Espronceda en "Amor paternal" y en su primera "Agonía". Hojeo al azar los cuentos del colega de Amorós y topo con las siguientes líneas: "Aunque yo tuviera tanto respeto a las leyes humanas como a Dios, siempre me serían más simpáticos los curas que los jueces". En verdad que se puede vacilar antes de decidirse a elegir. Yo, lo que es, no escojo la gente de sotana y alzacuello. No es que sea mala, no, señor. Me acuerdo de aquel caballero tonsurado de "El Doctor Centeno" y del hermanito aquel de "El enemigo" y del señor aquel de "La conquête de Plassans". Y, vamos, me escamo.

¡Ah! No se figuren ustedes que Lanza aparece como neo. Se nota, sí, que le inspiraban cierto temorcillo los curas, que se conmovía al oír el triste tañido de las campanas, que... Basta.

En resolución, Lanza fue un escritor de los que caen pocos en libra. Yo ruego a Amorós que se apresure a publicar más libros de su amigo. Yo no los compraré, eso no. Los Leeré con gusto. Bastante es.

P. y D. Baroja

Madrid, septiembre 1890

(*La Voz de Guipúzcoa*, 15 de septiembre de 1890, núm. 1.970).

VATES CALENTURIENTOS [2]

En todo tiempo —buen introito— ha habido gente que se ha arrobado por la poesía; pero no por la elevada, sino por la de a tres menos cuartillo.

Yo entiendo que, así como hay monedas falsas y buenas, hay también poesía que pertenece a estas dos clases. Además se me figura que, así como existe gente —que ni teme ni debe— que se dedica a expender por esos andurriales, duros y pesetas de mala ley, nos codeamos con otra, poco escrupulosa en verdad, que reparte poesía falsa o por lo menos adulterada.

El maestro Voltaire, en su bellísima y filosófica obra *El hombre de los cuarenta escudos,* asegura, por boca del geómetra que aparece tratando de la insignificancia de nuestra existencia, que de los veintitrés años, término medio de la vida en París por aquel entonces, es preciso restar diez, que corresponden a la infancia; porque en la infancia —dice— no se goza. Es —agrega— algo a guisa de exordio, el vestíbulo del dificio, un ár-

bol cuyos frutos no han brotado aún, un a modo
de crepúsculo del día. Quitad, por otra parte
—añade—. de los trece años que quedan los que
os roban el sueño, el fastidio, que, reunidos, os
sorben la mitad de ese tiempo, y resultan seis
años y pico, en los cuales sois víctimas de pesares
y dolores infinitos y, en cambio, disfrutáis sólo
algunos placeres.

Lo que Voltaire podríamos decir ahora, con la
única diferencia de que la vida media ha aumen-
tado de entonces acá, pues, según creo, es de treinta y dos años. Bueno. Ahora viene lo gordo. Me
he atrevido a sacar una consecuencia de la reflexión del maestro. La tal consecuencia parecerá
absurda; pero, ¡qué demontre!, ahí va. Si la vida
es tan corta, si tenemos tan poco espacio para
disfrutar, si se ha averiguado que la literatura
es un deporte, ¿por qué no se persigue constantemente a la trulla de escritores lúgubres? ¿Por
qué no se carga de grillos a la tropa de malos poetas humoristas con trichina? Unos y otros pululan con lepismas entre las hojas de un libro viejo, unos y otros amargan por sus necedades y
sandeces las horas que pasamos en este mísero
valle de lágrimas.

El gobierno no quiere tomar medidas para destruir plaga tan asoladora y dañina. Urge tomar-
las. La ola sube y acabará por inundarnos.

En este instante me acuerdo —con esas cosas
vive uno con el alma en un hilo— que encabecé
estas cuartillas con el nombre que un amigo mío
ha aplicado a esos literatos maleantes. Ocupémo-
nos de ellos.

Literatos maleantes, sí, señor, con todas sus letras, son ustedes, mamacallos hechos y derechos que citan a Darwin, Haeckel y Schopenhauer.

Y, ¡cuánto ha sufrido la pobre gente!

Pero lo que no va en lágrimas, va en suspiros. Han pervertido muchas casadas, han engañado viudas a montones, han seducido a parrilla castas doncellas, y lo malo es que Dios castiga, sin palo ni piedra. Los infelices tienen el corazón destrozado, destila sangre, mana acíbar. Literatos maleantes, así como suena, sois vosotros, cantores alicaídos y rastreros de la tila y del bromuro potásico, que andáis de juega, y después de noches de borrasca y de excesos donde las libaciones alternan con besos ardientes de hembras enjalbegadas, volvéis a casa de la patrona, tomáis la pluma, y, a favor de la soflama que se incendia, escribís una rima a lo Heine, que la disputáis, por lo transcendental y filosófica, digna del autor de *Parerga y Paralipomena* y por la fuerza poética superior a cualquier composición de Byron o de Hugo. Pasan días, aumentan las rimas, forman un cuaderno abultadito. Entonces hay que verle al vate hecho un azacán correr de aquí para allá pensando en el título de la obra.

¡Ah!, tate, exclama una noche, no bien engullido el postre (galletas sevillanas), la llamaré: *Delirios, Locura, Desvaríos*. Con afecto, le encasqueta tal mote, coge el sombrero y al café a prisa y corriendo. Su patolea le felicita. Pues, luego, es menester componer el prólogo. ¡Qué apuro! ¡Cuánto insomnio! Mas al fin y al cabo, el parto es feliz. El prólogo surge flamante del cerebro del poeta, o resulta, bien mirado, un estudio psicológico-fisiológico-analítico del corazón y de la persona del autor.

Se encuentran tontunas por el estilo de ésta: "Yo tengo un temperamento sensible a veces, otras soy escéptico e irónico."

Ciegos los de mi cuento por espejismos mágicos, se han arrogado un qué sé yo que les engríe y les llena de satánica soberbia. Cualquiera les demuestra que no representan un papel terrible en la sociedad. Se creen unos *Han de Islandia,* el coco de la burguesía, el azote de lo clásico.

No saben, empero, que los honrados burgueses, que han tomado el pelo a los Marx, Proudhon y Lassalle, los Juan Lanas clasicotes se dan una palmadita suave en el abdomen (entre paréntesis, bien repleto) y dicen a la literatura lo que el moro manchego de "Por seguir a una mujer", Panda, diviérteme.

Vates calenturientos, oídme; pasó aquel tiempo en que se tomaban en serio pamplinas de *La Loca de la casa;* nadie se suicida por los escritos de un autor, ni hay niñas románticas que beben vinagre para perder los colores de las mejillas, en tanto que aparece en rededor de los ojos un círculo azul tirando a negro.

El mundo ha cambiado. La lágrima que el joven, sensible como el bolsillo de un cura y blando como el requesón de Miraflores y dulce como la miel de la Alcarria, derramaba en las páginas del libro del tierno Lamartine o del melancólico y sin par Bécquer, se ha evaporado —cual, con el sol, esas tenues neblinas que, por la noche, guardan a la divina Concha de Iruchulo.

¿De qué modo, pues, vosotros, poetas chirles, queréis resucitar aquellas épocas de inocente locura? ¿Con vuestros versitos? ¡Inútil empeño, vana empresa! A este vetusto siglo XIX le ha salido, años ha, la muela del juicio y se burla al oír cosas que un tiempo le conmovieron en lo más último.

P. y D. Baroja,

Madrid, 30 de septiembre de 1890.

(*La Voz de Guipúzcoa,* 6 de octubre de 1890, n.º 1.990)

OCTAVIO FEUILLET [3]

El telégrafo nos comunicó ayer la triste noticia del fallecimiento de este ilustre literato francés, cuyas obras son conocidas en todo el mundo.

Había nacido en Saint Lo el 11 de agosto de 1823. Su padre, que era secretario general de la prefectura, dio a su hijo una educación esmeradísima.

El futuro académico reveló desde su juventud el amor al estudio de que se hallaba poseído y sus felices disposiciones para el cultivo de la literatura.

Debutó con una novela titulada *Le Grand Vieillard,* que se publicó en el folletín del *National* con el pseudónimo de Désiré Hazard.

Desde entonces (1845) no había cesado de escribir, siempre con general aplauso. Sus producciones teatrales y sus novelas le valieron inmensa reputación, de que ha disfrutado constantemente.

Entre las primeras, figuran en primer término una novela terrible, *Los Caprichos de Mariana; Dalila; Julia; Redención; La Crisis* y *La Novela de un joven pobre,* y entre las segundas, *M. de Camara; Julia de Trecoeur, Un Casamiento aristocrático; Pepe* y *La Muerta,* novelas que han sido traducidas al castellano. En estos últimos tiempos, Octavio Feuillet ha proseguido sus tareas literarias con el mismo entusiasmo que en sus juveniles años, sin abandonar su manera fina, delicada y esencialmente idealista, ni adoptar el naturalismo moderno en la concepción y desarrollo de sus obras.

Era el autor de *Redención* un escritor elegantísimo, en extremo cuidadoso del estilo y muy dado a pintar las costumbres aristocráticas de nuestra época.

Octavio Feuillet fue nombrado académico el 3 de abril de 1862 en sustitución de Scribe. En 1867 obtuvo el título de oficial de la Legión de Honor. Nombrado bibliotecario de la Casa Imperial, en tiempo de Napoleón III, con el sueldo anual de 10.000 francos, se consideró como destituido después de la revolución del 4 de septiembre.

Invitado por Julio Simón en octubre de 1871 a seguir cobrando su sueldo como hombre de letras, ajeno a la política, Octavio Feuillet se negó con gran desinterés, a desempeñar un cargo que carecía en absoluto de objeto.

(*El Liberal*, n.° 4.213, del 30-12-1890, p. 2, col. 5).

ELIAS BERTHET [3]

Cuando apareció en el mundo literario, Víctor Hugo reinaba en la poesía; Balzac en la novela; Dumas, Sue y Feval en el folletín literario; Janin y Sainte-Beuve en el crítico.

Eran días de lucha para los fundadores de un arte nuevo; el que lograba señalarse entre el confuso pelotón que luchaba para de soldado pasar a jefe, era el que en el palenque literario había mostrado sus grandes fuerzas.

Elías Berthet había nacido el 8 de junio de 1815 en Limoges. De carácter sencillo y débil, sus primeras aficiones fueron a la Botánica y a la Entomología; recorría los campos buscando plantas y perseguía con tenacidad toda clase de insectos; dejó a un lado sus colecciones, y poseído del deseo de leer, devoraba lo que caía en sus manos. lo bueno como lo malo, con aquel furor que Juan Jacobo nos pinta en sus *Confesiones*. Marchó a París en 1834 y allí reunió las obras escritas en su juventud, un tomo que llamó *La Lámpara* y en el que firmaba Elías Raymond.

En 1837, Desnuyers, cajero de *El Siglo*, le hizo su secretario, y desde entonces comenzó a escribir los folletines de *El Siglo; Unión; Constitucional* y otros.

Las obras de Berthet forman un centenar de volúmenes. Las más notables son: *El hijo del usurero; La caza del jabalí; La familia del aldeano; Los inconvenientes del valor; El cazador de marmotas; El primero de los penitentes rojos; Un alquimista del siglo XIX; Un mártir; El buhonero; Una pasión; La abadía de Solignac; La torre de Zizim; El marqués de Beaulieu; Jacobo Brighton; La Favorita; El Conde de Romeral; Rivalidad de mujer; Los hijos de Enrique II; La maldición de París, La hija de los Pirineos, El nido de cigüeñas, El estanque de Rocigny; Pablo Duvert; El Castillo de Aubergue; La casa de París; El Castillo de Montbrun; El caballero de Clermont; La mina de oro; El hombre del bosque; El refractario; Los dramas de Cayena; Novelas prehistóricas; El secuestrado; Las catacumbas de París*, y aun muchísimas más que no nombro para no cansar al lector. En el teatro no tuvo Berthet grandes éxitos y sólo fueron aplaudidos sus dos primeros dramas, *El Pacto del hambre*, escrito en colaboración de Paul Faucher y representado en la Porte Saint Martin, y *Los cobradores*, en colaboración de Saintine.

Berthet no puede compararse con Féval ni con Sue; éstos creaban sin esfuerzo sus obras; eran producto espontáneo de su lozana fantasía; aquél trabajaba penosamente para dar amenidad e interés a su relato. Sus composiciones son extremadamente dramáticas; abundan en ellas los contrastes; las sencillas costumbres de la pacífica aldea se mezclan con las terribles pasiones, la verdad de los retratos júntase a lo bello y exacto de las descripciones. A sus obras les falta el estilo y la idea, pero no el interés; sus narraciones entretienen siempre, son a veces terroríficas, a veces sencillas, otras enredadas, pero nunca dejan de ser interesantes; sólo al dejar el libro de la mano y al pensar en aquellas tan extraordinarias aventuras, se nota lo inverosímil y ficticio de sus novelas. Al leerle, cualquiera creería que ha puesto su planta en las regiones que tan maravillosamente describe, cuando no viajó nunca; que ha recibido al oído las impresiones de sus personajes, que ha intervenido como actor o como testigo en los tenebrosos dramas que narra, pues parece mentira que en tanta exageración haya tanta naturalidad.

Berthet conocía a pocos escritores; había sido en su juventud amigo de Gautier, de Houssaye y de Balzac, a quien conoció de una manera algo rara cuando era secretario de Desnuyers.

Hallábase entonces en aquella época, como en todas, el autor de la *Comedia Humana* en mal estado de fondos. Volvía de entregar en la imprenta de *El Siglo* el manuscrito de una de sus novelas, incomodado por no haber encontrado a Desnuyers, que era el cajero, cuando vio a Berthet, acercóse a él, con el sombrero puesto y dándole un golpecito en el hombro: "Joven; diga usted a Desnuyers que he remitido el original al periódico", le dijo, y dando media vuelta, se marchó sin decir media palabra más. Berthet cumplió el encargo y contestóle el cajero que había recibido ya otros tres recados diciéndole lo mismo. Meses después Berthet encontraba a Balzac en el mismo sitio de la anterior escena; acercósele, e imitando su pantomima, dióle en el hombro, diciéndole: "Joven, no necesitaba usted decirlo tres veces", y se volvió, dejando al gran novelista avergonzado.

Era Elías Berthet extremadamente supersticioso; escribía siempre sentado en un pequeño taburete, apoyando los papeles en las rodillas y rodeado de libros echados por el suelo.

Elías Berthet era el Bouchardy de la novela. Ha muerto a los 75 años. Descanse en paz.

(El Liberal, núm. 4.249, del 4-II-1891).

NOTAS a "LA PREHISTORIA"

En esta primera parte se presentan textos que nunca se han vuelto a ofrecer al público y que, a veces, el propio don Pío, con su gran memoria, había olvidado.

Los hemos prologado con unos párrafos sacados de sus *Memorias,* para situar con mayor exactitud la fuente de nuestros "hallazgos": los textos autobiográficos de Pío Baroja.

(1) LITERATURA RUSA

Se trata aquí de una serie de artículos publicados en *La Unión Liberal* de San Sebastián, cuando Baroja tenía 17 años. Mucho anteriores, pues, a su supuesto interés por la literatura rusa en los albores de nuestro siglo, particularmente en torno a Gorki, que no es evocado en estos artículos. El director de *La Unión Liberal* era Joaquín Dicenta, que nunca será gran amigo de don Pío.

En sus *Memorias,* Baroja recuerda sólo el artículo que trata de Dostoievski, cuando en realidad hubo tres artículos seguidos. Como hemos dicho, estos textos vienen a destruir las erróneas suposiciones de varios críticos cuyo nombre no quiero evocar, que aseguraron con mucha fuerza y convicción que Baroja conoció algo a los novelistas rusos —cuando no comentan su escasa cultura y sus lecturas— en época tardía, y de todas formas después de empezado este siglo.

En verdad, en Europa, y particularmente en Francia, gracias a Turgueniev, se conocía bastante bien la literatura rusa contemporánea, a la que muchos admiraban ya. En España, sin ir más lejos, ahí están los ejemplos de Emilia Pardo Bazán y del fino y agudo crítico, el gran escritor Juan Valera, muy apreciado de Baroja; ambos escribieron sobre la literatura rusa y la dieron a conocer al público español. Los jóvenes, y en particular los tres Barojas —Darío, Ricardo y Pío—, se interesaron por ella, leyeron seguramente algunas obras que entonces se habían traducido al español (o al francés) y conocieron los estudios de Saint René Taillandier, de Xavier Marmier, de Melchior de Vogüé, de Courrière, de Mérimée sobre todo, de Mackenzie Wallace, etc..., publicados en los años 80.

En la misma opción, y en conformidad con su decidida afición por la lectura de los libros franceses (o de las traducciones de obras extranjeras al francés, como lo atestigua su Biblioteca de Itzea), escribió pues el joven estudiante de tercer año de Medicina, trece artículos de vulgarización, labor de *Aprendiz literario,* que tiene sus rasgos de juicio original.

(1, 1) En el primer párrafo, hallamos un par de frases dignas del gran intuitivo que fue Baroja. Cuando dice: "Hoy, la literatura rusa está llamada a producir una *revolución política* y una *revolución literaria.* Revolución política porque está haciendo grandes brechas en la tiranía, y revolución literaria porque el moderno naturalismo ruso es la expresión más completa de la novela naturalista."

Esta afirmación corresponde ya con la futura concepción ideológica barojiana. En ella encontramos menos dudas quizá, mayor entusiasmo juvenil y convicción del valor de la revolución necesaria.

En todos estos artículos, los apellidos están a menudo mal ortografiados. Los dejamos tal como estaban en el periódico.

(1, 2) El segundo artículo evoca la prehistoria de la literatura rusa que dará sus mejores frutos a partir del siglo XVIII.

(1, 3) En estos apuntes, como en el artículo anterior, se nota el carácter libresco de los conocimientos del joven redactor, que copia y transmite datos sobre autores que no ha leído, según libros de crítica que ha compulsado.

(1, 4) A partir de este artículo, de *Pouchkine y el romanticismo ruso*, las anotaciones se van haciendo más personales. Hay elementos de apreciación que se nos antoja proceden de una lectura de los textos y autores citados. Por ejemplo, se notará de paso su conocimiento del movimiento "verista", pues atribuye a esta literatura rusa del romanticismo un carácter verista algo anticipado.

Las apreciaciones sobre Pouchkine, Ryeleieff, Lermontov, Glinka, sobre la pésima traducción o imitación de *La Roussalka* por el Marqués de Valmar; lo dicho sobre la libertad de Ucrania, demuestran cierto conocimiento directo de estos autores.

(1, 6 a 10) En cinco artículos, Baroja va a presentar a los lectores provincianos de un diario liberal lo que es y representa entonces ya el Naturalismo ruso en la literatura universal.

Más allá de Gogol, busca sus orígenes en Boulgarine, Dahl, Sagoskine, Sollohoub, Masalki. La alusión al éxito de las comedias de Sollohoub en París y su comparación con Alfonso Karr son de notar, como personales.

Sus comparaciones de Turgueniev con Daudet, de Tolstoi con Renan y Zola merecerían cierta detención. Dostoievski, para él, no tiene igual en el naturalismo francés, aunque todavía no lo ha asimilado bien Pío Baroja.

De Gogol presenta con brevedad, pero con acierto, las distintas obras antes de *Almas muertas*, su obra maestra (que he visto traducida al español y sacada en el folletín *Lucha de clases*, semanario socialista de Bilbao, pero algo más tarde, a principio de 1895). El resumen que presenta, las observaciones que hace son las de un lector. La página final que enjuicia a Gogol es de un crítico agudo y admirativo. La frase que más emerge me parece ser ésta:

"Sus personajes son de carne, andan, viven, y nos enseña de tal manera sus rarezas y hasta sus menores gestos, que creemos conocerlos, haberlos hablado, haberlos visto."

También interesa su opinión sobre la necesaria evolución de ese naturalismo de su tiempo, cosa a la que se va a dedicar Baroja en sus futuras novelas.

"A Turgueniev —dice don Pío— le ocurre lo que a Zola; para comprenderle, para apreciar sus dotes de escritor y de artista, hay que leer todas sus sus obras."

Esto supone un conocimiento de las obras de este autor, totalmente radicado en la vida francesa y occidental; escritor que tradujeron Mérimée, Marmier y Delaven.

Asimismo interesa lo que adelanta sobre las relaciones entre el nihilismo —palabra inventada por Turgueniev— y la ciencia. Y lo que nota sobre los defectos de Turgueniev: la minuciosidad en los detalles y la lentitud en el desenvolvimiento de la intriga, son otros tantos datos que le servirán a Baroja para su formación de escritor.

Su opinión sobre Dostoievski chocará a primera vista. No es la admiración que uno hubiera supuesto. Le encuentra un genio demasiado inquieto, más terrible que Poe y Baudelaire. No ha pasado don Pío por la terrible prueba de la muerte de su hermano y no le preocupa aún tanto *el dolor*. Parece haber leído tan sólo *Pobres gentes* y *Crimen y Castigo*.

Con Tolstoi ve Baroja el sucesor de Turgueniev y, naturalmente, de Gogol. Le interesan ya los escritos autobiográficos y el modo de escribirlos, como "con el escalpelo". No obstante, la novela que le ha marcado, como a muchos de su generación, es *Guerra y Paz*. Por lo que aquí parece, la debió leer, sea en el folletín de *La Correspondencia,* sea en la edición de *El Cosmos Editorial,* que sería del año 1889. También evoca la traducción de *Anna Karenine* en la *Biblioteca de Artes y Letras,* así como en el paso dado por Tolstoi de nihilista a creyente, y evoca el contenido de sus últimas obras que ya no son novelas (*Mi confesión, Mi religión, ¿Qué hacer?, Los Decembristas*).

Como conclusión de estas páginas sobre el naturalismo ruso, aceptaríamos sin restricciones la frase final de Baroja:

"Si Turgueniev es el más poético, si Dostoievski es el más trágico, Tolstoi es, en cambio, el más majestuoso de los escritores rusos."

1, 11 a 13) Y, ahora, para demostrar la importancia que tenía para el joven Baroja al lado de la literatura, la ideología, inseparable de aquélla, va a dedicar tres artículos al *Nihilismo ruso,* esencialmente representado por Herzen, Bakunine y Tschernyschevsky.

El artículo sobre Herzen es apologético y está bien informado. Concluye con unas frases que pudieran dar a pensar en la adhesión del joven Baroja a los ideales presentados por el autor ruso. *El Doctor Kronpof* le impulsará a seguir la carrera de médico "para conocer las miserias humanas", como aquél lo hizo.

Presenta con cierta satisfacción y entusiasmo las obras e ideas de los nihilistas rusos, que debían ser el coco de la burguesía española de aquel tiempo. Particularmente Bakunine era *un peligroso revolucionario para la gran mayoría.*

(2) En *La Voz de Guipúzcoa* publicaron juntos —y no tenemos conocimiento de la existencia en la actualidad de otras colaboraciones— los hermanos Baroja, Darío y Pío (pero no Ricardo), dos artículos de crítica literaria, con estilo de autor único, lo que significa total compenetración entre ambos hermanos. Nos ha parecido oportuno sacarlos aquí, entre los escritos primerizos de don Pío.

El primer ensayo trata de un escritor que preocupó mucho a la juventud de entonces y que bien se merece en nuestros días un estudio completo: *Silverio Lanza;* en el padrón *Juan Bautista Amorós.* Baroja hablará de él varias veces más, en sus obras autobiográficas, y escribirá sobre *Silverio Lanza,* otro artículo que se encuentra en el tomo V, p. 54 de las *Obras Completas,* recogido en *El Tablado de Arlequín.*

El segundo artículo lleva por título *Vates calenturientos,* y es una condena en regla de la poesía romántica, de la poesía chirle y de su inadecuación con los problemas del siglo que se acaba. ¿Profesión de fe antirromántica, antimodernista? Humorada contra los poetas a la moda entonces. Sirve ya para situar las opiniones de Pío y de su hermano mayor que son *un solo escrito,* pues manejan el *yo* único, lo que da su pleno significado a la pérdida que representó luego para Pío la muerte de su hermano.

(3) He aquí dos artículos de circunstancias, como de "diccionario", dedicados a *Octavio Feuillet* y *Elías Berthet,* dos novelistas franceses, con motivo de su muerte. No obstante, el segundo es mucho más personal; es de un lector de Berthet, como lo demuestra la existencia de alguna obra de éste en la biblioteca de Itzea. Ambos artículos salieron en *El Liberal* de Madrid.

LOS CUENTOS DE "LA JUSTICIA"

SEGUNDA PARTE

LOS CUENTOS DE LA JUSTICIA

... El director de "La Justicia" era Francos Rodríguez, que se las echaba de sentir un gran misticismo republicano.

Decía, como si esto nos fuera a conmover a los demás, que quizá cuando él fuera viejo vería la República en España. Aseguraba que Alfonso XIII no llegaría a ser mayor de edad, porque estaba enfermo. Poco ojo clínico demostraba este escritor, que era médico.

La redacción de "La Justicia" estaba en una de esas calles que van de la calle de Fuencarral a la de Hortaleza. Este periódico había tenido una época de pedantería salmeroniana con los discípulos de don Nicolás, y luego se hizo chapucero con Francos Rodríguez, y volvió de nuevo a la pedantería suficiente con don Antonio Zozaya. Cuando yo escribí en "La Justicia", y estaba de director Francos, había un redactor en jefe, Miralles, que pescaba unas borracheras espantosas. Este Miralles creo que se llamaba Carlos. Había otro periodista Miralles, quizá Andrés, ex-gobernador de Filipinas, que publicó un libro titulado "De mi cosecha".

En el periódico "La Justicia" más que el director mandaba el administrador, que era un tal Palma... Don Nicolás Salmerón, al parecer, decía de mis escritos: "No vale la pena publicar artículos de ese señor que se firma Pío Baroja. No están en el espíritu del periódico..."

... Para las vacaciones de Navidad fui a Valencia. Mi hermano Darío continuaba bastante bien. Concluido el período de descanso, regresé a Madrid. Apenas habían transcurrido unas semanas, cuando, hacia febrero, recibí un despacho telegráfico de casa en el cual me decían que Darío se hallaba muy grave. Lo temía. Inmediatamente me dispuse a tomar el tren. Cené a toda prisa, cogí un coche y me fui a la estación. Entré en un vagón de tercera que estaba casi vacío. La noche de febrero estaba fría, cruel. El vaho se congelaba en los cristales de la ventanilla, y el viento helado se metía por las rendijas de la portezuela... La idea de la gravedad de mi hermano me perturbaba. La tuberculosis era una de esas enfermedades que el pensar en ellas era para mí una obsesión de terror...

A toda prisa me dirigí a casa. Cuando vi a Darío me di cuenta de que no había esperanzas. Al día siguiente de mi llegada falleció, un día de febrero de 1894. Había cumplido veintitrés años. Era un poco romántico, creyente en la amistad, galanteador y aficionado a la literatura. Había hecho un diario contando su vida...

(*Memorias*, II: *Familia, Infancia y Juventud*, 606-607).

LA TUBERCULOSIS Y EL MATRIMONIO *

Es asombroso el número de problemas que la ciencia moderna y, en particular la medicina, somete al estudio del filósofo, que desde las alturas en que vive su espíritu, y adonde no llegan ni las tristezas de la vida ni las pequeñeces del momento, emprende el misterioso camino de la humanidad extraviado y loco para la mayoría de los hombres. Porque, en efecto, en la moderna ciencia no se advierte en la primera ojeada más que desconcierto y anarquía; lo venerado se discute, lo respetado se escarnece, lo anatematizado entra en la legalidad.

¿Quién se atrevería a discutir hace algunos años, no muchos, si los afectados de ciertas enfermedades podrían casarse? ¿No es el matrimonio un sacramento? ¿No se puede efectuar éste "in articulo mortis"? Pues entonces.

Una de las primeras ideas que sugiere esta cuestión es la siguiente: ¿Tiene el individuo el derecho de engendrar seres que desde el momento de su aparición en la vida lleven el estigma indeleble de la enfermedad de sus padres, y arrastren una existencia miserable y triste?

No, ese derecho no puede existir, por lo que el matrimonio debe de estar vedado para cierta clase de enfermos, sería cruel, sería dolorosa esta prohibición, pero es también necesaria y sobre todo en

---

* Algunos de estos cuentos de *La Justicia* llevan el título genérico de *Hojas Sueltas*, y de aquí el nombre de estos dos tomos de escritos. Nota de la Editorial.

la tuberculosis, porque para el tísico, para el cónyugue sano, para los hijos que han de nacer y para la sociedad constituye un peligro el casamiento.

Peligroso es para el tísico por el gasto de fuerza que entraña la vida de casado, y como es sabido, debilitar el organismo es dar indirectamente mayores energías al microbio.

Bien se comprende que el Estado no podría fundar la prohibición del matrimonio en solas sospechas, ni en antecedentes hereditarios, porque remontándose en las familias, siempre se hallaría un ascendiente tísico, y el matrimonio quedaría suprimido; sólo se comprende esta prohibición en los grados avanzados de la enfermedad.

La tuberculosis es contagiosa; antes de que Koch descubriera su causa, y de que Villemin comprobara el contagio, estaba en la inteligencia de todos esta idea; ¿pero de qué manera se verifica aquél? No es por respirar el aliento de los tísicos, ni por el contacto de su cuerpo sudoroso, ni por la vida común, ni por las relaciones sexuales: la vía por donde generalmente penetra el microbio es la pulmonar; expulsado éste con el esputo, espera a que se seque, y sobre sus partículas desecadas que navegan en el aire y son como hojas que arrebata del árbol el viento de otoño y que llevan gérmenes de muerte, penetra en el pulmón y cuando los glóbulos blancos, soldados que el organismo envía para detener la invasión del microbio, ceden, sus cuerpos sirven de vehículo a los invasores para que éstos se trasladen y aniden en el rincón orgánico más en armonía con su clase de vida.

El matrimonio del tísico es peligroso para el

cónyuge sano, pues aun no aceptando como única
vía de contagio la pulmonar, lo que no es exacto,
la higiene, por muy bien comprendida y aplicada
que fuese, no podría llegar hasta impedir la in-
fección.

Que los hijos de padres tuberculosos padecen
la enfermedad con muchísima más frecuencia que
los demás es indudable; podrá transmitirse la afec-
ción como creen Dieulafoy y Bristaud, podrá el
niño recibir la tuberculosis en expectativa, como
suponen Peter y Bouchard, pero el hecho es indis-
cutible.

Todos estos peligros del enfermo, de su conyu-
ge y de sus hijos los siente la sociedad, porque representan pérdidas enormes de fuerza y de trabajo; por eso en Inglaterra y en Alemania se separan
las vacas tuberculosas; por eso en Francia se prohíbe escupir en el interior de los ómnibus y en todas las naciones se preocupan en el establecimiento de hospitales sólo para enfermos tuberculosos,
para impedir el desarrollo y la generalización de
la enfermedad; y no sólo para eso, también que
para el tísico viva en un sitio alegre en donde el
aire sea puro, en donde el ánimo no esté siempre
contristado con las escenas de hospital, en donde
después de una noche de terribles angustias, con
el pecho desgarrado por la tos, rojas las mejillas
por la fiebre, no oiga la campanilla del viático como anuncio de algo que ve llegar a pasos agigan-
tados por entre las ilusiones forjadas en los pocos
momentos en que la claridad del astro del día
alumbra la sala en que el enfermo lentamente
agoniza.

En resumen, el matrimonio es perjudicial para el tísico por el gasto de fuerzas que supone y debía de estarle vedado en el último período de la enfermedad; es peligroso para el cónyuge sano que puede contagiarse; para los hijos que nacen, con todos los síntomas de la diátesis tuberculosa, y para la sociedad entera, que aumentan por él en estos casos el sufrimiento y amenazan con sus indulgencias la virilidad de su porvenir.

(*La Justicia,* 12-XI-1893, núm. 2.107).

EL ANARQUISTA Y EL REGICIDA

La barca de Caronte se desliza por las turbulentas aguas de la laguna Estigia; el impasible barquero dirige con el remo su nave; en ésta dos hombres se contemplan en silencio. Por fin, uno de ellos habla:

REGICIDA.—¿Quién eres tú, que llevas el cuerpo agujereado por las balas?

ANARQUISTA.—Soy el que ha de libertar a los oprimidos, el ángel exterminador de la sociedad burguesa. Soy un anarquista.

Y tú, ¿qué crimen has cometido para ser decapitado?

R.—Soy un regicida

A.—¡Inocente! ¿Has llegado a crer que la muerte de un hombre podría ocasionar la dicha de los demás?

R.—¡Y tú te has figurado que la de muchos muertos podría ser un bien para todos!

A.—La humanidad necesita un bautismo de sangre para regenerarse. Yo no he vacilado en sembrar un mal pequeño para recoger un bien mayor.

R.—Yo vi un tirano, obstáculo perpetuo para el bien de la patria, y no titubeé en blandir el puñal para herirle.

A.—El tirano más tirano no lo es tanto como el que explota el trabajo de uno.

R.—El que tú dices explota, el que digo yo oprime, veja y mancilla; su sonrisa altanera, cuando pasaba escoltado por sus tropas, me indignaba, y como Bruto, oía una voz en mi interior que me decía: ¡Hiere! y herí, sin preparar la coartada, con el propósito de sacrificar mi vida a cambio de quitarle la suya.

A.—¡Rancio sentimentalismo! Yo, cuando arrojé la bomba, me reuní con unos amigos, y como curiosos presenciamos aquel espectáculo. Los burgueses se retorcían con las ansias de la muerte; no me enternecí; ¿por qué? ¡Si aquellos hombres no habían hecho más que explotarme a mí y a los míos!

R.—Y ¿cómo lo sabías que eran ellos los explotadores?

A.—Ellos, o sus parientes o sus amigos.

R.—¿Y sois vosotros los que queréis vengar las ofensas de los hombres en sus parientes y en sus amigos? Vosotros, que os preciáis de justicieros.

Yo maté a un rey, pero no hubiera muerto a sus hijos.

A.—¡Tú fuiste un instrumento de los burgueses! ¡Pobre bestia, que naciste para trabajar en provecho de los amos; éstos, con sus bellos discursos, te hicieron embestir contra lo que a ellos les molestaba!

R.—Yo cometí un crimen, pero fui el brazo del pueblo. Tú, como la víbora, matas a quien no conoces.

A.—Nosotros seremos los libertadores del mundo.

R.—Sí. Cuando lo hayáis aniquilado.

... ...

Los dos quedaron silenciosos, y la barca, dirigida por el demonio de los ojos de fuego, surcaba el agua veloz en dirección de la otra orilla.

(*La Justicia*, del 14 diciembre 1893, núm. 2.138).

SUPERSTICIONES MEDICAS

Todas las concepciones humanas —decía Augusto Comte— van del estado ficticio al positivo pasando por el abstracto o metafísico; pero estos períodos admitidos por el ilustre filósofo evolucionan con lentitud, no tienen demarcación clara, no termina el uno donde el otro comienza, coexisten, se funden y después el más joven va eliminando al más viejo. Esta eliminación no es perfecta casi nunca, y se advierte por esto en un país civilizado vestigios de todas las etapas de la marcha de la humanidad, desde el idiota y el cretino, que parecen representar una época un tanto posterior al mono antropoide, hasta el sabio moderno.

La medicina ha evolucionado con el hombre, pero en el rincón de la aldea quedan todavía restos de su período ficticio, supersticiones y absurdos que descienden los unos de la ciencia hermética de los Egipcios y del paganismo griego, los otros de los delirios religiosos de la Edad Media.

Se remonta a los viejos mitos solares el precepto higiénico de algunos aldeanos de Italia, para preservarse todo el año de muchas enfermedades. Se sabe que la fiesta de San Juan es un vestigio del culto del Sol. Este astro envía cuando está irritado algunas dolencias a los hombres, y entre otros el dolor de cabeza, que en el país conserva el nombre de insolación; para tener contenta a la divinidad, hay que coronarse de flores y saltar junto a la hoguera que se enciende en este día.

De procedencia griega, existe una creencia muy arraigada en todos los países y en el nuestro entre los aldeanos extremeños; se refiere a los silex tallados de tiempos prehistóricos: se cree que cuando cae un rayo las nubes tempestuosas lanzan piedras que se hunden en la tierra, y al cabo de siete años (número primeramente impar y después casi sagrado) salen espontáneamente en aquel mismo sitio *piedras de rayo;* una de éstas libra de las exhalaciones a la casa en donde está, o a la persona que la lleva. ¿Cómo no pensar al oír esto en aquella frase de Homero: "Jesús Olímpico que lanza sus rayos"; o mejor aún, en aquella descripción de Apolo con su arco de plata sembrando con sus flechas las calamidades en el campo de los griegos?

Un médico italiano, Zeno Zanetti, en su trabajo, *"La medicina delle nostre donne"*, habla de una costumbre de los aldeanos de su país que recuerda el culto de los romanos al dios Términus; dice que cuando un niño padece una larga enfermedad, su madre lo lleva tres días al amanecer, junto al mojón que limita una propiedad y allí, arrodillada, pide al Dios que ponga un término a la enfermedad de su hijo.

En el tratamiento de algunas enfermedades hay un verdadero conflicto entre las tradiciones paganas y las cristianas; cuando un individuo sufre un ataque de epilepsia, los unos, paganos, sin saberlo, recomiendan echar un puñado de tierra, de harina o de migas de pan sobre el cuerpo del enfermo, lo que representa la ofrenda de los antiguos a Cancerbero; los otros, cristianos, o se deciden por murmurar al oído del epiléptico los nombres de los Reyes Magos, o por ponerle un terrón de sal en la boca, porque esta sustancia ahuyenta los espíritus malignos.

En muchos de los consejos médicos de los campesinos se reconocen los preceptos de los grandes médicos y alquimistas de la Edad Media. Todavía se cree que la simiente de granada y los piñones, que tienen algún parecido con las muelas y los dientes, sirven para calmar los dolores de éstos, que la pulmonaria, formada por tejido esponjoso y que tiene manchitas negras en las hojas, es un gran remedio para las enfermedades del pulmón; que los limones por su figura y el color son excelentes cordiales, cosas todas aseguradas por Paracelso.

De la alquimia, cuyo objeto no era sólo el de conseguir la piedra filosofal, sino también la inmortalidad, desciende el precepto de comer capullos de rosa en gran cantidad, porque representan la vitalidad y la frescura de la planta, que, según los alquimistas, puede transmitirse al enfermo y prestarle sus brillantes colores.

De los Asirios y Caldeos originan supersticiones que aún viven en el fondo de nuestras aldeas sostenidas por las curanderas y las viejas, e ideas extrañas acerca de las causas de las enfermedades; así, la hipertrofia cardíaca es una pena encerrada que dilata el corazón; la epilepsia se produce cuando el demonio entra en el cuerpo del hombre, y además hay mil percances, que para los aldeanos son artículo de fe: estómagos que se bajan, pulmones que se suben, sin hablar de esos monstruos que nacen de mujer y que se suben por las paredes y siempre tienen formas extrañas vistas en la imaginación de los iluminados y los místicos.

(*La Justicia*, 16-XII-1893, núm. 2.140).

EN EL VAGON DE TERCERA

¡Qué frío, hace! El vapor de agua se congela en los cristales de las ventanas; el viento helado corre por entre las rendijas de las portezuelas. En un extremo del coche se ve a un hombre y a su mujer —ambos a cuerpo y vestidos de verano— que arropan, con un raído mantón, a su hija, que asoma por encima del embozo su cara de grandes ojos aterida y lívida; otros dos hombres hay en el vagón: el uno se encoge porque no puede alargar el harapo que tiene por manta; el otro taconea con furia, quizá con la ilusión de calentarse los pies, pero nadie puede infundir calor a sus agarrotados miembros.

El farolillo del techo presta una semiclaridad al interior del coche; el banco está duro como corazón de usurero, y no se puede dormir; ninguno habla; se contentan con dirigirse foscas miradas, porque el frío excita el cerebro y hace imposible el conciliar el sueño, y el hambre y el frío dejan desfallecido al cuerpo y dan instintos insaciables al espíritu.

Y sin embargo, todos han tenido que ahorrar y sufrir privaciones para comprar su billete, y el precio de éste representa para ellos muchos días de trabajo, muchos afanes y muchas miserias.

Y el accionista, mientras tanto, envuelto en su bata y cubierta la cabeza con su gorro, tostándose los pies en la chimenea, mira las llamas, que ser-

pentean por entre las leñas, oye el silbido del viento, ve, a través de los critales de su ventana, la
caída de las últimas y amarillentas hojas de los
árboles, y después de leer su nombre veinte veces
escrito en los periódicos, como presidente de una
sociedad caritativa, observa que las ganancias que
le dan sus acciones de los caminos de hierro no
son las que su ambición desea, y se lamenta y
piensa en que ha de hablar a sus amigos para que
pidan que subvencionen nuevamente a la Compañía; pero sus filantrópicas inclinaciones no llegan
hasta enseñarle que, por poco dinero que desem-
bolsase, podría hacer esas neveras móviles, que
son los coches de tercera, si no confortables, un
tanto pasaderas.

Fantaseos socialistas —se dirá— bien dicho es-
taría si alguno pidiese comodidades de un *sleeping
car* en un vagón de tercera; clases hay que haber
en los coches de los trenes, como ha de tenerlas
naturales o artificiales la sociedad; pero esas com-
pañías que tanto se quejan de su situación precaria, debían atender algo más a la más precaria situación de los menesterosos, y hacer que no sean
los vagones en que éstos viajan helados en invierno como desfiladeros del Guadarrama y antecá-
maras del cementerio.

(*La Justicia,* 18-XII-1893, núm. 2.142).

LA PERVERSIDAD

Cuando la razón examina los bárbaros crímenes que con tanta frecuencia conmueven al mundo; cuando advierte el poco fundamento de sus
causas y muchas veces la carencia de éstas, se figura encontrar en el hombre —no sé si con motivo o sin él— cierta fuerza misteriosa, que la filosofía no admite, cierta tendencia que determi-
na a la voluntad a ejecutar actos reprobados por
esas leyes naturales. Y generalizando después, se
cree ver manifestaciones de ese instinto de perversidad en el niño, que martiriza al pájaro; en el
hombre, que mortifica al hombre; en la mujer,
que se burla despiadada del que la quiere porque
no participa de la pasión que le ha inspirado.
Schopenhauer debía de aceptar indirectamente
esa inclinación, como consecuencia del concepto
que tiene del *homo sapiens*, que es —según dice en
su trabajo— *"Lichtstrahlen aus seinen werken"*,
"un animal salvaje, una bestia feroz"; y añade:
"No le conocemos más que domado, aprisionado en
esa cárcel que se llama civilización; pero que se
rompan las cadenas del orden legal, que estalle la
anarquía, y se verá entonces lo que es el hombre".

No hay necesidad de discurrir mucho para comprender que esos títulos de bestia feroz y de animal salvaje que tan generosamente otorga Schopenhauer a sus semejantes, no están deducidos de
lo que en la vida se observa, sino dictados por la

misantropía del pesimista de Dantzig; que no son más que reflejos de un espíritu antélotra que nada encuentra bueno más que lo que de él dimana.

El filósofo de la perversidad es Edgardo Poe; genio anómalo y gran analista que afirmaba imperturbablemente como verdad la maldad innata del hombre; ésta era para él la causa eficiente de esos inicuos hechos, que poseen a veces para el que los ejecuta el atractivo del abismo. En su *Demonio de la perversidad,* que forma parte de las *Nuevas Historias Extraordinarias,* dice con un estilo enormemente paradójico: "La perversidad es realmente un móvil sin causa, un motivo no motivado. Por su influencia obramos sin perseguir un fin conocido, y si esto parece contradictorio, modificaré la proposición y diré que por su acción ejecutamos actos porque *no debíamos ejecutarlos.* En teoría no habrá razón más irracional, en la práctica no hay cosa más verdadera. Para ciertas almas en determinadas circunstancias es irresistible."

Como en la escuela literaria el arte por el arte, Poe admite el mal por el mal; y al ver la imposibilidad de encontrar causa para esta tendencia, dice con una sutileza verdaderamente satánica que podría considerársela como resultado de las sugestiones del demonio, si la historia y la experiencia no le enseñaran que Dios se sirve muchas veces del espíritu del mal para el cumplimiento del bien, cuando se hace cómplice del malo para castigar a los malos.

Poe y Baudelaire son los dos grandes sacerdotes del rito; ellos han visto a ese demonio de la perversidad agitarse en el fondo de crímenes espantosos, al parecer sin causa; ellos han encontrado esas flores del mal, grandes y brillantes, con su venenoso y embriagador perfume; ellos han comprendido sus bellezas.

... ...

... ...

Diréis que esos terribles atentados que conmueven a la humanidad llevan una idea, la ilusión del bienestar social; quizá nos quieren conducir al estado perfecto, al *nirvanah,* al reino de lo inconsciente.

A mí me parece que los dirige el demonio de la perversidad.

(*La Justicia,* 19-XII-1893, núm. 2.143).

NOCHE DE VELA

El cuarto estaba tapizado de papel amarillo con flores verdes, roto en muchas partes y oculto en algunos sitios por cromos sin marco que formaban medallones. En uno de los testeros se veía una chimenea embutida en la pared, de cuyo hogar, repleto de maderas, de cajones y de palos de silla, se escapaban llamas que esclarecían con alternativas la estancia; en medio del otro, un mantón colgado a guisa de cortina, ocultaba el hueco de una ventana, y enfrente de ésta, se hallaba la alcoba, angosta y de poco fondo, y que apenas era suficiente para albergar el mal catre que contenía.

Lastimosos quejidos salían de la alcoba, gritos delirantes..., y en ausencia de éstos un ruido extraño, indefinible, que a las claras indicaba su procedencia humana, o interrumpiéndolo, el sonido de un paso regular, rítmico; el de un hombre con la faz descompuesta por el dolor, que se paseaba automáticamente, con ese automatismo que el cuerpo humano toma cuando experimenta el espíritu grandes impresiones.

—¡Oh, oh! —decía aquel hombre con la voz metálica que sale de la garganta oprimida por el sufrimiento— ¡Que no se muera, que no se muera mi hija, mi pobre hija! —Y parecía dirigirse a alguien. Pero ¿a quién?, estaba solo; él era ateo; no podía creer en Dios.

Y el gorgoteo siniestro, semejante al que produce el agua al salir de una botella, aumentaba, aumentaba y parecía llenar con su ruido fatídico la alcoba. Las campanadas de los relojes de la vecindad se sucedían, vibraban por largo tiempo como mostrando su indiferencia suprema por aquellos dolores.

—No —murmuraba él—, no, es demasiada crueldad. Delira, me habla a mí en su delirio. Dice lo triste que sería nuestra separación. ¡Oh!, sí, triste, muy triste...

Su cara expresaba un dolor profundo a veces, otras uno rabioso; y era que en su cerebro germinaba junto al dolor un odio, odio intenso a la sociedad que le abandonaba sin darle medios para socorrer a su hija y para aquel a quien negaba cuando tranquilo escribía junto a su mesa y en quien creía en los trances apurados de su existencia. En algunos momentos el exceso de dolor parecía llevarle a la insensibilidad...

Hubo un momento en que se creyó que su hija se moría; ésta se agitó en su lecho, se incorporó con fuerza, agarrando las sábanas; después balanceó la cabeza, los músculos que mantenían sus manos crispadas se aflojaron y el cuerpo cayó para atrás y quedó inmóvil, con los ojos abiertos; mas luego la respiración se normalizó, cesó el delirio, la hija abrió los ojos y reconoció a su padre. Este quedó aturdido de tanta felicidad.

La luz, que se filtraba por entre el raído mantón que servía de cortina, daba una ligera claridad al cuarto y parecía ir palpando delicadamente los objetos; un rayo de sol hería el cristal de la ventana y mil ruidos extraños, reveladores de vida, subían de la calle...

El ateo entonces no analizó ideas, no pudo, ocultó la cara entre sus manos y murmuró bajo, muy bajo. como avergonzado de sus palabras: ¡Gracias, Dios mío! ¡Gracias! Y las lágrimas corrieron por entre los dedos.

(*La Justicia*, núm. 2.145, del 21-XII-1893).

MELANCOLIA *

Era un viejo pálido y haraposo; su mirada fría parecía no ver a quien hablaba; su boca sonreía con amarga tristeza; su voz era de un tono apagado, y toda su persona respiraba decaimiento y ruina.

Así habló aquel anciano:

"Mis padres eran nobles y acaudalados; murieron antes de que pudiera yo darme cuenta de lo que es la muerte; me eduqué en un colegio en donde nadie se oponía a mi voluntad; salí de él a los veinte años, noble, rico y hermoso; tuve caprichos de nabab, que satisfice; no negué a mis ojos cosa alguna que desearan, ni a mi corazón placer que anhelase; gocé de todo, de todo lo que el mundo puede presentar de más grato...

Y *estaba triste.*

Viajé; vi en el Sur mares luminosos, en que cada gota resplandecía con la luz deslumbradora de un diamante; vi en los países del Norte montañas sembradas de pinos y abetos y cubiertas con una perpetua capa de nieve apenas irisada por un sol pálido, como convaleciente; me confundí en el infernal torbellino de la gran ciudad, como la hoja con las otras del campo, para dar vueltas frené-

---

(*) Se volvió a publicar en *El Nervión*, de Bilbao, núm. 2.495, del 3-2-1898, sin cambio alguno, menos el artículo.

ticas en el aire; moré en la aldea de las sencillas costumbres, pero no experimenté la paz del alma...

Y estaba triste.

Estudié, comprendí con facilidad los más oscuros misterios de la ciencia; la esfinge me reveló sus secretos; adquirí fama en el mundo, para comprender, como dice el Ecclesiastés, que en la mucha sabiduría hay mucha molestia, y que quien añade ciencia añade dolor. No, mi sabiduría no mitigó mis vagos anhelos, mis deseos caóticos...

Y estaba triste.

Veía el astro del día sonreír en la cima de los montes, ahuyentando las negras sombras del valle; veíale brillar en las delicadas gotas que adornaban las hierbas; respiraba un aire cargado de suaves emanaciones que las florecillas del campo despedían; murmuraba en mi oído con dulce son el cristalino arroyuelo; pero yo no cedía al encanto; encontraba extraña voluptuosidad en no ver en aquel magnífico espectáculo más que motivos de aflicción para mi espíritu...

Y estaba triste.

Un día vi, en la calle de una antigua ciudad, una joven, casi una niña, encantadora; su cabeza tenía un no sé qué virginal, que creí verla rodeada de una blanca aureola; su faz estaba impregnada de dulce tristeza; su andar era leve; sus vestidos, modestos y sencillos. La seguí; la vi entrar en una casa de pobrísimo aspecto, y después asomarse a una estrecha ventana cuyo alféizar sostenía dos macetas con dos rosales de pálidas rosas; se estremeció al choque de mi mirada y yo me estremecí también al verla.

Sentíame impulsado hacia el amor, pero la fuerza extraña que en mí se aloja y que me lleva a la desesperación aniquiló el movimiento del alma; huí de aquel sitio, salí de aquel pueblo, y siempre, siempre...

Y estaba triste.

No conozco el amor que hace arder los corazones, no conozco la cólera que irrita, ni la alegría que expansiona el espíritu, ni la envidia que lo rebaja, ni la esperanza que todo lo tiñe de color de rosa; no tengo virtudes, ni vicios, ni pasiones, ni nada... Lamento la juventud perdida y que no he apreciado; el dinero que he visto siempre con desprecio cuando lo he poseído; el amor ahora para mí imposible, y antes por mí desdeñado. Deseo precisamente lo que no tengo, y sin embargo, no hay en mi alma un ideal fijo y claro; siento ansias y anhelos de algo grande, de algo enorme, pero con ellos me moriré, y con ellos me enterrarán, ¿quién sabe?; quizá la muerte, al hacerlos desaparecer, los satisfaga. Y al decir esto sonreía con amargura...

Y estaba triste.

(*La Justicia*, núm. 2.147, del 23-XII-1893).

DANZA DE ATOMOS

El profesor don Nicasio estaba irritadísimo; sentado en su butaca frente a la chimenea sacudía las leñas con las tenazas con gran fuerza y

murmuraba por lo bajo: ¡Mentiras, necedades, fil-
fas!; si me atrevo a decir que aquellos labios por
donde continuamente manaba la ciencia de Ber-
zelius, llegaron a pronunciar estas palabras.

La ira del químico era motivada; en su clase,
delante de todos sus alumnos había dicho: Señores, ésta es una reacción que no falla nunca, y
ninguna de las tres veces que ensayó le había salido; de pensar en el rojo escarlata que hubieron
de tomar sus mejillas en aquel momento, éstas
volvían a encenderse. Don Nicasio se pasó todo el
día espiando a su vieja criada por ver si cometía
algún yerro y entonces echarle la escandalosa y
desahogar su pecho; pero nada, aquel día estuvo
impecable su doméstica; por la noche, después de
cenar, cogió el químico una obra al azar, comenzó
a leerla, y lo primro con que topó fue la teoría
atómica.

—¿Quién ha visto al átomo? —decía él indignado—. ¿Quién lo ha pesado? ¿Somos positivistas
o no?...

Pues entonces..., y lanzando miradas feroces
al fuego, murmuraba: ¡Mentiras, necedades, fil-
fas! Estaban sus ojos iracundos fijos en una llama, que como flecha de gas salía de un leño, y
no sé si se hipnotizó o si soñó despierto; el caso
es que creyó ver una chispa escapada de la chimenea que quedó inmóvil en el aire.

El profesor estaba escandalizado ante aquella
sustracción a la ley de la gravedad, pero la chispa, sin curarse de leyes, permaneció en su sitio,
e iba aumentando de tamaño hasta que reventó
en mil lucecillas negras, blancas, amarillas, en-

carnadas, de todos los colores y que recorrían toda la gama de los brillos.

De repente, en aquellas chispitas se fueron diseñando formas vagas, después se aclararon los contornos, y se vio por último, hombrecillos y mujercitas menos que microscópicos que comenzaron a revolotear y a danzar vertiginosamente alrededor de la cabeza de don Nicasio.

—¡Au, au! —ladraba uno de ellos de color de oro en las orejas del químico—. ¡Hache, hache! —estornudaba otro inodoro, incoloro e insípido—. —¡Bre, bre, bre! —murmuraba el de más allá que exhalaba un olor fuerte y acre.

—¿Quiénes sois? —preguntó el profesor con su voz más fina.

Entonces, uno de ellos, que parecía una luciérnaga por la clase de luz que despedía, se plantó delante del que le interrogaba, y con voz muy leve le dijo:

—Somos átomos.

—Falso —gritó el químico—, los átomos no existen.

Una carcajada contestó a esta afirmación. Ag, ag, ag..., así reía una señora muy blanca y muy bonita que parecía de plata.

—¡Con que no existimos, imbécil! —replicó el átomo fosforescente, indignado—. Vosotros los hombres sí que no existís, porque no sois más que el edificio construido por nosotros. Ves que nos movemos, que nos enamoramos como los hombres, eres testigo de nuestra sensibilidad y de nuestra voluntad y niegas que tengamos vida.

—¡Voluntad! —saltó don Nicasio—. ¡No comprendes tú, mequetrefe, que sobre todas tus acciones pesa un determinismo inexorable, que yo puedo hacer que contraigas matrimonio y te divorcies cuando me dé la gana!

—¡Oh, oh! —dijo el oxígeno— eso es demasiado.

—¡S, s! —murmuró el azufre con un dedo sobre los labios imponiendo silencio.

—Vosotros los hombres —repuso el átomo inteligente— os creéis libres porque no podéis llegar al mecanismo de nuestro trabajo en vuestro cerebro. Pero si obramos fatalmente, vosotros también obráis del mismo modo, porque somos factores vuestros, y de fatalismos atómicos no se pueden obtener librealbedríos humanos.

—¿Y el alma? —objetó el químico.

—¡Bah! Esté yo con mis iguales en el cerebro de un hombre y verás inteligencia; que falte y verás estupidez.

—Pues, ¿quién eres?

—Soy un átomo de fósforo. Mira. —Se retorció y se convirtió en un anillo brillante que se elevó en el aire; descendió después y dijo—: Eso es una idea.

Don Nicasio estaba atónito; los átomos danzaban a su alrededor, chillando, gritando todos a coro: ¡Somos la materia una, lo indivisible! Al darse cuenta de las palabras que pronunciaban, el químico sacudió su peluca como un león su melena y exclamó: ¡Falso, falso!, estáis formados de partes.

Entonces todos estallaron, una sustancia tenue e incolora flotó en el espacio... el profesor con sonrisa triunfante se estremeció de placer. Veía la materia única y eternamente divisible.

(*La Justicia, núm.* 2.149, del 26-XII-1893).

EL DOMINGO EN EL PUEBLO

Son las doce de la mañana de un día de noviembre; desde mi terrado contemplo el pueblo, que parece dormido bajo el sol brillante. La campana grande de la torre comienza a moverse, sube perezosamente, se para, oscila, cae con fuerza y se oye su tañido al que pronto acompaña el alegre repiqueteo de la más pequeña.

A lo lejos se ve el Mediterráneo como mancha alargada de un verde pálido, separada en línea recta de un claro cielo de un color lechoso, que va azulando a medida que se levanta la mirada, y que es en el zénit casi negro de puro azul. Por otro lado, se presenta la verde alfombra del campo, formada de trozos de distinto color separados por líneas oscuras; en ellas se destacan, cual si fueran rebaños, los naranjos, entre cuyas hojas brillan sus frutos como pepitas de oro en la aurífera arena; más atrás, el monte cercano pardusco; más lejos, la muralla azulada de la sierra, que corta con irregularidad el vasto horizonte.

Las casas principales de la aldea son de gran tamaño, sus paredes se hallan ennegrecidas por el sol; sus tejados cubiertos de musgos, que amarillean en un lado, tiran a verde en otro y resplandecen en algunas partes como si fueran de plata, están encorvados y tienen la nostalgia del suelo. Las viviendas de los pobres son pequeñas y de un piso, las hay blancas, amarillas, azules... algunas parecen abrazadas por los secos y retorcidos sarmientos de las parras, casi todas se continúan por tapias que limitan huertos y corrales, todas tienen terrados en su parte más alta; en los ángulos de éstos, se ven barreños con tierra en donde crecen pitas que extienden con rigidez sus largos brazos, calabazas ventrudas de todas formas, amarillentas y verdes, surcadas las unas, redondas y lisas las otras como balas de cañón. Vense también en ellos palomares que parecen sostenidos en el aire; rollos de esteras viejas; gallineros de madera sucia y carcomida, montones de cuerda de estropajo, cacharros rotos, esparcidos por el enladrillado suelo.

Por entre terrados y chimeneas aparece la cúpula de la iglesia cubierta con tejas azules y blancas, las cuales despiden brillantes reflejos. Dirigiendo la vista hacia abajo, se descubre una rendija larga, estrecha y sinuosa, entre dos hileras de tapias de corrales; es la calle principal del pueblo; un perro que persigue a un gato son los únicos que la transitan; en ella se advierte una zona fina como la hoja de un cuchillo, de luz tan intensa que se podrían contar los guijarros del empedrado, si no estuvieran recubiertos de basura, y otra de sombra completamente negra.

El silencio que impera es absurdo, no lo turba más que algún gallo que cacarea, y al cual le responde melancólicamente otro desde lejos; el aullido triste del perro, la paloma que al desplegar sus alas produce un ruido algo semejante al de un abanico cuando se abre y se cierra. Las casas, con sus persianas verdes, parecen abstraídas en meditaciones budistas.

La gente ha salido de la iglesia; se produce un murmullo confuso de risas y de voces que pronto se dispersa y acaba. Comienza la tarde, que es abrumadora en el pueblo. Nada de alegría, nada de bullicio, sólo sol... mucho sol.

Por el camino, que parece blanco como la nieve, se ve venir un carro; lleva cinco mulas, que a su paso levantan nubes de polvo... Ahora se ha ocultado tras de aquella fila de descarnados árboles... ha vuelto a presentarse; se destaca en el cañaveral que nace a orilla del río... Ya entra en el pueblo, rompe el silencio el estruendo discordante de sus ruedas... Ya se aleja, pero el ruido sigue y tarda mucho en desaparecer...

El sol comienza a retirarse con lentitud, va escalando las casas, brilla con destellos metálicos en los cristales, abandona los tejados, ilumina el campanario de la iglesia con una claridad rojiza; el monte parece que se acerca y las sombras marcan sus oquedades; los objetos se dibujan con mayor claridad a la luz fría del crepúsculo; todo se presenta como teñido de negro. El cielo toma un color de escarlata por el lado del mar, y éste, al reflejarlo, va adquiriendo un brillo sonrosado extraño.

Corre una brisa ligera, las palomas se han retirado a sus hogares; una voz aguardentosa entona una copla acompañada del rasguear de la guitarra; las ventanas de las casas se iluminan y el olfato se sorprende desagradablemente con el olor de aceite frito.

En el cielo aparecen las estrellas a centenares. Una lección de Czerny escapa del piano temblorosa y vacilante; es la última nota del domingo del pueblo.

(*La Justicia*, núm. 2.152, del 29-XII-1893).

¡EN EL SIGLO XIX!

Un amigo pintor me refirió una tarde en su estudio el siguiente caso:

Había atravesado el Tajo en la parte que separa la provincia de Teruel de la de Cuenca, en donde no lleva gran caudal de agua; la sierra de Tragacete se presentaba a mi frente, y a mi izquierda, una alta montaña que creo era la de San Felipe, cuya cumbre veíala rodeada de ligeras nubecillas. Estaba contento del día, la mañana y la tarde las había aprovechado bien, y el crepúsculo aquel, no sé como decirlo, *me romantizaba*. ¡Qué feliz hubiera sido trasladando al lienzo el paisaje que ante mi vista se presentaba!, tan sencillo, una mancha de azul oscuro por cielo, y otra mancha de un verde sombrío que era la falda de la montaña; en la primera ni una sombra, en la segunda, aquí toques del blanco agrisado de la peña,

allá el amarillo negruzco de los montones de hojas
secas, y las castañas con sus ramos entrecruza-
dos que se destacaban como negros esqueletos.
Pero no podía pararme, me había alejado demasiado del pueblo, el paso era difícil, las zarzas se
clavaban en mi traje, y las raíces me hacían tro-
pezar y caer; a pesar de estos accidentes, yo
avanzaba satisfecho, berreando todas las canciones que venían a mi memoria.

A la revuelta de una senda, vi una especie de
plazoleta que se formaba a un lado del monte, y
que tenía una gran cuesta; al dar en ella quedé
atónito. Veinte o treinta labriegos, con la cabeza
descubierta, estaban arrodillados, formando un
semicírculo alrededor de un peñón; en medio de
ellos, un sacerdote vestido de negro, arrojaba con
su hisopo agua bendita; se levantaron después
todos y se cubrieron y comenzaron a bajar rápidamente por la quiebra de la montaña; a uno
de los rezagados me acerqué y le dije:

—¿Quiere usted decirme qué ceremonia es ésa
que acaban de verificar?

—Pues nada. Que pasaba por ahí hace una semana un pastor con su hijo, cuando uno de los
carneros del ganado se despeñó y cayó a esa sima;
el pastor y el zagal atando cabos formaron una
cuerda muy larga, y en la punta se ató el muchacho, y lo fue descolgando el padre poco a
poco, pero al subir el chico con el animal, se
suelta una de las sogas y cae al fondo; el pastor
corre al pueblo, pero nosotros estábamos en el
campo, va a casa del señor cura y le dice éste:
todo socorro es inútil, aquel carnero era el diablo

que se llevó el chiquillo al infierno. El padre gritó
y lloró, y no se ha sabido más de él. La gente dice
que se oye salir de la cueva todas las noches una
canción; por eso se ha echado el agua bendita.

—Y ustedes, ¿nada hicieron para salvar al chico? —le pregunté.

—Nosotros... como el cura dijo que ese agujero
es camino del infierno...

—¡Cobardes! —murmuré con indignación.

El rostro del aldeano se coloreó, y le vi en
ademán de abalanzarse sobre mí, pero al ver que
atravesando malezas y cambroneras me dirigía
hacia la boca de la sima, se estremeció y echó a
correr dando tumbos por aquellas breñas.

Me quedé solo; me parecía que de la negra ca-
verna llegaban a mis oídos tristes lamentos, quejas; escuché sin moverme, conteniendo la respiración; arrojé una piedra fina y rebotó en las
salientes de la cueva, hasta que el sonido se agotó
completamente. En la lejanía, el monte tomaba
un color negro oscuro y su cresta se destacaba
con claridad en el resplandor de incendio del sol
que descendía rodeado de nubes grises; alrededor
de estas otras, como hebras finas y blancas, se
unían para adquirir consistencia.

Una nube negruzca ocultó el sol; lo que me
rodeaba tomó un aspecto imponente; un murcié-
lago comenzó a revolotear alrededor de mí con
su tortuoso vuelo, y me infundió un terror y una
angustia inexplicables, como si los humores de
los ojos del espíritu se hubiesen vuelto negros;
todo lo veia sombrío, misteriosos ruidos me parecía que escapaban de aquellos lugares, de aquel

grupo de árboles negros que parece un concilábulo de seres siniestros, de aquella roca que semeja un monstruo en acecho de todo el monte, de quien creía sentir su respiración. Descendí volando, ciego, aquella pendiente quebrada; los pasos que oía resonar a mis espaldas se acentuaban, y yo corría, corría con el cabello erizado por el espanto...

Al cabo de media hora estaba cerca del pueblo, tocaba la campana de la iglesia, piaban los pájaros, todo respiraba dulce melancolía; entonces me atreví a volverme: un rayo del sol moribundo hería la piedra desnuda de la roca que se hallaba junto a la sima; me pareció un dedo acusador que indicaba al cielo el crimen cometido por uno de sus ministros; después se me presentó con forma humana, quizá velaba el cadáver del hijo del pastor.

(*La Justicia*, de Madrid, núm. 2.153, del 30-XII-1893)

LOS INFLEXIBLES

Sentados alrededor de una mesa de café, hablaban cuatro hombres; dos de ellos eran periodistas, el tercero médico, y el otro, nadie, ni él mismo, sabía lo que era.

—Sí —dijo Sánchez, el periodista—, esta sociedad está desmoralizada, corrompida, putrefacta; aquí todo se compra y se vende; se cotiza el honor de la mujer y la conciencia del hombre.

—La conciencia de Sánchez —dijo uno irónicamente—. quince céntimos. ¿Quién da más?

—Bajo la capa de la buena educación todas las torpezas se ocultan; los robos se llaman irregularidades; los pillos ocupan los más altos puestos; los hombres de ideas contrarias se saludan afectuosamente: son amigos el republicano y el absolutista.

—¿Y qué?

—Que esa benevolencia —prosiguió Sánchez— nos afemina; nuestro lema debía ser éste: el que no está conmigo está contra mí. Ya no existen aquellas conciencias rectas e inflexibles que sin cuidarse de sensiblerías iban derechas a su objeto como el imán al Norte; aquella hermosa intransigencia ha desaparecido; a los hombres de espinazo duro como barra de hierro, suceden los hombres reptiles que saben doblarse en todos sentidos.

—¡Hum! —murmuró el doctor—, esos Catones de ligamentos metálicos, si es cierto que no se doblan, en cambio se rompen. Ahora recuerdo la historia de un amigo mío...

—¡Bah! Cuentos —dijo burlonamente Sánchez.

—Estudiaba para médico —siguió diciendo el doctor— con ese afán que tienen a veces los hijos de aldeanos, cuando quieren llegar a ser algo más que sus padres. Su inteligencia no era muy amplia, pero su voluntad era grande; estudiaba con ahínco, con verdadera rabia horas y horas, convencido de que sólo con mucho trabajo podría conseguir lo que los demás conseguimos con poco. Concluimos al mismo tiempo la carrera; pero él no quiso ejercer la medicina, porque decía que no teniendo ésta reglas fijas que determinaran su conducta, no quería engañar a las gentes, y por esto la abandonó y se hizo forense; en este cargo fue terrible, nadie alcanzaba misericordia de él; yo no juzgo —decía—, mi misión es dar parte a la justicia de los hechos punibles que encuentro, y la cumplo en la medida de mis fuerzas. Una vez le recomendé un asunto, pero su respuesta negativa fue tan seca y terminante, que nuestras relaciones se enfriaron. La Themis asturiana le llamaban sus antiguos condiscípulos; era el tipo del hombre de espinazo de hierro que dice Sánchez, del que ha sustituido el sentimiento por el deber; del que juzga según principios abstractos y absolutos.

Una noche, a eso de la una, llamaron a la puerta de mi casa, la abrí luego de levantarme de la cama, y entró mi amigo con el semblante alterado; yo hacía mucho tiempo que no le hablaba; así que quedé sorprendido con aquella intempestiva visita. ¿Qué tienes? ¿Qué te trae por mi casa? —le pregunté; él se sentó junto al fuego y dijo con voz alterada:

—Yo estaba enamorado de una mujer de la aristocracia y que había contraído matrimonio con un viejo rico que murió hace dos días. Yo, como forense, fui a reconocer el cadáver; cuando entré en la sala en que se hallaba, sólo por el aspecto del cuarto comprendí que se trataba de ocultarme algo; los balcones se veían entornados, sin que el cuerpo del muerto se viera con claridad, y a su alrededor había flores muy olorosas;

sospeché algo, abrí la boca del cadáver y pude apreciar un ligero olor de almendras amargas; le levanté los párpados, los ojos parecían querer saltar de las órbitas; no cabía duda, aquel hombre había sido envenenado con ácido prúsico. Dije a una doncella que avisara a su amo que viniera, porque tenía que hablarle; oí, detrás del *portier,* un murmullo de voces y se presentó un joven; nos saludamos, y al exponerle que me veía en la precisión de practicar la autopsia, le vi palidecer y salió lívido del cuarto.

Al poco tiempo entró ella, estaba hermosísima, quiso disuadirme de mi propósito; luego se opuso a que lo realizara, pero al decirla: "O deja la familia que practique la autopsia, o si no doy parte al juzgado"; temblaron sus piernas, se arrodilló ante mí. ¡Seré tuya, tuya! —decía sollozando—, pero ¡sálvame, por Dios! ¡Sálvame!

¡Ah, soy un miserable! —añadió mi amigo con voz sorda!—; allí, en un cuarto próximo al que se encontraba el cadáver, recibí el pago de mi infamia. Mañana me encontrarán muerto en mi casa, tú serás el único que conozca los móviles de mi resolución.

En efecto, al otro día yacía en el suelo con el cráneo atravesado por una bala. A mí me encargaron el triste trabajo de practicarle la autopsia.

Por eso no tengo gran fe en los hombres austeros e inflexibles, porque esos, cuando creen, van hasta el fondo.

(*La Justicia,* núm. 2.156, del martes 2-I-1894)

MONOLOGOS

El reaccionario

Un año más, y el mundo sigue desalentado y loco hacia el abismo. El espíritu liberal se extiende como la mala hierba; ha llegado hasta el fondo de las más ocultas ideas; amenaza ahogarlo todo con sus furiosas embestidas. Nada está seguro, todo se discute; la Iglesia se ve desdeñada por los Estados que quieren emanciparse de su amoroso yugo. El Papa sigue prisionero en su cárcel de Roma.

(*Elevando los ojos al cielo.*) ¡Oh montes de Navarra, Guipúzcoa y Cataluña, valles de Andalucía y Valencia! ¿Por qué no os erizáis de bayonetas como en mejores tiempos, por qué no destrozáis en vuestros potentes brazos el horrible monstruo del liberalismo?

Con la cruz en una mano y con el puñal en la otra, arrojémonos sobre él sin compasión, acuchillemos la raza maldita de los liberales, y si sucumbimos en la empresa, Dios premiará en el cielo nuestro fervor por la santa causa de la religión.

El demagogo

Un año más, pasado en la inacción; un año más gastando nuestras fuerzas en destruirnos, los que sostenemos las mismas ideas. La odiosa reacción imperando ocultamente en todo, la mano negra del jesuitismo en auge; los conventos que a patadas y que como cosa sucia echaron del patrio suelo nuestros padres, renaciendo y floreciendo en el campo bien abonado de detritus de la restauración. Los pueblos caminando hacia atrás en vez de ir con el progreso; Francia que pone cortapisas a la libertad de imprenta; Alemania que integra sus pequeños estados, para hacer de muchos pueblos libres un pueblo grande y esclavo; Rusia que obedece a su amo como en tiempo de Pedro el Grande. (*Apretando los puños.*) ¡Sombra de Dantón, estremécete en el panteón de la historia!, tiembla de vergüenza al ver cómo secundamos tu obra. Y vosotros, soldados de la gran República del 93, que sembrasteis la libertad por el mundo, a vuestro paso, rompiendo el cetro de los tiranos, vedla ahogada y maltrecha, sin que pueda producir sus hermosos frutos.

El filósofo

Adelante, adelante siempre. El mundo conducido por el hombre, sube como la bola del titiritero por una espiral; en el principio, la ascensión fue penosa; todos eran obstáculos para su marcha; ahora asciende veloz como una bala y su rápida subida da vértigos al que dirige su vista hacia abajo, o impaciencia al que pone su mirada en las estrellas. Más a prisa, más a prisa, dicen el sabio, el industrial, el poeta, y sus ansias son como espuelas que al clavarse en los ijares de la humanidad la hacen correr, pero sin desbocarse. Las religiones, no convencidas de que los dioses se van, se esfuerzan con demostrar que la inercia es la vida, que la oscuridad es la luz, son cadáveres que cuando les galvanizan gritan a todo: ¡Anatema, dudas de mis afirmaciones, ¡anatema!, quieres la libertad de pensar!, ¡anatema!, y ya que no pueden detener la ola de civilización, la anatematizan. ¡Ca!, dejémoslos que se pudran tranquilamente sin hacer caso de sus gritos .

A medida que el hombre avanza siente nuevas necesidades; antes sólo quería la satisfacción de las materiales, después pidió y obtuvo las morales; ahora pide más, quiere no sólo gozar de las consideraciones que merece en tanto que hombre; exige bienestar, enseñanza, trabajo seguro, educación para sus hijos. El problema es difícil y la solución se hará de esperar...

* * *

— *El reaccionario.*—El remedio es éste: que no suba el globo humano, que vuelva a desandar lo andado, y esas livianas ambiciones se desvanecen.

— *El demagogo.*—La solución está en que vayamos más de prisa; si hay anémicos y cobardes que se oponen a ello... hierro, mucho hierro; pero en bayonetas.

— *El filósofo.*—Hierro, sí, pero en píldoras.

(*La Justicia*, núm. 2.158, del 4-I-1894).

EL BIEN SUPREMO

Las piedras de una plaza de Benarés en que se ve la principal pagoda de esta ciudad, lanzaban fuego; el mendigo dirigió una mirada al círculo de hombres y de niños que le rodeaban, se arropó porque tenía frío, recogióse para meditar, y dijo: "Sabéis que *el nirvana* es el fin de la vida, y al mismo tiempo el principio de otra existencia, en que el hombre no se puede dar cuenta de qué es; sabéis que es sutil y que está resguardado de las miserias del mundo; sabéis que es dulce y hermoso y que allí duerme Budha su eterno sueño; pues, a pesar de esto, hombres ha habido que lo han despreciado.

Kaisani era un *paria* que trabajaba en la isla de Ceylán; su corazón era puro y sin doblez; era bueno, pero su alma no veía con claridad los sucesos de la vida, y amaba los pérfidos goces de ésta, que son falsos como las imágenes que se reflejan en el agua. Leía los libros santos, pero no meditaba acerca del dolor, de la muerte y de la inestabilidad humana, meditaciones que, como sabéis, son las que abren las puertas de la hermosa ciudad de *nirvana;* por el contrario, temía la destrucción y el aniquilamiento completo del ser.

Un día que trabajaba se le apareció Budha y le dijo: "Crees que puedes ser feliz en la tierra, pues bien, yo te daré los medios necesarios para encontrar la felicidad; ve en su busca, todos los años en este día te concederé el don que desees."

Esta vez primera el paria pidió su libertad por

creer que ésta y su trabajo le bastaban para su
dicha; pero no fue así, nadie utilizó sus brazos y
se vio en la necesidad de robar por los caminos.
Vivía hambriento, esperando con ansia que llega-
se el día fijado por Sakiamuni para hacerle una
nueva petición.

Llegó, y Kaisani pidió la riqueza. Los primeros días en que se vio rico no cabía en sí de gozo,
pero al poco tiempo sus posesiones le parecieron
miserables; comenzó a pensar en lo que había de
pedir; se le antojó ser rey, y del año, once meses
vivió en perpetua agitación, pensando en lo largos y pesados que eran para él los días.

Se cumplió el plazo y fue dueño de un país;
tuvo elefantes gigantescos y carros de oro; se vio
adulado de los hombres y querido de las mujeres
bellas; pero su poder no fue bastante para impedir que le molestasen los rayos del sol en el verano; vio que la adulación de sus cortesanos era
falsa; quiso ser el sol, pero temía que Budha no
le concediera lo que iba a pedirle, y torturado
por esta idea pasó todo el año.

Cumplióse el cuarto plazo, y fue sol y vivió
incomodado al ver que una nubecilla al interpo-
nerse, impedía que sus rayos llegaran a la tierra.
Fue sol y quiso ser nube; fue nube y quiso ser
río; fue río y quiso ser mar; fue mar y quiso ser
roca; pero nube, río, mar y roca, siempre tenía
ambiciones que no podía satisfacer y quiso volver otra vez a ser hombre y tener el don de la
adivinanza.

Adivinó, pero nadie dio crédito a sus palabras;
vio despreciados sus consejos y se entristeció y

se cansó de todo; pero conservando aún la creencia de que la vida era única, pidió el don de la inmortalidad. Los años se acumularon sobre su cabeza, perdió la vista, el olfato y el gusto; tenía oídos solamente para escuchar las dulzuras de la ciudad de *nirvana* y vivía solitario en medio de gentes extrañas; las generaciones pasaban y Kaisani suplicaba e imploraba a Budha que retirase su terrible don; por fin fue escuchado. Vio al morir una existencia nueva en la que se le brindaba juventud, belleza, poder, toda clase de placeres, en un lado; en otro, las puertas del reino de lo inconsciente, del sitio en que se es sin ser. Kaisani comprendió en dónde radicaba el supremo bien y entró en la ciudad del *nirvana*.

(*La Justicia*, núm. 2.160, del 6-I-1894).

ALMAS CARITATIVAS

—¿Qué sabes tú? ¿Crees que todos son de tu calaña, mala pieza? —dijo el ciego por lo bajo a su lazarillo.

—Más que usted —replicó éste—, que al fin y al cabo veo y a todas horas y usted sólo por la noche cuando no le pueden ver, y entonces parece que tiene telarañas en los ojos.

—Calla, maldito, que estamos en la calle y nos van a oír.

Era un viejo venerable el que pronunciaba estas palabras; su barba era blanca y la nieve de

los años cubría también su cabeza; andaba con
inseguro paso, golpeando con su bastón la acera,
dirigido por un muchacho enclenque, que a juzgar por su cara era un redomado pillo, y que se
agitaba con estremecimientos de azogado.

Llegaron ciego y lazarillo a su calle, que lo era
de la Sombrerería, y no bien hubo de penetrar el
chicuelo en el angosto portal de la casa en que
vivían, encarándose con el viejo como prosiguien-
do la conversación interrumpida, exclamó:

—Es lo que yo le decía, abuelo; a la gente tanto se le da que esté usted, pongo por caso, ciego
de veras, como que no lo sea; que unos dan por
lucirse y otros de puro aburridos de oír nuestros
cánticos, y pocos quitan peso a sus bolsillos cuando nadie les ve.

—Calla, condenado, calla —interrumpió el viejo—, y no insultes a esas *almas caritativas*, a las
que estamos explotando con nuestras patrañas. Y
de paso, ahora que me viene a la memoria, haz
el favor de no dar esos brincos en el atrio de la
iglesia, como hoy, porque van a creer que tu enfermedad es una *filfa*.

—¡Vaya!, ¿y lo que diría *la Virgencita*? —dijo
el chico con sorna.

La que así llamaba era una niña de trece o
catorce años, rubia e ideal que todos los domingos daba limosna al viejo; al oír éste la salida
del muchacho quedó confuso y después le preguntó:

—No dirás que ésa es caritativa sólo cuando
hay gente que la ve.

—Será como todos, poco más o menos.

—Porque lo has dicho tú.

—Me parece. ¿Quiere usted hacer una apuesta? Mañana que es domingo, se queda usted en casa y no vamos a la puerta de la iglesia; salen *la Virgencita* y su madre de misa, y montan en su coche; corro detrás, y cuando vayan a meterse en su coche, les digo: ¡Por Dios, una limosna, que mi padre se ha puesto malo y no tenemos para medicinas! Si suelta la mosca ha ganado usted la apuesta, y si no, la ha perdido, y me tiene usted que dar dos reales.

—Bien.

Al otro día *el ciego* se paseaba por su cuarto impaciente. ¡Qué! ¿La niña que él conocía desde que la bautizaron no había de auxiliarle creyéndole enfermo? ¡Esto le parecía cruel! Se asomó a la ventana y vio por fin al chico que venía fumando por la calle; le habían dado dinero; estaba claro: se sonrió.

—Ves, ves —dijo a su lazarillo cuando éste hubo entrado.

—Sí, tan bien como usted; ¿pero sabe lo que he visto allí cuando he empezado a *endilgarlas* el discurso? Pues nada, que han dicho al portero que me eche a la calle; pero yo he sido más listo, que la he *afando* a una el pañuelo y me han dado por él buenos dos reales en una prendería.

—Es castigo del cielo —dijo el viejo camastrón—, sí, porque nosotros estamos robando la limosna a otros más desgraciados.

Y el chico, echando una bocanada de humo a los ojos del ciego, replicó con ironía:

—¡Bah! ¡Esa no pasa! Tan arrepentido está usted como yo. Y después, extendiendo el brazo derecho, con ademán de orador, dijo: —Crea usted, abuelo, ellos y nosotros... tal para cual.

(*La Justicia*, núm. 2.161, del 7-I-1894).

DIARIO DE UN DESESPERADO

En la casa del alcalde de mi pueblo encontré en un rincón un cuaderno manuscrito, lleno de números y con algunas hojas quemadas; entre éstas había dos o tres que el fuego había respetado y en las cuales leí con asombro lo siguiente:

Agosto.—Es cruel para mí, pero no puedo evitarlo; tengo que abandonar esta agitada vida de bolsista; tengo que salir de Madrid para sepultarme en un pueblecillo de Aragón; se acabaron las emociones; aquella fiebre deliciosa que sentía cuando llegaban a mis manos los telegramas de las bolsas de París y Londres, ya no la experimentaré; aquel placer que embargaba mi ánimo cuando el éxito coronaba mis atrevidos planes, voló para siempre. Como el guijarro que desde la cumbre de la montaña se hunde en el abismo, así he caído yo; como el meteoro, he atravesado veloz el espacio; ¿quién se acordará de mí? Preguntad a las rocas del monte si se acuerdan del guijarro, a los astros si se acuerdan del meteoro.

Mi hermana y su marido me ofrecen su casa, y lo siento; si no lo hubieran hecho, dejaría a un lado la vergüenza y quizá llegara a prosperar. Esto es terrible. ¡Arruinado, arruinado!

Septiembre.—Aquí no se puede vivir, el pueblo es feo, triste y hace un calor horroroso; el campo, que nunca había tenido el mal gusto de verlo de cerca, es lo más aburrido y lo más estúpido que se puede imaginar, el sol ciega y atonta, el polvo impide la respiración.

No he hecho amistades con nadie; mi hermana y mi cuñado hacen esfuerzos por agradarme, y yo, a pesar de todo. no les puedo soportar. me parece que ellos también han motivado mi desgracia. Cuando comparo las noches de Fornos con la cartera repleta de billetes del Banco, con las que ahora paso, sentado en el balcón, porque no quiero acostumbrarme a levantarme temprano; cuando veo en este mismo cuaderno en que estoy escribiendo los ingresos de los pasados meses, me dan ganas de pegarme un tiro.

Octubre.—La última ilusión que me quedaba de tomar el desquite de mi *debacle* financiera se ha desvanecido. Mi decisión es ya irrevocable. Para vivir con estos brutos más quiero morir.

Ayer decía que los pájaros me despertaban por la mañana, y mi cuñado me dijo riendo que más me despertaría el ruido de los coches en mi principal en la calle de la Montera; sólo a un lugareño se le ocurren tan necios argumentos. El otro día me aconsejó que me casara con una muchacha de mediana fortuna; le contesté secamen-

te que no era de esa clase de hombres que se
casan para poder vivir; él creyó ver en mi frase
una alusión a su casamiento porque no tenía más
que su título de médico cuando contrajo matrimonio con mi hermana, e iba a replicarme algo
cuando su mujer, a media voz, le dijo: "¡Por Dios,
Antonio!". El no habló una palabra, y esto me
enfureció más; dije que ya sabía que yo estaba
en aquella casa de limosna, pero que les aseguraba que no tendrían que soportarme mucho tiempo; abrumé con mis sarcasmos a marido y mujer:
él me escuchaba con desdeñosa indiferencia y ella
me miraba con una compasión que me exasperaba.

Noviembre.—Hace unos días, decidido a concluir de una vez, cargué la escopeta de mi cuñado; metí el cañón en la boca, e iba a apretar el
gatillo con el pie, cuando se presentó mi hermana, que arrancó de mis manos el arma. Me aco-
san; no me dejan un momento solo. ¿Por qué
habré venido a esta casa? Ahora podría dormir
el eterno sueño, libre de estas lúgubres ideas que
me atormentan y fatigan; ahora que comienzan
a caer las hojas de los árboles debía de partir
para la eternidad. He ensayado el dejarme morir
de hambre, pero no he tenido fuerza más que
para resistir tres días. Estoy extenuado. No sé,
pero la pérdida de mi fortuna me es indiferente;
aunque me la devolviesen no quisiera vivir. Las
noches las paso en claro, con los ojos abiertos en
la oscuridad, y me parece que veo la conjunción
de las tinieblas de mi espíritu con las del cuarto;
pero las que llevo dentro son más negras que las

otras que me rodean; analizo en esas horas de insomnio los momentos más felices de mi vida, y a todos los trocaría por la muerte.

He estado enfermo; experimentaba dolores en todo el cuerpo, y pedía a gritos que me mataran; me ha asistido mi cuñado.

Este ha traído a la hora de comer un tratado del suicidio, escrito por un francés; después de muchas vacilaciones se lo he pedido y he devorado sus páginas; creí que el autor tronaría contra ese criminal atentado, como lo llaman los moralistas en nombre de la sociedad, de la religión, etc...; pero no es así; todo lo contrario, lo considera como un acto dependiente de una enfermedad nerviosa, como una herencia de los caracteres demasiado débiles.

Diciembre.—Suelo tener discusiones con mi cuñado acerca del suicidio, él defendiendo que es un acto patológico, desprovisto de libertad moral; yo que es la más alta expresión de la naturaleza humana. Luisa, mi hermana, resumió la última que tuvimos; para qué discutís eso —dijo sonriendo—, si aquí somos todos bastante felices para querer vivir. Y yo, el hombre de negocios que hubiera dejado en la miseria a media humanidad por una jugada de bolsa, me conmoví; abracé a mi cuñado y luego a mi hermana y lloré como un imbécil, y ella hizo que apoyara mi cabeza en su hombro, y me daba ligeros golpecitos en la espalda como hacen las madres para acallar a sus niños cuando lloran.

Esto leí en el diario del alcalde de mi pueblo.

(*La Justicia,* núm. 2.162, del 8-I-1894).

NOVELERIAS

Muy bien, amigo, el plan que te has propuesto seguir, y que expones en tu carta, para la educación de tu hijo, revela bien a las claras tu clara inteligencia. Nada de novelas —dices, y dices bien— para mi hijo, porque éstas no hacen más que pervertir a la juventud. Un abrazo; tu frase, aunque un poquillo manoseada, es digna de Séneca.

Algunos te dirán que hay novelas instructivas que, sin cansar la inteligencia joven de un muchacho, le educan, le dan nociones que las asimila mejor; otros llegarán a asegurarte que los libros son como anteojos necesarios para el que no conoce la sociedad, en la cual vive, que afianzan en el espíritu las nobles ideas de pundonor, de caridad... paparruchas, amigo.

Figúrate que en manos de tu hijo, educado en las verdaderas doctrinas de nuestra religión, caiga uno de esos libros que por ahí corren; *Los Miserables,* por ejemplo. ¿Qué concepto se va a formar de la vida? ¿Qué va a pensar al leer escenas como aquella en la cual un obispo se arrodilla ante un convencional? ¿Qué al ver paralelos entre el nieto de un rey y el de un bandido? Me

asusto cuando pienso en las consecuencias; llegaría a creer el insensato que el interés tiene que
supeditarse a toda clase de sentimientos altruis-
tas, que la virtud ha de ser siempre enaltecida,
y la hipocresía y el vicio fustigados; errores cra-
sísimos, transcendentales, que producirán el des-
quiciamiento del mundo, si no hay muchos padres
como tú, que, sin curarse de la palabrería moderna, indiquen el buen camino a sus hijos.

Haces bien, repito, en no querer inutilizar a
tu hijo para la vida; para vencer en sus batallas
hay que arrojar al agua, o al arroyo si te parece
mejor, mucho lastre inútil, muchos necios sentimientos que pesan demasiado para dejar libres
las acciones.

¿Que se delinque? ¿Que se ha apoderado uno
del dinero que otro ganó honradamente? ¿Y qué?
¿No está ahí el confesonario, el jabón, la lejía
Phenix que deja el alma limpia como una pate-
na? Pues entonces...

Cierto es que esos hombres, inficionados con
las pútridas emanaciones que despide la filosofía,
y llevados de su satánico orgullo, te dirán que la
humanidad no desea muchos arrepentidos, sino
pocos delincuentes. Pero yo les pregunto: ¿Quién
es el guapo que está seguro de no pecar? ¿Hay
alguno? No; pues ¿a qué ese ridículo puritanismo
laico que muchos ostentan?

Dices también que piensas llevar a tu hijo a
estudiar a un colegio de jesuitas, y en esto veo
una prueba más de tu mundología y de tu talento. Con estos santos padres aprenderá ese sublime arte que algunos imbéciles llaman hipocresía,

y que otro la calificó sabiamente de homenaje a
la virtud; ellos le convertirán en espía de sus
compañeros, le harán olvidar a su familia y le
pondrán en camino de ser algo en el mundo. Pero
no seas tonto, no le permitas que se vista de sotana, porque ésta incomoda un tanto los movimientos; hazle de los de hábito corto, y si tiene
algún talento subirá como la espuma; le verás
encumbrado en los más altos puestos, y si le parece repugnante ejercer de reaccionario o de car-
lista, que no tenga cuidado, que hay muchos mo-
nárquicos y también republicanos de dientes afuera y que son jesuitas por dentro; si sale cazurro
y no tiene *pesquis,* al menos habrá aprendido a
ser hipócrita y a ser espía, y con éstas y algunas
otras cualidades más, se va muy lejos y nunca
se llega a caer en el patio de un presidio.

De lo que me dices de tu hija, estoy también
en todo conforme con tu manera de pensar; las
novelas son para las muchachas aún más peligro-
sas; adquieren unas ideas tan extrañas... que si
deben casarse con el que quieren y les ama, y no
con el pretendiente que lleva el visto bueno del
padre, que si contraen matrimonio con un viejo
rico es una venta repugnante, es, en fin, qué sé
yo: mil necedades.

Ya ves, nuestros pensamientos son gemelos; tú
dices religión, jesuitas, nada de novelas; yo te
aconsejo: nada de novelas, jesuitas, *Sacré Coeur*
y religión.

Tu amigo,

(*La Justicia,* núm. 2.168, del 14-I-1894).

LA GRAN JUERGA

Cuando Juanito Díaz entraba en la oficina, los demás empleados le preguntaban a coro: ¿Qué tal Juanito, anoche? Y él respondía con su constante muletilla: *La gran juerga*. Después cuando iba a fumar un cigarrillo y a calentarse alrededor de la estufa, contaba horrores: muchachas seducidas por él, cuyas madres tenían celos de sus amores; desposadas que en la misma noche de bodas adornaban con apéndices córneos a sus maridos; damas de la aristocracia que a cachete limpio se disputaban un torero o un lacayo; yo no sé las historias cínicas y monstruosas que salían de su boca. Al verle, nadie hubiera dicho que aquel niño —no tenía más que veintitrés años— llevara una vida tan licenciosa; cierto que la palidez del vicio parecía verse retratada en su semblante; cierto que su voz era ronca como la del hombre entregado a la bebida, pero la expresión de su rostro estaba muy lejos de ser la de un perdulario; nariz borbónica, boca de oreja a oreja y éstas de gran tamaño, constituían los rasgos característicos de su fisonomía; cuando Juanito hablaba, su cara iba al compás de su narración y era su aclarante, se identificaba con sus personajes y tenía que presentarlos a sus oyentes con todos sus perfiles, con todos sus *tics*. Había que verle embozado en su capa en medio de la oficina, sonriendo mefistofélicamente; dirigirse a uno de los empleados y declararle su ardiente amor; luego imitar los pudores de una doncella tímida, andando a saltitos y decir, juntando las manos y con voz de falsete: ¡Ay, no, por Dios! y por último: representar la entrada del papá con el entrecejo fruncido...

Llegaba la hora de salir de la oficina, toda la turbamulta de los empleados se precipitaba en la escalera del ministerio; se oían voces, carcajadas, un murmullo como el de una colmena; Juan se escabullía, y nadie ya le echaba el ojo hasta el día siguiente.

* * *

Juan había recibido una educación esmerada; su padre, gobernador que fue alternativamente de la mitad de las provincias de España, no desempeñó nunca el cargo dos años seguidos y no logró la apetecida cesantía. Habiendo muerto la mujer del tantas veces gobernador, volvió éste a casarse en segundas nupcias con una viuda hermosísima y gaditana por más señas, que de su anterior matrimonio tenía una preciosa niña, llamada Consuelo. Quedó cesante el padre de Juan, lo que acontecerle solía a cada paso, y se trasladó a Madrid con toda su familia; pasó un año en cabildeos, pero no consiguió ser repuesto en su destino, y entonces comenzó para él la triste odisea del empleado caído en desgracia; su mujer dio al traste en poco tiempo con el dinero y las joyas que les quedaban, y el ex-gobernador, cansado de pretender, se tendió a la bartola, hizo amistades con un hato de vividores que le adiestraron en el manejo del *sable* y en la estrategia de vaciar botellas, y tanta afición tomó a esta última que murió de una congestión cerebral, aunque no faltó quien dijo que la causa de su muerte fue una borrachera crónica.

La madre de Consuelo vendió los restos ya bien escasos de su pasada riqueza, y con su hija y Juan se fue a vivir a una casucha de la calle del Ave María. No sé de qué clase de expedientes se valió la ex-gobernadora, pero el caso fue que consiguió para su hijastro un destino de seis mil reales.

Levantar su casa, hacer más soportable la situación de su familia, era el constante anhelo de Juan, su dorado sueño; si pasaba las noches en claro copiando comedias antiguas y haciendo traducciones del francés, que un editor usurero pagaba a ínfimo precio, era para que Consuelo no viese siempre en el hogar el terrible espectro de la miseria, para que la vida de aquella niña, a la cual quiso como hermana y que luego le inspiró más tierno afecto, se deslizara tranquila, sin las acres sensaciones de la pobreza.

* * *

—Esto no puede seguir así —había dicho la madre de Consuelo, y por la tarde, después de llegar Juan de la oficina, había instado a su hija para que se vistiera elegantemente para ir de paseo. Juan se asomó a la ventana para verlas salir; ¡Qué bonita era su novia! Demasiado alta quizá, un poquillo pálida, pero la palidez de su rostro de niña sentaba tan bien con su rubio pelo de tono ceniciento... Y luego tan cariñosa, tan buena..., las miradas de los dos chicos se saludaron desde lejos. Juan se puso a traducir la novela cuyas estupendas aventuras contaba a los empleados. Sus dedos se agarrotaban y se oponían a sostener la pluma, pero la voluntad mandaba, y los dedos tenían que obedecer, porque trabajaban para el angelito de los cabellos rubios. Pasaron horas y horas.

¿Pero qué sucedía?... las nueve... las diez de la noche y ellas no llegaban. ¡Ay!, cómo se clavó en el alma del pobre Juan la instancia de la madre a su hija para que se pusiera elegante, y aquella frase de *"esto no puede seguir así"*; cómo le hizo llorar la sospecha, cómo le hizo rugir la certidumbre cuando vio entrar a Consuelo con la mirada extraviada y con el traje destrozado, cómo tuvo que contenerse para no ahogar entre sus manos aquella madre desnaturalizada, para no patearla con saña y arrastrarla, y ver su maldito cuerpo retorciéndose en las convulsiones de la agonía. ¡Vendidos!, vendidos, la virginidad y los encantos de la pobre niña, aún no mujer, porque su débil y gracioso cuerpo apenas tenía espacio para que el sexo se manifestara...

* * *

Murió aquella pobre muchacha. ¿Qué sé yo de qué? El médico habló de anemia, de miseria fisiológica, de desarreglos menstruales...

—Sí —le decía Juan a su muerte—, cuando te pongas mejor, nos casaremos y alquilaremos una casita: ya verás qué ahorros haremos; tú te encargarás de arreglar la casa... el domingo iremos a pasear al Retiro.

—¿Del brazo? —preguntó ella sonriendo.

—Sí, del brazo. Y en una agonía dulce, creyéndose ya verse casada con Juan, y embelesada con sus palabras, dejó de vivir, y quedó con los ojos abiertos mirando al techo con esa doble vista de los muertos, sonriendo como si gozase de la felicidad prometida.

* * *

Días después, al entrar Juanito Díaz en la oficina, le preguntaron: ¿qué tal, perdido? Y él, mientras dos lágrimas corrían por sus mejillas, murmuró: *la gran juerga*.

(*La Justicia*, núm. 2.170, del 16-I-1894).

LA SECULARIZACION *

La nota fundamental, el rasgo distintivo de la civilización moderna, es el laicismo. Después de un largo período en que fue clerical la Enseñanza, el Gobierno, la propiedad, la familia, el pensamiento y la conciencia, ha venido la reacción, que ha secularizado la vida de los pueblos y la ha emancipado del yugo a que durante tantos siglos estuvo sometida.

(*) Este artículo vino sin firmar en medio de toda la serie de *Hojas Sueltas*, escritas y publicadas por Pío Baroja en *La Justicia*. Por eso mismo lo hemos incluido aquí.

Ha sido un gran triunfo, porque la teocracia oprime y empequeñece a las sociedades en su mayor edad, si éstas no se emancipan a tiempo de la tutela humillante que, si es un bien positivo para los pueblos ignorantes para los cultos y civilizados, es un monstruoso anacronismo.

No a otra causa que a no haberse sabido emancipar oportunamente, debe atribuirse que aquellas hermosas civilizaciones de Oriente, que tan alto rayaron en China, en Egipto, en Persia, o en Indostán, se secaron en flor, convirtiéndose en tristes pertificaciones que el viajero admira y compadece a la vez por su grandeza y su inmovilidad. El mismo poder que las llevó a su mayor grandeza los mató con su despotismo, y quedaron al fin dos razas: la de los reyes y sacerdotes, y la de los esclavos, aquéllos guardando los restos de la antigua ciencia, y éstos vegetando en el embrutecimiento del cuerpo y del espíritu.

El mismo fenómeno hemos visto reproducirse en Europa, y particularmente en España. Los ministros del culto conservaron el vigor en el corazón de razas fogosas y entusiastas, siéndoles los pueblos deudores de inestimables beneficios, cuando no tenían otra luz ni conductor que guiara su inexperiencia en los caminos de la vida. Su suerte hubiera sido la de los envilecidos pueblos asiáticos, si no hubiesen a tiempo roto el freno y protestado virilmente contra la dominación teocrática.

Pero es el caso que este fecundo y regenerador principio, algunas naciones lo han comprendido parcialmente. Otros, empero, han creído que podían ser libres en su cuerpo y esclavos en su conciencia; que podían vivir en ciertas esferas con las instituciones de su infancia y en otras con las de su virilidad; que podían *"secularizar"* la vida política y civil, sin secularizar su vida religiosa.

Semejante proceder no podía menos de crear una situación violenta, como todo lo que contraría las leyes de la estética social y de la lógica. Estos pueblos no han tenido paz, y si por un momento han logrado la paz material, no han encontrado la de los espíritus. La raza latina en general, y España en particular, sometidas voluntaria e involuntariamente a tan irracional sistema, han perdido el equilibrio, oscilando sin cesar entre las atracciones del pasado y las llamativas del porvenir, sin acabar de decidirse jamás por ninguna de estas opuestas tendencias. Es que no han querido obedecer, sino en parte, a la inexorable *ley de la secularización.*

Han contribuido tal vez sin darse cuenta a tan funesto resultado los partidarios más decididos de dicha ley. Por una equivocación, en el fondo disculpable, han creído que el laicismo significaba la guerra a todos los ideales que el viejo mundo cultivó; que no solamente se había de derribar los altares en los templos, sino en las conciencias, y que la humanidad podría quedarse muda ante el enigma del universo y de la vida, sin demandarles una explicación que satisfaciera a la razón y a los instintos más profundos del corazón humano.

Esta explicación no se ha dado. La ciencia, a lo más, por órgano de sus conspicuos oráculos, ha dicho que lo que el pueblo busca es lo *incognoscible, lo eterno incógnito, el misterio,* que no alcanzan ellos a descifrar. Y entre las incertidumbres de los que nuevamente aspiran a dirigirles y las rotundas afirmaciones de sus antiguos *amos,* los pueblos han optado por la afirmación.

Así está el problema social, político y religioso, hasta que las clases directoras comprenden que la secularización no se refiere tanto a las ideas como a las personas, pues en el fondo, no significa sino que el estudio de los altos problemas que se refieren a la conciencia ya no es el monopolio de una clase, sino que es del dominio común de todos los hombres; como la emancipación de la propiedad, del derecho, del pensamiento, de la vida, no ha importado la destrucción radical de estas esferas de la existencia, sino una evolución o cambio en el falso concepto que había predominado.

Así lo entendió, aunque imperfectamente, la raza sajona. Su revolución religiosa no consistió en destruir la religión, sino en secularizarla. Las cricunstancias de los tiempos no le permitieron ser consecuentes con este salvador principio; pero bastó que lo proclamaran para que se anunciara el progreso y floreciera su civilización.

Hoy, los tiempos son más propicios a atrevidos avances. La instrucción se ha extendido y popularizado hasta el punto de permitir que la secularización en todas las esferas, incluso la religiosa, sea total y absoluta. A las clases ilustradas les corresponde tomar por su cuenta los problemas religiosos, y al pueblo propiamente dicho, optar por las distintas soluciones que se le presenten.

El hombre "sobrenatural", *de derecho divino,* huelga por su completa inutilidad.

El laicismo en este sentido, que es el indicado por la ley de la historia, no se ha ensayado entre nosotros. Se ha pretendido por tirios y troyanos que en la esfera religiosa no puede existir, como si no hubieran venido al mundo Penn, Washington, Franklin, Watt, Newton, Ampère y otros mil no menos insignes que profesaron este género de laicismo.

Nosotros aseguramos que, si la vida religiosa no pudiera subsistir sino en forma clerical, habríamos de renunciar para siempre al progreso y a la paz de los pueblos, porque el retroceso a la barbarie es imposible; pero la teocracia, imperando tranquilamente sobre pueblos libres, es imposible. Ante este dilema, es preciso escoger entre la barbarie y la guerra perpetua o la *secularización*.

Sabemos que todavía las corrientes no van por este camino en nuestra raza, pero cuando los hombres reflexivos adviertan que el fenómeno religioso legítimo o ilegítimo es eterno en la humanidad y que no está en manos de nadie el suspenderlo, como dice Herbert Spencer, optarán por modificarle al medio ambiente actual, en el mismo sentido que indica aquel insigne escritor; esto es, democratizándolo, secularizándolo, como se ha hecho con las demás instituciones del pasado y como lo hubieran hecho los pueblos que hemos nombrado, a tener las oportunidades de que nosotros gozamos.

(*La Justicia*, núm. 2.176, del 22-I-1894).

LA MUERTE Y LA SOMBRA [1]

No le habían dejado aquel año ir a la capital a seguir su carrera, porque el pobre joven estaba muy enfermo. Todos los días acompañaba a su padre al campo por consejo del médico. Aquella tarde, concluida la tarea y lleno el carro de secos sarmientos, se encaramó el enfermo trabajosamente sobre ellos, y la cansada mula emprendió con lentitud la vuelta al lugar.

El día tocaba a su término, las crestas de la montaña que cerraban el horizonte se veían doradas por el sol ya oculto y tras él se precipitaban las nubes en torbellinos de fuego. El resplandor moribundo del rutilante astro difundía en la llanura una luz fría y vaga que por momentos iba tornándose inerte y vacilante.

Y la sombra vencía a la luz.

Sin comprender la causa, el joven sentía dentro de su alma una confusión extraña; nubarrones de tristeza empañaban la atmósfera de su espíritu y caóticos anhelos, ideas sin forma, se agolpaban para fijarse en su mente; perseguía con la mirada las nubecillas negruzcas y finas que cruzaban el rojizo cielo; y como ellas hubiera querido huir a misteriosas y lejanas regiones; fases [2] de la vida de una nube la parecían sus cambios de co-

---

(1) Se volvió a Publicar en *El Nervión*, núm. 2.635, del 25-VI-1898, con los siguientes cambios:

(2) En *El Nervión, faces* de la vida...

lor; el rojo vivo era su juventud, el blanco agrisado su vejez, y en aquel instante creía ver retratada en la nube la tristeza que sentía al ser abandonada por el sol y al tener que penetrar en los dominios negros de la muerte.

Y la sombra vencía a la luz.

El padre que iba a pie silbaba una tonadilla de aldeano, a la cual añadía modulaciones improvisadas, que se conocía que lo eran, en la armonía que se notaba entre ellos y los accidentes del camino; aquella canción siempre igual, que variaba de tono con los cambios de paisaje, entristecía al joven y le anegaba más y más en embriagadora tristeza.

La brisa ligera hacía rodar las amarillentas hojas caídas de los árboles y a veces un soplo más vigoroso balanceaba sus negras ramas. Cuando el viento cesaba, mil ruidos del campo, ruidos indefinibles, parecían llenar el espacio.

Y la sombra vencía a la luz.

La noche iba escalando las faldas de la montaña; en su cima, los contornos de los achaparrados pinos se destacaban como recortados en el pálido cielo; de un montón de paja y de retama encendido junto a una choza, escapaba una columna de denso humo que se elevaba pausadamente, y como culebra que desenvuelve sus anillos ascendía a cierta altura para ser pronto barrida por el viento.

Del choque de las sensaciones vagas y confusas que experimentaba el enfermo, salía como esas nieblas que aparecen en los ríos, una triste aspiración, un melancólico anhelo.

Y la sombra vencía a la luz.

En aquella hora de lucha de la oscuridad con la luz de aquella hora llena de poesía ante el majestuoso espectáculo que la madre naturaleza ostentaba para endulzar [3] la agonía de la tarde, el joven sintió la nostalgia de la muerte, la nostalgia del aniquilamiento completo; le pareció que la felicidad estaba en descomponerse en millares de átomos, en correr con la onda en el océano, en gemir con el viento, en fundirse con el todo, con la materia eterna e infinita.

El joven sintió frío y sintió la inquietud de su fin próximo.

Y la sombra vencía a la luz.

¡Padre! Se oyó murmurar una voz débilmente. Las estrellas parpadeaban en el alto cielo; el camino al reflejar su luz tenue, adquiría un brillo de plata de obscuro tono, los bosques de pinos de ambos linderos se presentaban a la vista como altas y negras murallas coronadas aquí por fantásticos torreones; rotas y desmoronadas allá, dejando ver a trechos el campo abierto obscuro y triste, que parecía agitarse como un mar sin olas de tumultuoso e inquieto movimiento.

¡Padre! Se oyó gemir otra vez débilmente. Los árboles de las cumbres alzaban al cielo sus descarnados brazos de espectro y todavía quedaba en el poniente la suave claridad del sol.

---

(3) En *El Nervión, adulzar...*

¡Padre! Y la palabra resonó con más fuerza. Un grito de dolor rasgó el silencio de la noche.

Una estrella corrió por el cielo dejando una brillante ráfaga luminosa.

Y la sombra había vencido a la luz, y la muerte a la vida.

(*La Justicia*, núm. 2.234, del 21-III-1894)

LA FARSA DEL SEPULTURERO [1]

A la salida del pueblo y colocada a la izquierda de la carretera se veía una casa de dos pisos, de los cuales el segundo, pintado de amarillo, tenía dos balcones; lujo no muy generalizado en la aldea, y en el primero, cuyas paredes se hallaban embadurnadas de un color azul rabioso, se destacaban majestuosamente varias letras negras que formaban este rótulo: *despacho de binos;* el artista que las trazó, no contento con las elegantes posturas en que a cada una de ellas había puesto, quiso excederse, y sobre el ancho portal pintó un gallo de largas y levantadas plumas, apoyado sobre un corazón que destilaba gotas de pintura por hallarse herido por una traidora flecha; misterioso jeroglífico cuya significación no hemos podido averiguar.

N. B.—Este texto primerizo vendrá muy modificado en *La Voz de Guipúzcoa*, por lo cual daremos, en la parte correspondiente, *La Farsa de Pachi*.

El zaguán de la casa era espacioso; en su parte anterior, los sacos de patatas y de garbanzos dejaban en medio un estrecho pasadizo; en la posterior había varias mesas, y allí se reunían los adoradores de Baco los domingos por la tarde; algunos más fervorosos acudían diariamente a beber su botella de vino, o su copita de mistela, no faltando aristócratas que se dedicaban a la cerveza y al ron, ni parejas que iban a mitigar sus ardores con la zarza.

Justa, la tabernera, hacía su negocio; su marido, que era un gandul y que se trataba además con todos los espíritus que ella expendía, era el obstáculo para su felicidad; luego tenía una virtud prolífica el demonio aquel de hombre...

—¿Pero cómo te las arreglas —le decían los amigos— para tener tantos hijos? ¿Os acostáis temprano?

—¿Qué sé yo? —replicaba él con indignación de borracho—, me basta dejar los calzoncillos en el hierro de la cama, para que mi mujer quede embarazada.

Esta, que era flaca y desgarbada, y cuya cara de color rojo vivo sobre fondo bronceado ofrecía un claro testimonio de su fuerza de voluntad, solfeaba sobre las espaldas de su marido con harta frecuencia, y no era raro oír chillar al borracho dirigiéndose a su mujer: ¡Cochi... p...! Y después escapar con la cola entre piernas y como alma que lleva el diablo; éste, quizá creyendo que hombre tan iluminado debía de ser un buen combustible, se lo llevó definitivamente al infierno, y el tío Tomás el sepulturero cavó para su amigo una magnífica fosa de tres pies de altura.

* * *

El tío Tomás conocía a la tabernera desde chico; era un hombrecillo cuadrado mirado por detrás, redondo por delante, y monstruosamente tripudo de perfil; su cara cuidadosamente afeitada, tenía un tono entre rojo y violáceo; sus ojos pequeños y alegres estaban circundados por rebordes carnosos; su nariz no era griega —hay que confesarlo—, parecía una patata cocida; pero hasta sus enemigos no podrían menos de declarar que su boca tenía sonrisas suntuosas, y que su sombrero ancho de castor siempre encasquetado en su cabeza y sujeto a ella por un barboquejo que desaparecía en el pliegue de su doble papada, era de un gusto exquisito.

Las malas lenguas —los eternos Zoilos— decían que Tomás había tenido una juventud borrascosa; quién adivinaba que sus manos, ayudadas por un modesto trabuco, habían desvalijado a los caminantes de la sierra; quién veía en él un presidiario escapado; quién, de deducción en deducción, averiguaba que el sepulturero había pedido su plaza para sacar las mantecas a los niños muertos. La aristocracia del pueblo: el cura, el médico, el farmacéutico, el alcalde, decían desdeñosamente: ¡Un farsante!, y el secretario del Ayuntamiento añadía: "Quiere hacer pasar como ciencia su necedad entre esa gente indocta."

Tomás se preocupaba poco de lo que decían de él; le bastaba con ser el oráculo de la taberna de

la Justa; su auditorio lo formaban: el peón caminero, cuatro hortelanos que vivían en las cue-
vas de los alrededores del pueblo, los dos serenos,
el cartero y algunos más de menor importancia;
la palabra de Tomás les atraía. Cuando después
de haber hablado éste de los fuegos fatuos decía:
"a nadie le puede asustar eso, es cosa *léctrica*";
todos los oyentes se miraban unos a otros para
ver si sus compañeros habían vislumbrado la profundidad de aquella frase.

Tomás tenía frases, no todos los grandes hombres las tienen, eran éstas: *El vino es alimento, el
aguardiente es refresco. El marido siente la muerte de su mujer dos semanas; la mujer la del marido, dos días* (este aforismo estaba deducido de
su práctica sepulturaria).

Su filosofía hallábase encerrada en las siguientes palabras: "*Los hombres son como las plantas,
nacen porque sí; hay plantas de flor encarnada y
otras de flor blanca, unas huelen bien y las otras
no; pues lo mismo pasa con los hombres, uno sale
bueno y otro malo, y cuando ha de ser borracho
lo es*".

Mojaba los labios en el agua, y como asustado
por su fortaleza, se bebía un gran trago de aguardiente, porque el sepulturero mandaba poner en
la copita del aguardiente, el agua, y en el vaso del
agua, el aguardiente, como broma.

Y seguía con la exposición de su sistema diciendo: "Tuve un melocotonero en mi campo —así
llamaba al cementerio— que daba buena fruta;
una vez iba cavando una fosa, y vi una raíz grande que se metía por tierra y llegaba a la caja po-

drida de un muerto, y pensé que quizá de los huesos de éste había sacado el árbol lo que necesitaba para el hueso de la fruta, y de la carne del
cadáver, la del melocotonero: de aquí sacaba esta
consecuencia. Si las hierbas y las plantas se ali-
mentan de los muertos, y los vivos, de las hierbas
y de los frutos de los árboles, ¿por qué, hierbas.
árboles, animales y hombres, no hemos de ser todos una misma cosa con variaciones?"

Hay que confesar que era demasiada audacia
la suya, al pensar de esta manera.

Cuando le contaban las buenas obras que hacía el cura en el pueblo, decía guiñando el ojo:
Ya conocemos a los curas, y de aquí nadie le sacaba; el caso es que del tío Tomás, excepto quizá
la tabernera, con la cual tenía grandes conversaciones, nadie tenía buen concepto en el pueblo;
¿por qué?, por algo será, decía la gente.

* * *

Murió la tabernera dejando seis chiquillos en
la calle.

—Hay que hacer algo por esos niños —dijo el
alcalde.

—Por esos niños hay que hacer algo —murmuró el cura en voz suavísima, elevando sus ojos al
cielo.

—Algo hay que hacer por esos niños —dijo el
farmacéutico.

—La caridad nos exige socorrer a esos infan-
tes —añadió el secretario del ayuntamiento.

Pasó un día y pasaron dos; los chiquillos corrían descalzos por la carretera pidiendo limosna. Una tarde el sepulturero vino con un carrito, subió a él los seis chiquillos y se los llevó a la casa que tenía en el cementerio.

—¡Farsante! —dijo el alcalde. El cura elevó púdicamente los ojos al cielo, como para desprenderse de la miseria humana—. Quiere pasar como caritativo entre esta gente indocta —exclamó el secretario—; pronto abandonará a esos niños.

El tío Tomás no los abandonó. ¡Qué farsante!

(*La Justicia*, núm. 2.238, del 26-III-1894).

¡DUERME MADRID!

El pintor subió de tres en tres los peldaños de la escalera de su casa, y cuando llegó a su buhardilla, dejó caer al suelo dos cuadros que traía escondidos bajo su raído gabán; anduvo a patadas con las sillas desvencijadas del taller, y, ya amainada su cólera, se apoyó en el alféizar de la ventana que caía sobre el tejado y quedó mirando la población que iba envolviéndose en la niebla de la noche.

El pintor extendió su mano y dijo:

"*Duerme, ¡oh! Madrid,* en el sueño de tu miseria y de tu abatimiento; duerme embriagado por tus vicios, envuelto en tu letal atmósfera; tú eres el alfa y la omega, el principio y el fin de todo lo envilecido; eres vaso de torpezas y receptáculo de todas las ruindades. Tu ambiente encanallado satura a todos tus habitantes. Porque en tu seno la justicia es una mentira y los encargados de administrarla son lobos hambientos que no dejan ni los huesos del que cae en sus garras.

Duerme, ¡oh! Madrid.

Eres ciudad cortesana, pero hasta las viejas prostitutas tienen sus caprichos; tú no los tienes; necesitas ver la moneda para otorgar tus favores, y sólo quieres oro y más oro porque es el que reanima tu empobrecido cuerpo.

Porque desprecias al hombre duro que consume sus músculos en el trabajo; porque desdeñas al artista que hace fulgurar las células de su cerebro.

Porque ni el martillo, que hace derretirse en chispas la masa enrojecida, ni el cincel ni la paleta dan para vivir en la más miserable buhardilla.

Porque es, en cambio, el lecho de una vieja histérica, palenque para conseguir grandes destinos, y su útero satisfecho escalón de fortuna.

Duerme, ¡oh! Madrid.

Eres grande, pero eres pequeño, porque no proteges a los pequeños y a los humildes. Yo, como muchos, vine a tu suelo, como la mariposa a la luz, después de haber vendido mi corta hacienda; trabajé día y noche, pues mi fe en el arte era grande.

Cuando, aguijoneado por el hambre, quise cambiar mis lienzos por un pedazo de pan, comprendí que la obra artística no era estimada y me lo expliqué.

Porque el desprecio por el arte acompaña siempre a los pueblos degenerados.

Porque la pasión del lujo y del brillo es indicio claro de la pequeñez del alma y de la depravación del gusto.

Duerme, ¡oh! Madrid.

No eres como la giganta del cuento que protegía al enanito; tú lo abandonas en las calles, cuando no lo llevas a morir, herido por el viento del Guadarrama, a tus tristes y obscuros hospitales.

Yo no quería llegar ni a la riqueza ni a la celebridad; una vida obscura me bastaba; pero ¿quién conoce la senda tortuosa que lleva a un vivir pasadero?

Porque el sitio de la lucha es ignorado, y el que llega no va por el camino, sino por el atajo, porque en el camino la masa de nulidades ahoga a la capacidad; y por el atajo va lo mismo el sabio que el ignorante.

Duerme, ¡oh! Madrid.

Estás enclavado en el centro de España, pero no haces papel alguno en la patria; ni eres su cerebro, ni el corazón regulador de su vida; como plaga lo devoras todo, y tu langosta es el chulo baboso de redondeado trasero.

Estás decadente; prohijas a los hombres de provincias porque no tienes energías para engendrar hijos.

Porque la anemia te vence y apenas cuatro generaciones pueden vivir en tu suelo.

Duerme, ¡oh! Madrid.

Quién pudiera volar al sombrío valle que me vio nacer; a la puerta de mi casa de campo, ven-

dida para vivir en la Corte, y colocada en la falda
de una montaña de la vieja Cantabria, cantaría
los zortzicos que en mi infancia oía cantar a mis
padres. Ya es imposible; como galeote, atado al
duro banco de mi desesperación, tengo que ir adelante; el hambre es mi cómitre; me azota, y yo
remo y remo...

Duerme, ¡oh! Madrid.

¡Ay! mis ilusiones también duermen, pero es
bajo la losa fría del sepulcro; a veces, como planta de cementerio nacida entre ruinas, la esperanza aparece en mi pecho; pronto la agosta ese
monstruo que ahora se esconde para devorar mejor sus presas.

Duerme, ¡oh! Madrid.

Y el pintor amenazaba a la capital con el puño.

(*La Justicia*, núm. 2.240, 28-III-1894).

LA JUVENTUD PASA

Anochecer de un día triste de enero se hallaban de conversación cuatro amigos en el estudio
de un pintor. Las nubes blanquecinas que tapaban
el cielo se descomponían en gruesos copos de nieve que volaban en el aire en densos remolinos, y
se depositaban en los cristales de la claraboya del
taller formando una capa, por la cual se filtraba en el interior suave y pálida luz. Esta, apenas

suficiente para marcar los contornos de las personas allí reunidas, sólo dejaba ver sus oscuras siluetas. Ya nadie hablaba: los cuatro experimentaban ese cansancio moral que se siente pasada la hora de las confidencias, pasado el momento de oír y contar desengaños y desilusiones; pero el que parecía más aplanado era Redondo, el pintor en cuyo estudio se encontraban; ardía éste en deseo de contar algo y pugnaba al mismo tiempo por enmudecer. Sin moverse del sillón en el cual estaba sentado, tiró de una cuerda y corrió la cortina de la claraboya.

Quedaron a oscuras, alrededor de la estufa, cuya parte inferior, enrojecida, formaba en el suelo un círculo claro.

Lenta y acompasadamente salía de las bocas de los fumadores el humo de los cigarros, los cuales brillaban como estrellas en la oscuridad.

—Redondo lo ha entendido —dijo uno entre chupada y chupada; no ha hecho la barbaridad de casarse como nosotros.

—Pero lo voy a hacer —repuso el aludido.

—¿De veras?

—Sí. ¿Qué queréis? Bastante me he sostenido de este modo; tengo motivos para estar desanimado. Ninguno de vosotros sabe lo que es estar catorce años viviendo de esperanzas.

—Y ¿qué tal es la novia?

—¡Pscht! Es viuda.

—¿Cuántos años?

—Unos treinta.

—¿Bonita?

—Regular.

—Hum... hum... —dijo uno—. Arturo Redondo, de treinta y tres años, escultor con medalla de segunda clase, Tenorio en sus ratos de ocio, pretende a una viuda de treinta años que no es bonita... hum... hum... sospechemos.

—¿Qué? Que me caso por interés. ¡Vaya una cosa! No hago más que seguir vuestro ejemplo. ¿Os parece que a mí no me seduce la idea de tener el porvenir asegurado, de llevar una vida metódica y arreglada, y de poder fumar un buen habano después de comer?

Mi futura esposa no es guapa, y afortunadamente el talento que posee brilla por su ausencia, pero tiene mucho dinero.

—¡Mucho! —dijeron los tres amigos con envidia dirigiéndose a Redondo.

—Montes enteros —contestó éste— en la provincia de Teruel, que producen poco, es verdad, tres casitas de cinco pisos en Chamberí y cerca de un millón de reales en el Banco de España, además una casa de campo en un pueblecillo de Guipúzcoa y...

—¡Ah, bandido! —dijo uno de los amigos mordiéndose los labios.

—¡Sibarita!

—¡Traidor!

—¿Qué le vamos a hacer? —replicó Redondo—; cuando pasa la juvetud, el hombre se hace egoísta o interesado.

—Pero nosotros somos jóvenes. ¡A nuestra edad, hombre!... ¡Yo tengo treinta y dos años!

—Yo tengo uno más.

—Yo veintinueve.

—¿Y qué? Cuando a un día de junio se le llame por todos primaveral, entonces os diré yo a vosotros que sois jóvenes; mientras tanto vuestra juventud es como la primavera de un día ardoroso de junio, una juventud de Almanaque.

Los tres amigos siguieron fumando, después se levantaron, y Redondo quedó solo en el taller.

—Ahora —murmuró— podía recitar yo aquellos versos lúgubres de Espronceda:

"¡Ay! para siempre, dijo, la esfunia,
Pasó ya la hermosa juventud."

Pero no quiero entristecerme con tonterías, pensaré en mis posesiones de Teruel. Encendió la lámpara de su estudio y continuó lanzando espirales de humo por la boca.

(*La Justicia*, núm. 2.245, del 2-IV-1894).

DIA DE NIEBLA [1]

La mañana y parte de la tarde se habían pasado lloviendo; declinaba el día; las nubes grises que cerraban el cielo encontrábanse muy bajas, y leves neblinas empañaban el aire. Un paisaje envuelto en la niebla tiene algunas semejanzas con un alma sumida en la tristeza; ese fino cendal de [2] ligera bruma que parece envolver y acariciarlo todo, ofrece, para algunos, encantos y atractivos

---

(1) Este ensayo volvió a salir en *El Nervión*, de Bilbao, número 2.488, del 27-I-1898.

(2) *con* ligera bruma...

mayores que los de un día esplendoroso de sol; la felicidad busca el astro vivificador que hace sonreír la tierra; el dolor, la oscuridad; la melancolía, mezcla de felicidad y de dolor, busca la penumbra, mezcla de día y de noche.

Era día de niebla; relucía el suelo, empapado de agua con amortiguado brillo y relucían los charcos que semejaban trozos de espejo derramados por alguna hada en el solitario camino. A la izquierda de éste, veíase la falda de una montaña cubierta de yerba de tono verde oscuro, que exhalaba un olor fresco y saludable; a la derecha, un peñascal compuesto por rocas negras y lustrosas, terminado bruscamente por hallarse roto el terreno, formando un acantilado unido a otros de la costa cantábrica para constituir un murallón enorme, siempre batido por el empuje vigoroso del océano.

La brisa húmeda y cargada de olores de mar salía de éste como lento y prolongado suspiro de un monstruo que duerme, y las olas estallaban en las peñas con gran estruendo, y al retirarse, producían un sordo murmullo que parecía elevarse hasta el cielo.

El Cantábrico jugueteaba; y, sin embargo, al dejar caer la mirada, desde el terraplén, el espíritu parecía caer con ella y se sentía turbado, por el horror primero, por la admiración después. Si la tierra fuera la cabeza de un Dios, el mar debía ser su cerebro; esas olas que avanzan[3] cautelosas, obscuras, redondas, pérfidas, que se agitan

---

(3) que *avanzaban* ..

luego y parecen erizarse de llamas, que van ja-
deantes, que se retuercen, que parecen fatigarse,
que se detienen para tomar alientos, y vuelan [4]
después frenéticas a estrellarse contra las rocas,
a formar nubes y blancos surtidores; esos círculos
de espuma que giran con rapidez vertiginosa, que
cambian de color y se hacen amarillentos, rojos y
aun luminosos, serán sólo montones de átomos
movidos por el viento, y refracciones del cloruro
de sodio disuelto en el mar, pero parecen [5] el
ir y venir de las pasiones y la florescencia de las
ideas en el cerebro de un ser grande.

Sentado en una roca y agarrado a otra con
fuerza, contemplaba las evoluciones del monstruo.

La niebla se ennegrecía y el mar tomaba una
brillantez fosforecente. Me pareció que abajo, muy
abajo, entre aquellos remolinos turbios, veía una
barca con la quilla al descubierto; las olas la lanzaban como un ariete contra las peñas, y al chocar crujía como si se quejara dulcemente.

De pronto rasgó el aire un grito; quizá fuera
de un ave marina, pero se me representó como
salido de una garganta humana; aquella nota de
dolor [6] se perdió como un átomo de tristeza en
la tristeza inmensa de la noche. El mar tomó un
color de tinta; el viento murmuró con más fuerza, las olas siguieron mugiendo y mugiendo. Yo
me retiré de aquel sitio.

... ...

_____

(4) y *vuelven* después...
(5) pero *parece* el ir y venir...
(6) aquella nota de *color*...
Estas son las variantes en el segundo texto, con relación al primero de *La Justicia.*

Cuando por las noches, en la casa solitaria del pueblo, en donde se desliza mi existencia, oigo el crujido de las ramas secas de los árboles y las desvencijadas puertas se estremecen y rechinan como modulando sardónica carcajada, recuerdos de lejanas épocas se agolpan en mi mente; no son de esos que regocijan el corazón y hacen aparecer a los labios alegre sonrisa, sino de aquellas que contristan el ánimo; pero entre todos, se destaca aquel día de niebla; y aquella nota aguda de dolor vibra en mis oídos, y la veo perderse como un átomo de tristeza en la tristeza inmensa de la noche

(*La Justicia*, núm. 2.278, del 5-V-1894)

SIEMPRE SOLO

Era una tarde de verano; el sol brillante arrojaba sus dardos de fuego sobre la tierra caldeada y seca; resplandecían las mieses en la llanura con reflejos áureos, como gotas de sangre; brillaban en los sembrados las rojas amapolas; zumbaba sordamente en los oídos el aire ardoroso y saturado de densos vapores. El campo se hallaba desierto; resquebrajábase el suelo por el calor que descendía de lo alto; la naturaleza y el hombre dormían en fatigoso sueño.

A veces, el viento del sur lanzaba su fuerte hálito, como bocanada que sale de un horno; veíase el polvo flotando en el aire, retorcerse en oscuras volutas y en frenéticos torbellinos, y al depositarse en las verdes viñas, darles un tono ceniciento...

Dominado por la fiebre, miraba desde mi ventana el paisaje.

Estaba triste, y sin embargo, el sapo negro no había comenzado su canto.

Cuando mis ojos se fijaron en el cielo, su azul se enrojeció; las peñas reemplazaron a las mieses y a los viñedos; aquí y allá se levantaron plantas extrañas de aspecto escrofuloso; hierbecillas quemadas por el viento del mediodía, que inclinaban al suelo tristemente su amarilla cabeza; el monte, negro, formado por un montón confuso de rocas áridas, se destacaba, recortado bruscamente, en un cielo sanguinolento. De la cresta de las montañas, de los sembrados del valle, del interior de las cavernas, no escapaba el más ligero murmullo; el silencio, el silencio imperaba por todas partes... mas nada reposaba bajo el cielo escarlata, fundido por los rayos del ojo inyectado del sol.

Y yo estaba triste, y sin embargo, el sapo negro no había comenzado su canto.

La negrura del monte se comunicó a la llanura, pero no al cielo que permanecía rojo. La tierra, enlutada, se agitaba convulsivamente; yo también me estremecí... La tierra no estaba desierta; en la oscuridad había una sombra, y la sombra era más negra que la oscuridad, y la sombra era de un hombre; y él me miraba y sonreía; yo deseaba ocultarme para que no me viese; él se esforzaba en esconderse tras de una gigantesca planta; los dos hacíamos esfuerzos para sonreír los dos nos contemplábamos sonrientes, y los dos temblábamos de terror...

Y sin embargo el sapo negro no había comenzado su canto.

Densas humaredas nacidas en la tierra ennegrecieron el horioznte... El ébano sustituyó al carmina, lo agujerearon las estrellas, pero también reposaban éstas; allá en sus etéreas regiones se estremecían y palpitaban silenciosas. Sus fulgores palidecieron y por fin se ocultaron las estrellas.

Yo estaba triste y sin embargo el sapo negro no había comenzado su canto.

Sobrecogido por el silencio absurdo que dominaba, grité; pero mi voz se extinguió, sin que yo mismo la oyera.

Una nota triste y dulce rasgó el callado silencio.

El sapo negro había comenzado su canto. Los árboles murmuraron al ser movidos por el viento, la espiga crujió en el quebrado tallo, confuso rumor salió de la tierra; la soledad se perdía en los lejanos bosques...

—¡Oh! —grité delirante— ¿Viviré siempre en esta horrible tristeza? ¿No habrá nunca un corazón que palpite junto al mío?

Y el sapo negro murmuraba: siempre solo, siempre solo.

Paso la existencia en esta tumba abandonada entre las hierbas, sin esperanzas, sin ilusiones, sin dulces engaños; con el alma agostada por una apatía pesimista. ¿Qué será de mí?

Y el sapo negro murmuraba: siempre solo, siempre solo.

Entonces, dirigiéndome a aquel cantor de la noche, exclamé: ¡Pobre; tú también vives en la soledad: en el fondo de tu agujero no tienes quien te acompañe, más que los latidos de tu corazón!

Y el sapo negro murmuraba: siempre solo, siempre solo.

¡Arboles que suspiráis en la noche, acompañadme con vuestros suspiros! ¡No os alejéis, murmullos del viento! ¡Resuene la lluvia en las hojas secas del camino!... ¡Y tú, luna, rompe el negro manto de ébano que te cubre, y acaricia mis ojos, mis pobres ojos turbios por la tristeza, con tu mirada argentada y casta!

Los árboles y la luna y la lluvia y el viento permanecían sordos, *y el sapo negro murmuraba: siempre solo, siempre solo.*

... ...

Yo no creo ni dejo de creer en los sueños, sólo sé que en las horas de melancolía, mi imaginación me conduce constantemente a regiones fantásticas, en donde reinan la sombra, la desolación y la muerte.

(*La Justicia*, núm. 2.230, del domingo 8 de julio de 1894).

TRISTEZAS

La casa estaba oculta entre viejas encinas, robles corpulentos y hayas de brazos monstruosos y blanca corteza. Parecía mirar de soslayo hacia el camino y esconder su cuerpo para guardarse de las borrascas, quizás para ocultar su miseria. Sus paredes, ennegrecidas por el viento y la humedad y agrietadas por los años, habían dejado caer muchas de las piedras que la formaban, y cada hueco parecía una úlcera y cada úlcera de éstas era bastante para dejar huir la felicidad, si es que la felicidad se albergó alguna vez en aquella casa.

Vivía allí dentro una familia rica en desgracias; más que rica, opulenta; el buen Dios no hacía más que derramar infortunios sobre ella: los padres viejos y sin fuerzas, el hijo mayor muerto tísico, el otro, llevado a la quinta, y lo más doloroso para los padres: Mari, la hija más querida, escapada de casa, paseando su deshonra en las calles de la capital.

Y siempre trabajando, y siempre en lucha con aquella maldita tierra estéril como una cortesana, que les robaba la poca energía de sus atrofiados músculos, sin darles ni lo suficiente para pagar la renta al amo.

¡Cuántas veces aquel hombre, mientras rompía los duros terrenos con su laya, se preguntaba si tras del azul del cielo habría un ser todo justicia y todo bondad! Educado por el dolor, palpando siempre miserias, parecía más viejo de lo que era; tenía un alma decrépita en un cuerpo envejecido. Sus tristezas, él las comparaba con el alimento de los bueyes; como éste vuelve a la boca, aquéllas volvían a su cerebro, que rumiaba siempre el abundante pasto de sus amarguras.

Un día le dijeron que su hija María había vuelto al pueblo; fue a buscarla armado de una severidad aparente, que desapareció al ver a la muchacha escuálida, con las mejillas huesosas, coloreadas por la fiebre, esforzándose en ocultar su embarazo ya muy adelantado. El padre perdonó todo; la llevó al caserío y siguió trabajando en el campo, con una irregularidad neurótica, rabiosa, esforzándose en agotar por el cansancio las ideas amargas que le sugería su mente.

María no hablaba, nada decía; sentada junto al fuego, miraba la llama con tristeza, apoyadas sus dos manos sobre su abultado vientre; comprendía que había sido arrollada por una fuerza superior a ella, por una sociedad que se había gozado en triturarla en sus engranajes; y mientras pensaba esto, tosía y arrojaba esputos sangrientos con dolorosas ansias.

Llegó por fin el momento del parto, precedido de dolores agudos. El padre se dirigió al pueblo en busca del médico. El pueblo estaba lejos.

El sendero que tomó era largo y tortuoso; se dividía en unos sitios, en otros era más pequeño; terminaba a veces en prados cubiertos de alta hierba, y subía y bajaba al cruzar una serie de colinas que, como enormes olas, se presentaban bajo un monte, y que quizás lo fueron cuando la tierra más viva era una masa ígnea desprendida

del sol; bordeaban el camino las heredades de los
caseríos, tendidas como alfombras en las vertien-
tes de los montes, y en ellas se veían trabajar las
mujeres escardando la tierra; en la lejanía brillaban las sayas rojas de las aldeanas, destacándose
como manchas de color en el fondo verde del campo. De vez en cuando rompía el silencio de la
tarde alguna canción del país, con modulaciones
siempre iguales; notas melancólicas salidas de un
alma saturada de amargura.

El sol era pálido, un sol convaleciente que se
envolvía en nubes de oro, dejando un brillante
resplandor sobre la penumbra, que iba dominando
la tierra, resplandor que aumentaba la tristeza
majestuosa del paisaje.

Cuando el padre volvió a su casa Mari había
dado a luz un chiquillo enclenque, el hijo del vicio
engendrado en algún chabisque de la capital; la
muchacha era débil y no se restableció; pasó días
enteros en el mismo estado; la fiebre minaba poco a poco su organismo y daba a la enferma una
apariencia de bienestar; fue languideciendo así
durante algún tiempo, y una tarde, al anochecer,
después de un ataque de tos, comenzó a echar
sangre y más sangre, de un colorcillo de carmín
y llena de espuma; le acometió un síncope y murió. La cara del cadáver tomó un color de már-
mol, y la frente adquirió una severidad austera;
aquel rostro inmóvil parecía que estaba descifran-
do el enigma de la muerte.

La madre lloró durante largo tiempo, abrazada
al cuerpo de su hija, y el padre, acometido por
honda tristeza, salió al campo. Le parecía que la

tierra era un inmenso sepulcro y que no volvería jamás a ser reanimada por el sol. El viento mugía a lo lejos, se acercaba haciendo crujir los árboles, para perderse después en lo hondo del valle, como la ola del mar amenazadora y erizada de espumas en la arenosa playa. A veces un soplo menos vigoroso suspiraba de rama en rama, y sus suspiros se alejaban y se perdían en el fondo de los bosques.

Para aquel hombre, la vida en aquel momento era la carga más espantosa, el ensueño más horrible. De la unión de su tristeza con la tristeza majestuosa de la caída de la tarde, escapaba de su espíritu, como esas nieblas tenues que exhalan los ríos, una más triste aspiración que, creciendo y creciendo, se convertía en nostalgia de aniquilamiento. Comprendía intuitivamente que nada muere, que todo se transforma, y él quería morir, pero morir para siempre, desaparecer, descomponerse en millares de átomos, perderse en el mar de la materia eterna e infinita, como se pierde un rayo de luz en las inmensidades eternas del espacio.

(*La Justicia,* núm. 2.589, del 27 de marzo de 1895).

LA OPERACION

Solo, junto al fuego, el médico leía y pensaba, viejo, triste, sin familia, se esforzaba por desterrar los recuerdos que llegaban en tropel a su mente, recuerdos amargos, porque representaban dulzuras pasadas, alegrías de la juventud, arrullos de la infancia.

Peripecias de una vida sin objeto embebecidas por la memoria —se decía el viejo a sí mismo— que no tienen de bueno más que la nada final, la descomposición última, la tranquilidad completa del no ser, la fusión del espíritu en el todo y la evolución de la materia que, transformándose siempre, hace de los jugos podridos del cadáver una hierba derecha, verde y dura, entre las que se destacan florecillas blancas, quizá alimentadas con el pus corrompido de una úlcera.

Seguía el viejo en sus meditaciones, cuando se abrió la puerta de su cuarto y entró un casero con el vestido mojado, lleno de lodo. Su mujer estaba de parto —dijo—, pero mal, muy mal la asistía una comadre, y ésta les había dicho que fueran en busca del médico; había hablado al del pueblo, pero éste no quería ir, porque el caserío no estaba en su jurisdicción, y por eso le pedían a él que fuera a cualquier precio.

—A pie —advirtió el médico— no llegaría nunca.

—Yo iré a casa del herrador —replicó el casero— y vendré en seguida con un caballo.

—Bueno. Vete. Yo me prepararé. ¡Y el compañero sin querer ir! ¡Ja, ja, ja!, ¡qué religión más cómoda es la católica! —murmuraba mientras iba vistiéndose—; me hace gracia, mucha gracia. ¡Claro!, es día de Navidad, hay que celebrar el nacimiento del que dijo: Bienaventurados los ricos... no, creo que dijo los pobres, pero desde

entonces acá han variado las cosas... ¡Ja, ja, ja!...
El domingo, cuando vaya a la iglesia mi compañero, se dará tres golpes de pecho más y... per-
donado... ¡Ya voy... ya voy! —gritó al labrador
que daba aldabonazos en la puerta, y envolviéndose el cuello en una larga bufanda, bajó al portal y montó a caballo.

Era ya el anochecer de un día triste y oscuro.
Las nubes bajas se disolvían en una lluvia me-
nuda que dejaba lágrimas cristalinas en las ramas negras y descarnadas de los árboles. Las casas de la aldea con las paredes ennegrecidas por
la humedad, parecían agrandarse en la nieve; los
charcos brillaban en el lodazal blanquecino que
llenaba la carretera y silbaba y gemía el viento
con triste son. Cuando las ráfagas más impetuo-
sas barrían el agua de la atmósfera veíase, como
al descorrerse un telón, las casas agrupadas del
pueblo, por cuyas chimeneas escapaban con lentitud columnas de humo para esfumarse pronto
en el ambiente que lo envolvía todo, columnas de
humo desprendidas de hogares ante los cuales estaban reunidas las familias para olvidar en un
día las miserias de toda una existencia oscura,
las tristezas de una vida inepta y vulgar.

En hora y media de marcha el médico llegó al
caserío, escuchó las explicaciones de la comadre,
una viejecita cuya nariz se tocaba con la barba,
e hizo sus preparativos en la cocina. Después subió al primer piso, que servía de granero, y se
detuvo un momento emocionado. De un cuartito
cuya puerta daba al granero, escapaban lamentos
desesperados, roncos y un ¡ay ene! regular, que

variaba de intensidad, pero que se repetía siempre. El viejo, venciendo su emoción, entró en el cuarto; en la alcoba estrecha, recientemente blanqueada, estaba la mujer con la cara lívida, sin fuerzas más que para gemir, abrazada a su madre, que se anegaba en lágrimas... Entraba libremente el viento en el cuarto por los intersticios de la ventana, y en el silencio de la noche resonaban los mugidos de los bueyes.

El médico hizo su reconocimiento, mandó traer agua caliente y dio las órdenes a las mujeres que le acompañaban, indicándoles lo que tenían que hacer. Se colocó a la mujer en la cama. La madre huyó aterrorizada. Relucieron después las dos hojas brillantes de un instrumento... luego hubo ayes... gritos de dolor... protestas de rabia, rechinamientos de dientes... una pausa... después un alarido espantoso, desgarrador...

Había terminado el martirio; pero la mujer era madre, y olvidando sus dolores preguntó tristemente: ¿Muerto? ¡No!, no; aquella cosa de carne vivía, respiraba. Poco después resonaba un chillido agudo, seguido de un llanto. Y al oírlo ella, así como antes envolvía todos sus dolores en una sola frase, con el mismo ¡ay, ene!, pronunciado con voz preñada de lágrimas, de alegría resumió todas sus felicidades.

(La Justicia, del 28 diciembre 1895)

EL ENFERMO

Encerrado en un cuarto de aquel vasto palacio dejaba el conde transcurrir sus días, días tristes, seguidos de noches más tristes aún. Como la fiera herida de muerte se refugia en su cueva, se aislaba él, desdeñando la compañía fingida de los que se llamaban sus amigos. Solo, siempre solo, reconcentrado en sí mismo, rumiaba en silencio el amargo pasto de sus ideas, encontrando un extraño placer, una voluptuosidad malsana en torturar su espíritu con sus pensamientos. La fiebre enrojecía sus mejillas. Los ojos brillaban en el interior de las órbitas hundidas, la tos agitaba su pecho convulsivamente, los sudores debilitaban su enflaquecido cuerpo y la inteligencia exaltada maldecía con todas sus fuerzas la naturaleza injusta en su ceguedad, madrastra cruel de los desgraciados.

Así él pagaba la culpa de su padre; aristócrata vicioso que había labrado antes de su muerte la desgracia de su mujer y la de su hijo, al engendrarle a éste débil y enclenque, al transmitirle su sangre viciada, escasa en glóbulos rojos y rica en podredumbres orgánicas. Todo el dinero de la noble familia no servía de nada; la madre había llevado a su hijo a que lo reconocieran los médicos más eminentes y ninguno había dado sombra de esperanza.

El conde no salía de su casa, habiendo heredado los instintos orgullosos de su padre, no quería mostrar al público su decadencia. Hundido en un sillón; junto a la ventana, pasaba sus horas acompañado siempre de su madre; a veces ésta se quedaba mirando detenidamente a su hijo, estudiando en su rostro los progresos de la enfermedad.

—¿Por qué me miras así? —decía él—. ¿Estoy peor? —y ella respondía: es que te encuentro más animado esta mañana.

El enfermo volvía la cabeza con desconfianza y se ponía a mirar por los cristales de la ventana.

—¿Por qué no quieres —decía la madre— ir al otro lado de la casa? Podrías ver de los balcones la gente que transita por la calle.

—Aquí me entretengo más —contestaba el enfermo; y era verdad. Le atraía sin saber por qué aquel inmenso solar limitado en el frente por una pared derruida y en los lados por tapias de madera que con la humedad se habían ido carcomiendo.

Sentía al contemplar aquella plazoleta cuadrada llena de escombros, de vigas, de montones de cascotes y de piedras, una tristeza punzante, una melancolía inexplicable.

En un rincón, una trapera había formado un cobertizo, con los materiales desparramados en el suelo; al principio no se había atrevido más que a esconderse allí de noche, para salir a la madrugada a su trabajo; luego poco a poco perdió el miedo, puso cuerdas de un lado a otro para secar sus harapos y prolongó su tejavana.

En el enfermo, las maniobras de la vieja despertaban un interés extraordinario. ¿Cómo vivirá? ¿Qué idea tendrá del mundo?, se preguntaba. Un día notó que entraba en el solar con una chiquilla rubia y las dos se dirigían hacia la tejavana; después, durante varios días seguidos, vio a la trapera y a la chica en el solar, y el conde se devanó la cabeza para adivinar qué parentesco había entre las dos.

La muchacha ayudaba a la vieja; era alta, desgarbada, tenía el rostro lleno de pecas y el cuerpo cubierto de harapos, pero andrajosa y desgreñada, irradiaba juventud y frescura. Se encontraba en ese período transitorio en que la niña se convierte en mujer, momento misterioso que transforma el cuerpo y proyecta ideas desconocidas en el alma.

Una tarde el enfermo descubrió que la muchacha tenía un novio, un granujilla que la solía acompañar, y este descubrimiento le molestó grandemente.

Aquella tarde era de verano; la Corte dormía aletargada, bajo los rayos de un sol de fuego; la calle permanecía en silencio; en el solar, grupos de mariposas revoloteaban paseando por el éter sus amores aéreos; entre los escombros brotaban plantas, cuya florecillas amarillentas doblaban su cabeza por el calor del día. El aire parecía vibrar con un murmullo sordo en los oídos, el cielo era azul, de un azul profundo.

El enfermo miraba desde su ventana y los vio a los dos, a la chica y al novio, sentados juntos, sin temor a insolaciones; él le hablaba con energía, ella no contestaba, mirando al suelo. Tras de un largo rato se levantaron ambos y fueron acercándose junto a la barraca, y antes de entrar, él se inclinó y la besó en el cuello repetidas veces.

—Ellos son felices en su miseria —murmuró el enfermo con amargura—; yo, nadando en riquezas, soy desgraciado. Tan iguales somos todos los hombres ante la enfermedad, la tristeza y la muerte.

(*La Justicia,* núm. 2.905, del 25-III-1896).

LOS ARTICULOS DE "EL IDEAL"

EN DEFENSA DEL ARTE

Es una mujer hermosa y de correctas formas, la salud, la fuerza y la belleza se reunieron para engendrarla, para modelar aquella estatua de carne blanca de dorado tono, y la adornaron con cabellos de un negro azulado; a su fresca boca con labios rojos y sensuales.

Se ha levantado de su lecho; mientras se viste, el espejo de la alcoba, como queriendo apoderarse de la belleza que ante sí tiene, la refleja, pero no se apodera de ella; amortigua el azogue frío e inexpresivo la brillantez de aquella piel; su tono claro y suave se oscurece, y trastorna la armonía que por selección de líneas y colores estableció la madre naturaleza en la formación de aquel cuerpo.

Aquella mujer es un modelo. Se ha vestido, se ha echado a la calle, ha andado por algún tiempo entre callejuelas, ha penetrado en el angosto portal de una casa, ha subido a su último piso, y en él se ha detenido para penetrar en un guardillón, iluminado por la luz que vierte una ancha claraboya. Allá, en un rincón, y colocado en un sucio caballete, se divisa a primera vista, entre manchas de color, una silueta blanca; pero acercaos más... es la misma, la misma modelo, pero transfigurada.

Los que no tengáis fe en el arte, medid en el original y en el cuadro la longitud de la nariz y de las cejas; quizá encontraréis que son idénticas, y sin embargo, con las mismas líneas, con las mismas proporciones, hay una desemejanza absoluta entre la mujer viva y la que se destaca en el cuadro; ¿por qué? Porque la una es la bestia de suaves y redondas formas, y la otra es la misma pero purificada en el crisol de una imaginación potente; transformada al tamizarse por el cerebro del artista que vibra y tiembla cuando engendra, como llora y grita la mujer en el momento del parto: ley de la naturaleza, que impone el dolor al ser que se reproduce.

No, no es que el arte suavice las asperezas de la realidad, porque la realidad no tiene asperezas; no es que armonice los tonos, porque están equilibrados en el natural; no es que le modifique a éste, porque éste es siempre selecto en el color y selecto en la forma. No es nada de eso.

Si se mira a un objeto con una lente coloreada, en él se observa su color además de su forma; esa lente es el espíritu del artista, la fotografía no lo podría reemplazar jamás; cuando se inventen máquinas que tengan el sentimiento de lo bello, podrá ser sustituido.

El día que se descubra la fotografía de colores, no producirá ésta cuadros ante los cuales palidezcan los de los grandes maestros, porque no habrá modelos que sepan los músculos de la cara e imprimir a sus miembros la actitud precisa de un momento pasional, porque no sabrán identificarse con un personaje histórico ni revestirse de su grandeza; porque los detalles superfluos, que sólo un artista sabe desdeñar, matarán al conjunto; porque los personajes accesorios se destacarán en primer término como los principales; porque la perspectiva fotográfica es falsa; porque la imagen retratada no tiene relieve ni ambiente; porque está muerta y apretada y prensada en el cliché.

Ved en los periódicos artísticos el grabado sacado de fotografía y el obtenido de un dibujo, y comparadlos; la diferencia salta pronto a la vista.

Si la fotografía de colores ha de matar a la pintura, el arte del dibujo, a claro y oscuro, hubiera desaparecido al aparecer el daguerrotipo; precisamente ha pasado todo lo contrario; porque progresa cada día más. Asegurar el triunfo de la fotografía sobre el dibujo es como predecir la victoria de la pantomima sobre la comedia, del gas del alumbrado sobre el sol, de la arquitectura de San Francisco el Grande sobre la catedral de Burgos.

El día del triunfo veremos fantasías hechas por un ilustre fotógrafo, con figuras flotantes, sobre cuyas cabezas se verán las cuerdas en que están colgadas.

No; la fotografía de colores no matará a la pintura, como la de claro y oscuro no ha hecho desaparecer al dibujo; y es que el genio que hace estremecer febrilmente la mano del artista, no se sustituye por el sulfato de hierro ni por la hidroquinona. Créalo A., éstos no producirán cuadros como *Las Hilanderas* o como *La Muerte de Lucrecia*.

(*El Ideal*, núm. 358, 27 de marzo de 1894).

NOTAS A LOS CUENTOS DE "LA JUSTICIA"
Y A LOS ARTICULOS DE "EL IDEAL"

La familia Baroja está entonces radicada en tierras levantinas. Primero en el mismo Valencia, y después en el pueblo de Burjasot. Allí termina Pío sus estudios de Medicina, antes de ir a doctorarse a Madrid, durante el curso universitario de 1893-1894. Aunque tenga menos oportunidades en Valencia que en Madrid para hacerlo, sigue con su afición a la lectura.

"En Madrid, el poco dinero que tuve cuando era estudiante de Medicina, lo dedicaba a comprar novelas en las librerías de viejo, y me leí casi toda la literatura romántica y gran parte de la realista... Desde Walter Scott a Dostoievski, creo que leí en un espacio de seis o siete años lo más importante del siglo XIX" (en *O. C.*, tomo VII, pp. 576 y ss.).

Conviene leer estas páginas de las *Memorias* de don Pío para situar el ambiente literario en que se movía el joven Baroja, así como sus aficiones literarias y sus tendencias filosóficas.

Se siente solo Pío, separado de sus amigos madrileños, del ambiente de la Corte; no se hace a la vida valenciana; es el único de la familia en no adaptarse. Por otra parte, el primer vómito de sangre que le dio a Darío le preocupa muchísimo, desde un principio. La enfermedad de su hermano duró año y medio.

"El hecho nos llenó a todos de preocupación, pero particularmente a mí que, con algunos conocimientos médicos, aunque no fueran muy grandes, me di cuenta cabal de que aquello debía de ser muy grave... Muchas veces me levantaba por la noche para ver qué

pasaba al enfermo. Mi pesimismo se hallaba en el más
alto grado. Todos nos vamos a morir así —pensaba
yo—, se nos contagiará la enfermedad uno tras otro."

Hasta confiesa en esas mismas *Memorias* que pensaba que "todo (le) iba a salir mal en la vida, quizá
lo mejor era acabar lo antes posible".

A ese pesimismo agudo, con el que se combinaban
sus lecturas de Schopenhauer, Baudelaire, Poe, Verlaine, su panteísmo cósmico, al que se mezclaba lo que
él llamó "su afición a la tendencia anarquista, partidario de la resistencia pasiva, recomendada por Tostoi,
y de la piedad, como lector de Schopenhauer, y como
inclinado al budismo, cuyos doctrinas (leyó) influido
por el filósofo alemán".

Sus lecturas se compaginaban perfectamente con la
situación (la enfermedad del hermano querido), con las
tendencias naturales y las dificultades encontradas por
Pío en sus estudios, tanto en Valencia como en Madrid. Todo ello le inclinaba a ese pesimismo agudo que
es la marca esencial de su íntimo ser, entonces.

La reacción fue también brutal y sana: se puso a
estudiar con furia, terminando su licencia y preparán-
dose para ir a estudiar el doctorado a Madrid.

Hubo un momento en que parecía restablecerse
Darío. De las vacaciones de Navidad del 93, volvió a
Madrid, Pío, más tranquilo; como unas seis semanas
después, le llaman con urgencia, por despacho telegráfico; su hermano se muere al día siguiente de su llegada a Valencia. Todo esto se repite aquí para recordar el ambiente en que se escribieron los artículos o
cuentos de *La Justicia.*

"La tuberculosis era una de esas enfermedades que
el pensar en ellas era para mí una obsesión de terror",
nos dice en la página 609 del tomo V de las *O. C.*

La enfermedad de su hermano le confirmó también
de seguro en la elección del tema de su tesis de doctorado, *El Dolor, estudio de psico-física,* cuyo texto va
al final del segundo tomo.

Naturalmente, también influyeron las lecturas hechas por él, en especial las de Schopenhauer y las de
médicos, filósofos y pensadores, leídos entonces y citados en ella. Añadamos que el tema del *Dolor* estaba
de moda.

Convenía enlazar aquellos momentos de la biografía personal, familiar y social de Pío Baroja, entre 1892 y 1894, con la tesis de doctorado presentada y con los textos que escribió por aquel entonces, para un diario madrileño, *La Justicia*, que tuvo nueve años de vida: *1888-1897*, bajo la dirección sucesiva de Alfredo Calderón, de Francos Rodríguez, de León Vega y de Antonio Zozaya. Baroja colaboró sobre todo en tiempos del segundo, cuando Salmerón se ocupaba menos del diario y más de la vida gubernamental. En dicho diario escribieron también, entre otros muchos, Narciso Oller, Rafael Altamira, Armando Palacio Valdés, Clarín, Pardo Bazán, Rafael María de Labra, Ricardo Palma, Emilio Zola, y también Miguel de Unamuno y Silverio Lanza.

Unamuno dio una serie de ocho artículos sobre *La Prensa. El cuarto Poder,* de bastante importancia y relieve en su período socialista (los artículos son del primer semestre de 1896), y pudieran ser suyos los firmados "Ausonio", a partir de 1894. El diario publicó en folletín, además de otras menos conocidas, las siguientes novelas: *Amaury* y *Los cuarenta y cinco,* de Alejandro Dumas; *La piel de zapa* y *Ursula Mirouet,* de Balzac; *La Condesa de Rudolstad,* de Jorge Sand; *La Hada de las migajas,* de Nodier; *Noventa y Tres,* de Víctor Hugo; *La Revolución Francesa,* de Erckman Chatrian; *Los dramas desconocidos, Sataniel, El Vizconde Béziers,* de Federico Soulié; *Martín el Expósito, Atar Gull, El Judío Errante,* de Eugenio Sue; *El Doctor Pascual,* de Emilio Zola, entre los franceses. De Dickens, *La Voz del campanario;* de Walter Scott, *Los Puritanos de Escocia* e *Ivanhoe;* de Wilkie Collins, *Marido y mujer* y *El vestido blanco;* de Bulwer Lytton, *Rienzi;* de Berthold Auerbach, *Benito Espinosa; Guillermo Tell,* de Schiller; y tan sólo noté una novela española, *Bullanga,* de José Zahonero.

El periódico termina con el número del 30 de junio de 1897, y sus redactores pasan a *La Vanguardia,* después de haber sacado 3.296 números. Era un diario republicano de la tarde, con ambiciones culturales, y en sus dieciocho últimos meses, con un *martes literario.*

El Ideal, el otro diario de sus colaboraciones primerizas, tuvo una vida aún más corta. Salió su primer número el 1 de abril de 1893 y terminó su vida, en la

Plaza del Celenque, el 30 de mayo de 1895, o sea, con veintisiete meses de existencia, después de fusionar el 2 de octubre de 1894 con *Nuevo Combate*.

La categoría del diario era muy inferior a la de *La Justicia*.

Tampoco tuvo los brillantes colaboradores de *La Justicia*. De manera intermitente vinieron las firmas de Joaquín Dicenta, Silverio Lanza y Blasco Ibáñez; pero la mayoría de los colaboradores firmaba con seudónimo: *El Duente, Tararí, Viriato, M. Pérez de la Manga,* etc...

Hay acaso algo de atrevimiento a atribuir así textos a Baroja, el cual confiesa en sus *Memorias, haber escrito en El Ideal sin firmar,* algunos de sus escritos. Con suma precaución, nos permitiremos suponer y proponer como posibles suyos los siguientes: *El Bachiller Sansón Carrasco* ("Psicología y sopa de arroz") y *El Bachiller Carrasco* (con 29 colaboraciones en 1895, a partir del 2 de enero hasta el 23 de abril, que son *Coplas del día*). Recordaremos que entonces estaba Baroja en Cestona, de médico.

Inocente Cantaclaro, con varias colaboraciones, más dudosas.

Inocente Amedias (con las *Cartas de un Provinciano,* en contestación a "El Preso", que son un total de Siete Cartas).

Más dudoso aún es el de *Cantaclaro,* sin más, que fue el seudónimo de Ubaldo Romero Quiñones, según las listas establecidas y conocidas.

No damos estos escritos, hasta hallar confirmación de las dudas. No obstante, mencionaremos el extraño silencio, en este primer semestre de 1895, de Pío Baroja, a no ser que salgan colaboraciones suyas en *La Voz de Guipúzcoa* (ya que el tomo que corresponde no aparece por ninguna parte), o si no en otro periódico local, también desaparecido de las hemerotecas provinciales y nacionales.

* * *

En sus veintiséis o veintisiete *Hojas Sueltas* de *La Justicia* está en cierne ya el Baroja de *Vidas Sombrías* y de las primeras novelas. Siete de ellas van a ser la primera elaboración de cuentos que luego integrarán dicha colección:

Danzas de átomos, de *La Vida de los átomos*.
¡En el Siglo XIX!, de *La Sima*.
El Bien Supremo, de *Parábola*.
La Muerte y la Sombra, de *El Amo de la Jaula*.
La Farsa del sepulturero, de *Las Coles del cementerio*
Día de niebla, de *Grito en el mar*.
La Operación, de *Noche de médico*.

Para estos siete "cuentos", un cotejo será necesario con las ulteriores versiones que saldrán en los sucesivos años, hasta 1900. A veces habrá tres y hasta cuatro elaboraciones, como aparece en mis artículos de *Cuadernos Hispano-Americanos*, el primero siendo el del número especial dedicado a "Pío Baroja, en su centenario".

Las diecinueve aportaciones restantes (más una vigésima casi seguramente suya, *La Secularización*), plantean muy a menudo problemas esenciales de la ideología barojiana, sobre todo para un médico novel, aún estudiante, preocupado por la enfermedad de su hermano, la muerte, la tuberculosis, el matrimonio, el amor y las responsabilidades que éstos entrañan. Evoca sus viajes a Madrid y su aversión naciente al Mediterráneo. Otras están en relación directa con los problemas de un hombre de ciencia o aficionado a las ciencias y al progreso. Problemas científicos, problemas filosóficos, problemas rayando en la política, cuando no se lanza el joven escritor a la descripción lírica, neo-romántica e impresionista.

Algunos de ellos son verdaderos cuentos, como *¡En el siglo XIX; Los Inflexibles; La Gran Juerga; Tristezas*. Otro está en la tradición lazarillesca; otro se explaya por las tierras de Poe y Baudelaire, también evocados en *La Perversidad*.

El arte de un principiante en todos estos cuentos y artículos queda por estudiar. No pretendemos hacerlo aquí, de corrida y en unas notas aclaratorias.

Para mayor facilidad, hemos reunido todos los cuentos de *La Justicia* y artículos de *El Ideal*, sin tomar totalmente en cuenta la cronología.

TERCERA PARTE

BAROJA EN
"LA VOZ DE GUIPUZCOA"

CESTONA 9 DE SEPTIEMBRE [1]

Y cesó la lluvia y cesó el viento; en el pálido cielo comenzaron a destacarse vagamente los contornos caprichosos de los elevados montes de la comarca y la mañana apareció con sus ojos grises —como dice Shakespeare— y fue contemplando con cariño las pintorescas márgenes del Urola, detuvo su vista en sus numerosos puentes, en sus tortuosos recodos, en sus presas y saltos de agua, en sus alegres caseríos, en sus verdes manzanales, en sus reverendas montañas y sonrió al ver a Cestona asentada sobre una eminencia, ostentando coquetamente sus blancas casas y su sonrisa fue el primer rayo de sol del día, como el alegre sonido del silbo y del tamboril las primeras notas de la fiesta.

Y llegaban del interior y de la costa en grupos sueltos, de Iraeta y de Arrona, de Oiquina y Aizarnazabal, de Endoya e Ibañarrieta, de Zumaya y Azpeitia, y ¡sagrado azul! ¡qué azpeitianas y qué cestonesas!, altas y garridas como la copa de un pino.

¡Silencio!, no está bien que un fiel de fechos se entusiasme; además, repican las campanas a misa mayor; hay que ponerse el fondo del cofre y...

Todo fiel cristiano, etc., etc.

Comienza la procesión, yo la llamaría exposición de capas y copas concejalinas, porque hay concejales con capas que tienen más paño que el que desde la antigüedad se ha fabricado en Bur· gos y con copas que parecen casas de Nueva York por el número de pisos. Pero estamos ya en el templo y nada de bromas; no se armoniza bien el *calembour* con el *introito* ni el *rebus* con el *miserere*. Empieza la función, el organista de Azpeitia ejecuta correctamente la misa de Mercadent y los cantores se portan. En el intermedio se dicen amonestaciones para dos jóvenes que tienen la extraña idea de casarse, y el rebaño de fieles sale de la iglesia lleno de bélico entusiasmo a dar la primera batalla a los pollos y a los jamones y a otra clase de "pájaros" del mismo plumaje y después de vencido el enemigo y habiéndole hecho huir de sus últimas trincheras, la sed de gloria se transforma en otra clase de sed y el dios Baco se sonríe beatíficamente desde el Olimpo. Luego a la plaza nueva... nueva si no fuera del siglo XV, a ver cómo bailan los chicos de Azpeitia y después cómo juegan con el toro nuestros lidiadores y aumentan el número de laureles ganados allí en las Américas, no sabemos si en las de Madrid o en las descubiertas por Colón

¿Pero quién se ocupaba de ello, al contemplar las lidiadoras que en la plaza había? ¡Qué modo de manejar sus armas! ¡Qué valen las flechas del parto, ni el puñal del godo, ni los cañones de Napoleón frente a aquellas miradas cargadas de electricidad y de dinamita!

Crujían las corazas, estremecíanse los corazones, cuando no sangraban y se desgarraban por completo. De mí puedo decir que mi pericardio vibraba pero de lástima, de compasión, al contemplar tanto destrozo.

Y se hizo la noche que echó un velo sobre el campo de batalla, se dispersó todo el mundo y mientras los más valientes bailaban a la luz de las hogueras en el centro de la plaza, los demás partían en dirección de sus casas y las estrellas aparecieron a centenares, en el aire vibraron como notas temblorosas y vacilantes los acentos de zortzicos, saturados de alcohol y repetidos por las concavidades de la montaña.

Segundo día. Público lluvioso, toreros húmedos, día hidrópico, banderilleros duchos, quiero decir *duchas,* toros acuosos, el último muerto por infiltración de agua en los tejidos, destrozos cardiacos: cero. El fiel de fechos.

Tirteafuera
(*La voz de Guipúzcoa,* núm. 3420, del 11-IX-1894)

EL CARBONERO [2]

Se despertó Garraiz, y salió de su choza; tomó
el sendero que corría por el borde del precipicio y
llegó a la plataforma donde estaba preparando un
un horno de carbón.

Comenzaba el día; pálidos resplandores iban
surgiendo en el Oriente, y a su luz, se dibujaban
las crestas de las montañas en el cielo oscuro. Sobre los valles se extendía la niebla, densa y com-
pacta, como un sudario gris que se agitara con el
viento.

Garraiz comenzó su trabajo. Escogía los troncos más gruesos, e iba colocándolos circularmente,
dejando un vacío en el centro; después, ponía los
más delgados sobre aquéllos y así continuaba su
obra, silbando de vez en cuando una tonadilla monótona, sin sentir la soledad y el silencio que do-
minaban en el monte.

Mientras tanto, el sol ascendía y la niebla comenzaba a rasgarse; aquí se presentaba un caserío en medio de sus heredades, como ensimismado en su tristeza; allá, un campo de trigo, que
tenía sus olas como un pequeño mar; en las cumbres, montones de aliagas amarillas, nacidas entre rocas, y más abajo, grupos de árboles cuyo follaje formaba mancha oscura sostenida por los
negros troncos.

Un rayo de sol, atravesando la enramada, pe-
netró en la plataforma en donde trabajaba Ga-

rraiz. Entonces éste abandonó su faena y se puso a almorzar.

El lucero de la tarde, brillando en el crepúsculo, la luna asomando su pálida faz en el cielo estrellado, son cuadros hermosos, pero no tanto como el primer rayo del sol al filtrarse en el bosque.

Garraiz terminó su almuerzo y siguió trabajando. Fue cubriendo el cono formado de leña con helechos y barro, y cuando terminó su operación, bajó por el sendero a una hondonada en la cual se veía una borda de piedra, con una puerta tosca, y a ambos lados de ella, dos estrechas ventanas.

—Buenos días —dijo al entrar.

—Buenos días —contestaron de dentro.

Se sentó junto a una mesa, y esperó. Una mujer le acercó un plato, y vertió en él el contenido de una olla que tenía a la lumbre. El carbonero comenzó a comer, sin hablar nada, echando de vez en cuando pedazos de pan al perro que bullía entre sus piernas.

La mujer le contempló un momento, y le preguntó después:

—Garraiz, ¿sabes lo que decían ayer en el pueblo?

—No.

—Decían que tu novia Vicenta, que está en la ciudad, va a casarse.

Garraiz no replicó. Se levantó de la mesa, llenó una cazuela con brasas y volvió a su trabajo; arrojó el fuego por el agujero del vértice del horno, y cuando vio las espirales de humo negro que comenzaban a salir lentamente, se sentó en el suelo al borde mismo del precipicio.

Se entretenía en coger grandes piedras y dejarlas caer en el vacío, viéndolas saltar aquí, rodar allí, hasta parar en el fondo del derrumbadero. Cuando las llamas rompían la coraza de barro y de hierbas que la sujetaban, Garraiz tomaba su larga pala, e iba tapado los boquetes hechos por el fuego.

Los boyerizos, al otro lado del monte, estaban cargando sus carretas con los sacos de carbón. Se oía el chirriar de las ruedas, y el viento traía a veces algunas palabras, fragmento de sus conversaciones. Pero luego se oía un silbido más agudo que se repitió varias veces. Garraiz miró a todos los lados y vio en la roca más alta, en el punto en que estaba clavada una cruz de hierro, un leñador.

—Garraiz —le gritó éste—, ha venido tu hermano y ha dicho que te ha salido número bajo, que eres quinto.

Garraiz permaneció indiferente. Le chocaba mucho, sí, que él, abandonado, él a quien la patria no se había tomado el trabajo de educarle, el que no tenía más defensa que el vigor de su brazo, tuviera que ir a pelear por una nación extranjera para él, sin saber la causa que iba a defender, sin conocer si era justa o injusta, y sabía que sólo los pobres, los que no contaban con seis mil reales para redimirse, tenían que ir, y pensaba que los pobres no podían tener intereses en aquella tierra lejana, que iban todos como carneros que llevan al matadero, a morir para defender las herencias de los ricos.

Mientras tanto, la noche se acercaba; el sol descendía con lentitud, acompañado de nubes rojas, y el viento del sur comenzaba a balancear las copas de los árboles. Desde el punto en que estaba Garraiz veía un laberinto de montañas, como si fueran olas inmensas de un mar solidificado; unas, como próximas a estallar, redondeadas por una parte, y perpendiculares por la opuesta; otras, como cubiertas de espuma que se hubieran trocado en escorias o en esponjas petrificadas; algunas, redondas, verdes, oscuras, como las olas del interior del mar.

El chirriar de las carretas que llevaban carbón iba alejándose. Se oía el grito de los pastores, como carcajada sardónica, para llevar al aprisco las ovejas. Se entablaban diálogos entre las hojas y el viento; los hilos de agua corrían por entre las peñas, y su murmullo resonaba en el silencio del monte como las notas de un órgano en la nave solitaria de una iglesia.

Y mientras tanto, la noche avanzaba; las sombras iban llenando el valle. Densas humaredas se escapaban del horno, para ascender y ser pronto barridas por el viento.

Garraiz contemplaba el abismo que se extendía ante él, y parecía alargarse hasta el infinito, y meditaba...

(*La Voz de Guipúzcoa,* del 4-I-1896)

LA FARSA DE PACHI [3]

A la salida del pueblo y colocada a la izquierda de la carretera, se veía una casa antigua de dos pisos, de los cuales el segundo dejaba ver su maderamen ennegrecido por la humedad, y en el primero cuyos paredes se hallaban embadurnadas de un color azul rabioso, se destacaban majestuosamente varias letras negras que formaban este rótulo:

DESPACHO DE BINOS DE BLASIDO CHAPARTEGUI

El artista que lo escribió, no contento con las elegantes posturas en que a cada letra había puesto, quiso excederse, y sobre el ancho portal pintó un gallo de largas y levantadas plumas, apoyando sus patas sobre un corazón que destilaba gotas de pintura por hallarse herido por una traidora flecha, misterioso jeroglífico cuya significación no hemos podido averiguar.

El zaguán espacioso de la casa estaba lleno de barricas que dejaban un estrecho pasadizo; venía después la tienda con sus paredes adornadas con números de "La Lidia", y que, además de taberna, era chocolatería, estanco, fábrica de cerillas para la iglesia, y algunas cosas más; y en la parte posterior de la casa, había varias mesas bajo un emparrado, y allí se reunían los adoradores de Baco los domingos por la tarde a jugar a los bolos y a beber su botella de vino, no faltando aristócratas

que se dedicaban a la cerveza y al ron, ni parejas
que iban a mitigar sus ardores con la zarza.

Justa, la tabernera, hubiera hecho su negocio,
a no tener un marido perezoso, derrochador y gandul, que, además de tratarse con todos los espíritus
más o menos puros que ella despachaba, tenía una
virtud prolífica que ...¡ya! ¡ya!...

—Pero, Plácido —le decían los amigos—, ¿cómo te arreglas para tener tantos hijos?

—¿Qué sé yo? —replicaba él con indignación
de borracho.

Su mujer que era flaca y alta y cuya cara de
color bronceado ofrecía un claro testimonio de su
fuerza de voluntad, solfeaba con harta frecuencia, llevando el compás con su puño huesudo, en
las espaldas de su Plácido, que huía con la cola entre piernas y como alma que lleva el diablo. El
buen Lucifer, creyendo que hombre tan iluminado
debía de ser un buen combustible, se lo llevó definitivamente al infierno, y Pachi-zarra, el sepulturero, cavó para su amigo una magnífica y cómoda
fosa de tres pies de profundidad.

* * *

Pachi-zarra o *Pachi-infernu*, como le llamaban
otros, era un hombre que hubiera parecido alto,
a no ser tan grueso; era cuadrado visto por detrás, redondo por delante, y monstruosamente tripudo de perfil; su cara cuidadosamente afeitada
tenía un tono entre rojo y violáceo; sus ojos pequeños y alegres estaban circundados por rebordes carnosos; su nariz no era griega —hay que

confesarlo—, pero si no hubiera sido tan grande,
tan ancha, ni tan colorada, hubiese parecido hermosa. Su boca no tenía dientes, pero hasta sus
enemigos no podían menos de declarar que sus
labios se entreabrían con sonrisa suntuosa, y que
su boina ancha siempre escasquetada en la cabeza
y sujeta a ella por un barboquejo que desaparecía
en el pliegue de su doble papada, era de un gusto
exquisito.

Las malas lenguas —los eternos Zoilos —decían que Pachi había tenido una juventud borrascosa: quién adivinaba que sus manos, ayudadas
por un modesto trabuco, habían desvalijado a los
caminantes, allá por la Rioja; quién veía en él
un presidiario escapado; quién, de deducción en
deducción, averiguaba que el sepulturero había pedido su plaza para sacar las mantecas de los niños
muertos, pero todas estas suposiciones, tenemos
que considerar en honor de la verdad, no eran
ciertas.

Pachi, al volver a su pueblo, se encontró con
que en sus tierras, en unas heredades que tenía
junto al monte, habían hecho el cementerio. El
Ayuntamiento le quiso comprar las tierras, pero
Pachi no admitió las ofertas que le hicieron y propuso ceder sus heredades a condición de que le
nombraran guarda del cementerio, le dieran un
jornal y le dejasen hacer en un ángulo de las tapias del camposanto una "borda" para vivir en él.
Se aceptaron sus proposiciones, y Pachi fue, muy
contento, a vivir a su casita. Y ciertamente no debieron de sentir los muertos que Pachi se encar-
gara de cuidarlos, pues llenó el cementerio de

flores, y los rincones abrigados, de berzas y de alcachofas, que en aquella tierra recién removida eran extremadamente sabrosas.

A pesar de esos cuidados que se tomaba el sepulturero, la gente del pueblo le miraba como a un réprobo, porque algunos domingos se le olvidaba oír misa, y las madres, para asustar a los niños, les decían: "Si no callas, va a venir *Pachi-infernu,* y te llevará con él."

La aristocracia de la aldea: el alcalde, el vicario, el farmacéutica. el juez, decían desdeñosamente: "¡Un farsante!" Y el secretario del Ayuntamiento que "quiere hacer pasar como ciencia su necedad entre la gente indocta".

Pachi y el médico simpatizaban. Cuando éste último iba a practicar alguna autopsia, el enterrador era su ayudante, y si algún curioso se le acercaba y hacía demostraciones de horror o de repugnancia, Pachi guiñaba el ojo, mirando al médico como diciéndole: "Esta gente se asusta, pero nosotros, no... porque estamos en el secreto. je, je, je...

Pachi se preocupaba poco de lo que decían de él; le bastaba con ser el oráculo de la taberna de Justa; su auditorio lo formaban: el peón caminero, el único liberal de la aldea, el juez suplente —que cuando no suplía a nadie, fabricaba alpargatas—; don Ramón, el antiguo maestro de escuela, que se llevaba la cena y una botella de vino a la taberna; el tamborilero y algunos más de menos importancia. La palabra de Pachi les atraía.

Cuando después de haber hablado éste de los fuegos fatuos decía: "a nadie le puede asustar eso, es *cosa léctrica"*, todos los oyentes se miraban unos a otros para ver si sus compañeros habían vislumbrado la profundidad de aquella frase.

Pachi tenía frases; no todos los grandes hombres las tienen; y pronunciaba aforismo dignos de Hipócrates.

Su filosofía hallábase encerrada en estas palabras: *"los hombres son como las hierbas: nacen porque sí; hay plantas de flor encarnada y otras de flor amarilla, como hay hombres buenos y hombres malos, pero el que ha de ser borracho lo es".*

Mojaba los labios en el agua, y como asustado por su fortaleza, se bebía un gran trago de aguardiente, porque el sepulturero mandaba poner en una copita pequeña el agua, y en un vaso grande, el aguardiente... pura broma.

Después, encendía su pipa, y mientras calentaba con el humo su nariz enrojecida, hablaba, y sus palabras se acompañaban por un coro de exclamaciones y carcajadas.

* * *

Murió la tabernera, dejando seis chiquillos en la calle.

—Hay que hacer algo por esos niños —dijo el alcalde, que, para que no se le notara el acento vascongado, hablaba casi en andaluz.

—Por esos niños hay que hacer algo —murmuró el vicario, con voz suavísima, elevando los ojos al cielo.

—Algo hay que hacer por esos niños —dijo resueltamente el farmacéutico.

—La caridad nos exige socorrer a esos niños —añadió el secretario del Ayuntamiento.

Y pasaron los días y pasaron las semanas; los chiquillos corrían descalzos por la carretera pidiendo limosna. Una mañana, el enterrador vino con su carrito, subió a él a los tres chiquitines y se los llevó a su casita del cementerio.

—¡Farsante! —dijo el alcalde. El vicario elevó púdicamente los ojos al cielo, como para defenderse de la miseria terrestre—. No tardará mucho tiempo en abandonarlos, pronosticó el secretario.

Pachi no los ha abandonado. ¡Ah, farceur! Y como ahora tiene muchas bocas que mantener, ha dejado su aguardiente, pero está llenando de hortalizas el camposanto de modo lamentable.

Por eso hay tantas coles en el cementerio de mi pueblo. Otro día te explicaré, si no te aburres, por qué, fuera del camposanto, hay tantas calabazas.

(*La Voz de Guipúzcoa*, del 18-I-1896)

IDEALES [4]

EL REACCIONARIO

Pasan los días, pasan los años, y el mundo sigue desalentado y loco hacia el abismo. El espíritu liberal se extiende como la mala hierba; ha llegado hasta el fondo de las más apartadas aldeas; amenaza ahogar la sociedad con sus furiosas embestidas. Nada está seguro, todo se critica, todo se discute; la Iglesia se ve desdeñada por las naciones que pugnan por emanciparse de su amoroso yugo. El papa sigue prisionero en su cárcel de Roma.

(*Elevando los ojos al cielo*): "¡Oh! ¡Montes de Navarra, Guipúzcoa y Cataluña, valles de Andalucía y Valencia! ¿Por qué no os erizáis de bayonetas como en mejores tiempos? ¿Por qué no destrozáis en vuestros potentes brazos el horrible monstruo del liberalismo?

Con la cruz en una mano y con el puñal en la otra, arrojémonos sin compasión sobre la raza maldita de los liberales; la Iglesia celebrará con sus Salmos nuestras matanzas. El Dios del exterminio premiará en el cielo nuestro fervor por la Santa causa de la religión.

EL DEMAGOGO

Un año más, pasado en la inacción; un año más, gastando nuestras fuerzas en destruirnos los que sotenemos las mismas ideas. La odiosa reacción, imperando ocultamente en todo; la mano negra del jesuitismo trabajando en el silencio; los conventos, que a patadas y que como cosa sucia echaron del patrio suelo, renaciendo en el campo bien abonado de inmundicias de la Restauración. Los pueblos, caminando hacia atrás, en vez de ir con el progreso. Francia, centralizada, con un tirano en su capital; Alemania, que reúne sus pequeños estados para hacer de muchos pueblos libres un pueblo grande y esclavo; Rusia, que obedece a su amo como en tiempos de Pedro el Grande.

(*Apretando los puños*): "¡Sombra de Robespierre! ¡Sombra colosal de Dantón! ¡Estremeceos en el panteón de la historia! ¡Temblad de vergüenza al ver cómo secundamos vuestra obra! Y vosotros, héroes anónimos, soldados de la Gran República del 93, que sembrasteis la libertad por el mundo a vuestro paso, rompiendo el cetro de los tiranos, ¡vedla ahogada y maltrecha, sin que pueda producir sus hermosos frutos!

EL FILOSOFO

Adelante, adelante siempre. El mundo conducido por el hombre sube por la espiral de la civilización; en el principio, el ascenso fue penoso; todos eran obstáculos para su marcha; ahora asciende veloz como una bala y su rápida subida da vértigos al que mira para abajo e impaciencia al que pone su vista en las estrellas. Corramos, a prisa, más a prisa, dicen el sabio, el industrial, el poeta, y sus ansias son como espuelas que al clavarse en los ijares de la humanidad la hacen correr al galope por los espacios desconocidos.

Las religiones, no convencidas de que los dioses se van, se esfuerzan en demostrar que la inercia es la vida, que la oscuridad es la luz, que lo falso es lo verdadero; son cadáveres que cuando el egoísmo de los poderosos los galvaniza, gritan perpetuamente: ¡Anatema! Quieres pensar con libertad, ¡anatema! Dudas de mis afirmaciones, ¡anatema! Y ya que no pueden detener la ola de la civilización, la anatematizan.

Todas las religiones han tenido su objeto en la parte embrionaria del pensamiento humano. Todas han sido puras en su principio, la de Confucio como la de Moisés, la de Buda como la de Cristo. Todas han sido después adulteradas. Qué diría el hijo del Carpintero de Galilea al ver transformada su doctrina de fraternidad universal en baluarte de los reyes, de los ricos, de los poderosos, y en arma de combate contra los miserables, los vencidos y los abandonados.

¡Paz a los muertos! Los cadáveres de las religiones huelen ya a podrido, y hay que respetarlos.

Arriba está la luz, abajo la sombra. El ideal de ayer es hoy irrealidad. Ayer se pedía libertad; hoy se pide educación, enseñanza para los hijos, bienestar, retiro para los inválidos del trabajo. El problema es difícil y la solución se hará esperar.

* * *

El Reaccionario.—El remedio es éste: que no suba el globo humano; que vuelva a desandar lo andado, y esas livianas ambiciones se desvanecen.

El Demagogo.—La solución está en que vayamos más de prisa; si hay anémicos y cobardes que se oponen a ello... hierro, mucho hierro...

El Filósofo.—Hierro, pero en píldoras. Hay que tonificar la Humanidad.

El Reaccionario. — ¿Tonificarla? ¿Para qué? Pensáis en el hombre que vive; no pensáis en el alma que ha de existir. Nuestro ideal siempre será eterno: sufrir en la tierra para gozar en el cielo.

El Demagogo.—Egoísmo, egoísmo monstruoso. El ideal es hacer el bien por el bien, sin esperanzas de recompensa alguna. Cumplir el deber por el mandato de la conciencia. Después de la muerte, esperar, más que en la justicia, en la misericordia del Eterno. Nosotros creemos en el progreso del mundo y afirmamos también la existencia de Dios.

El Filósofo.—Afirmar, ¿quién sabe? Quizá este infinito que nos rodea tenga conciencia de sí mismo y exista. El, a cuya luz volarán, tres de esta vida, las mariposas de nuestras almas. Quizá el universo es un todo inconsciente. Si es así, no nos queda más ideal que el descanso en la Nada, en el No Ser, cantado por Lucrecio. Es poético, pero es triste.

Adiós esperanza de existencia ultraterrenal. La única felicidad es entrar en la *nirvana,* soñada por Buda, aniquilarse completamente, descomponerse en millares de átomos, correr con la onda en el océano, gemir con el viento, perderse en la azul alborada del pasado, y fundir el espíritu al morir, en un santo beso con la Naturaleza madre, con la sustancia única, eterna e infinita.

(*La Voz de Guipúzcoa,* del 21-I-1896)

NOTA.—Como se podrá comprobar, este texto es al final sobre todo muy distinto del que publicó don Pío Baroja en *La Justicia,* del 4-I-1894 (ver págs. 147-149).

MORIR AL SOL [5]

Como era pobre, nadie se tomó el trabajo de ocultarle la gravedad de su dolencia. El médico no le dio esperanza alguna; la patrona le despidió de su casa, y el pintor tuvo que marcharse al hospital. Acostado en la cama, pasaba sus días, días tristes seguidos de noches más tristes aún. Como la fiera herida de muerte se refugia en su cueva, él se reconcentraba en las interioridades de su ser, para aislarse de lo que le rodeaba, para soñar en el sol de su tierra, para suspender por un momento su inteligencia que rumiaba, siempre y en silencio, el amargo pasto de sus ideas.

La fiebre hacía arder sus mejillas, la tos agitaba convulsivamente su pecho; los sudores de-

---

GRITO EN EL MAR (4 bis)

El texto del cuento se publicó, por primera vez, en *La Voz de Guipúzcoa*, en el número 3923, del 30 de enero de 1896. Saldrá otra vez en *El Nervión* de Bilbao del 27 de enero de 1898 (núm. 2488) con el título de *Día de Niebla*, que tuvo ya en *La Justicia*.

Con relación al texto conocido de *Vidas Sombrías*, sólo existen las variaciones siguientes, lo cual nos evita su nueva publicación:

1) caían las gruesas gotas de *la* lluvia: ≠ de lluvia.

2) derramados por alguna hada en *el* solitario camino: ≠ en solitario camino.

3) y se hacen amarillentos, rojos y *aun* plateados. En el texto definitivo, no aparece "aun". Y eso es todo.

bilitaban su enflaquecido cuerpo, pero no su espíritu, con energías bastantes para maldecir con todas sus fuerzas la naturaleza que al dejar de ser madre es la madrastra más cruel de los desgraciados.

Cuando se levantaba de la cama, el pintor iba a pasear con los demás enfermos a una galería cuyo saliente daba a un solar extenso limitado por las paredes del hospital en tres de sus lados, y en el otro por una valla de tablas carcomidas. Al mirar aquel erial grande, cuadrado, lleno de escombros, de montones de piedras, en donde los chicos jugaban, y revoloteaban las mariposas bañándose en el sol, una melancolía punzante sobrecogía el alma del artista.

De noche, soñaba verse en su pueblo, en aquella aldea tendida en la costa del Mediterráneo y siempre iluminada por un sol africano. Hablaba a su madre, ya muerta, que corría por el jardín de su casa, subiéndose a los perales y a las higueras. ¡Qué triste su despertar en la sala oscura y sombría del hospital!

El amaba la luz, su único deseo era morir en su tierra, mirando cara a cara el sol, y descansar después en el cementerio de su pueblo. El hospital le horrorizaba con su silencio y su tristeza, no podía hablar con nadie, y si se dirigía a su vecino de la derecha, que era un enfermo de cáncer del estómago, con el rostro arrugado, las cejas fruncidas y la mirada huraña, éste no le contestaba. El de la izquierda, no le podía decir nada,

por hallarse mudo a consecuencia de una pará-
lisis...

De vez en cuando, se oía por las otras salas,
el ruido de la campanilla del viático. Y al cabo
de unos días, pasaban dos mozos llevando el cadáver cubierto por una manta.

El pintor pensaba horrorizado en el depósito,
recordaba haber entrado en él una mañana y haber visto dos cadáveres en el suelo, el de un viejo
y el de un niño. El viejo parecía haber luchado
con la muerte a puñetazos; el niño tenía los ojos
abiertos. Un moscardón grande y negro, posado
en uno de ellos, parecía beber sus lágrimas, y
otro se tenía en sus labios. Del depósito se llevaban los muertos a la sala de disección.

Allá iban a parar los abandonados. En sus
cuerpos miserables, estudiaban los médicos para
curar después a los ricos y a los poderosos.

Cómo adquirió el pintor el dinero necesario
para marchar a su tierra, no pude saberlo. Pero
sí que una mañana llegó a su aldea y que fue a
parar a casa de un amigo suyo de la infancia.
Su enfermedad avanzaba rápidamente; todos los
días acompañaba a su amigo al campo a consejo
del médico. No tenía esperanza alguna; su única
ilusión era morir cara a cara al sol, enfrente de
aquella naturaleza tan hermosa, tan llena de luz
y de colores...

Aquella tarde, concluida la tarea y lleno el
carro de sacos de sarmientos, se encaramó el enfermo trabajosamente sobre ellos, y la cansada
mula emprendió con lentitud la vuelta al lugar.

El día tocaba a su término; las crestas de la montaña se cerraban en el horizonte, se veían doradas por el sol ya oculto. Y tras él se precipitaban las nubes en torbellinos de fuego. El resplandor moribundo del rutilante astro difundía en la llanura una luz fría y vaga que por momentos iba tornándose incierta y vacilante.

Sin comprender la causa, el pintor sentía dentro de su alma una confusión extraña. Nubarrones de tristeza empañaban la atmósfera de su espíritu, y caóticos anhelos, ideas sin forma, se agolpaban para fijarse en su mente. Perseguía con la mirada las nubecillas negruzcas que cruzaban el rojizo cielo, y como ellas, hubiera querido huir a misteriosas y lejanas regiones. Fases de la vida de una nube le parecían sus cambios de color: el rojo vivo era su juventud, el blanco agrisado, su vejez; lo negro era la muerte, en cuyos dominios sombríos iban agrupándose las nubes entristecidas por tener que abandonar las caricias del sol.

El amigo del pintor silbaba una tonadilla de aldeano, a la cual añadía modulaciones que debían de ser improvisadas, tal era la armonía que se notaba entre ella y los accidentes del camino. Aquella canción monótona, siempre igual, entristecía al enfermo y le anegaba más y más en embriagadora melancolía.

La brisa ligera hacía rodar las amarillentas hojas caídas de los árboles, y, a veces, un soplo más vigoroso, balanceaba sus negras ramas. Cuando el viento cesaba, mil ruidos del campo, ruidos indefinibles parecían llenar el espacio.

La noche iba escalando las faldas de la montaña; en su cima, los contornos de los árboles se destacaban como recostados en el pálido cielo, gimiendo a los embates del viento el eterno tema de su misterio y de su soledad. De un montón de cañas de maíz encendido, y junto a una choza, escapaba columna de denso humo que se elevaba pausadamente, y, como culebra que desenvuelve sus anillos, ascendía a cierta altura para perderse pronto en el aire.

Del choque de las sensaciones vagas y confusas que experimentaba el enfermo, salía, como esas nieblas que aparecen al amanecer en los ríos, una inquietud extraña que aumentaba a cada instante y que, al condensarse, proyectó sobre el alma del artista la idea de un fin próximo, la idea de la muerte.

El sol había huido, las estrellas comenzaban a presentarse en el alto cielo. Todavía quedaba en el poniente algún suave resplandor.

El artista notó con espanto que sus miembros se enfriaban, que la vida huía de su cuerpo, rezó con toda su alma a Dios para que no le dejara morir en medio de la noche que tanto horror le causaba, y viéndose cada vez peor, puso su mirada en aquella claridad rojiza que representaba la inmensa luz del sol...

Cuando la oscuridad acabó con la luz, cuando el día fue vencido por la noche, una estrella corrió por el cielo, dejando una ráfaga luminosa.

Y la última convulsión aniquiló la vida del pintor.

No consiguió su deseo; quiso morir en la luz, murió en la sombra...

(*La Voz de Guipúzcoa*, núm. 3927, del 3-II-1896)

LA GUERRA Y LA CIENCIA [6]

Ayer

Entre la turba de bandidos y aventureros, iban a pie los siervos del terruño, sin armadura que protegiese su pecho, sin prolongadas lanzas, ni costal de sayo; los señores, recubiertos de acero, les seguían caracoleando en sus caballos. Los siervos, los miserables, entraban los primeros en la lucha, regaban el campo de la refriega con su sangre. Si vencían, el triunfo y el botín eran para sus señores; si eran vencidos, los llevaban como rebaño de bestias a trabajar para sus nuevos amos.

Sufrían y miraban al cielo, esperándolo todo de arriba. El sacerdote les enervaba con sus oraciones y sumía a sus espíritus en el abismo de la superstición. El noble les explotaba; el rey hacía pesar su tiranía sobre ellos, pero no se quejaban; querían al sacerdote, al rey y al noble.

Entonces, la fuerza bruta regía al mundo. El egoísmo de unos pocos era su ley, y la ciencia, como lámpara sepultural que alumbra sólo rui-

nas, iluminaba los campos desolados de la Grecia
y del Egipto.

Hoy

Allá van. Saben que hay una patria que necesita sus brazos y su sangre. Tienen una idea lejana del sentimiento del honor nacional y acuden
todos, abandonando su industria el obrero; olvidando la madre tierra, el labrador.

Sólo van ellos los descendientes de aquellos
siervos que hoy son nuestros soldados a constituir una fuerza enorme para defender la sociedad de los ricos de los ataques de los miserables
y de los desesperados.

Producen una fuerza ordenada, nacida del de-
sorden. Nada hay tan reaccionario como el ejército que forman; nada tan revolucionario como
las masas de donde nacen.

Estas masas son compuestos heterogéneos, en
los cuales el individuo se deslíe. Son olas que
avanzan por instinto más que por reflexión; en
la monarquía son republicanas; en la república,
anárquicas. Sus ímpetus no son razonados, proceden de los anhelos, de las miserias, de la des-
nudez, de la ignorancia, de las enfermedades, de
los sufrimientos de los que luchan y padecen.

De esas multitudes, viene el soldado y olvida
pronto su origen. Por eso lucha encarnizadamente
contra las revoluciones fraguadas para dar libertad a su clase. Por eso defiende a sus enemigos
de los que debían ser sus aliados.

dividía éste en unos sitios en sendas más pequeñas, terminaba a veces en prados cubiertos de
hierba amarillenta, esmaltada por las campanillas
rojas de las digitales, y subía y bajaba al cruzar
una serie de colinas que, como enormes olas, se
presentaban bajo un monte, y que quizá lo fueron
cuando la tierra más joven era una masa flúida
originada de una nebulosa. Bordeaba el camino
las heredades de los caseríos, tendidas como alfombras en las faldas de las montañas. A veces
rompía el silencio del campo alguna canción del
país, con modulaciones, siempre iguales, notas
melancólicas salidas de alguna alma saturada de
amargura, que subían de nieblas del espíritu.

En un recodo del sendero se hallaba la casa.
Estaba oculta entre viejas encinas, robles corpulentos y hayas de monstruosos brazos y de pla-
teada corteza. Parecía mirar de soslayo hacia el
camino y esconder su cuerpo para guardarse de
las borrascas, quizá para ocultar su decrepitud y
las huellas que el viento y los años había impreso
en sus paredes.

Por debajo tenía un hayal extenso y por estar
el caserío cercano a él se llamaba a la casa "Pa-
gadibeltza" (Hayal negro).

Vivía dentro un hombre rico en desgracia, más
que rico, opulento. El buen Dios no hacía más que
derramar infortunios sobre él y los suyos.

Y siempre trabajando, y siempre en lucha con
aquella maldita tierra, estéril como una cortesana, que le robaba la poca energía de sus atrofiados músculos.

Parecía más viejo de lo que era. Tenía un alma decrépita en un cuerpo envejecido. Sus miserias, él, las comparaba con el alimento de los bueyes. Como éste vuelve a la boca, aquéllas volvían a su cerebro que rumiaba siempre el abundante pasto de sus amarguras.

Enfermó, y como estaba acostumbrado a sufrir en silencio, no quiso que llamaran al médico. Aquella tarde al avisarme dijeron que se moría.

Cuando entré en el caserío, una vieja mecía en una cuna a un niño.

De un cuarto a cuya puerta daba el granero, escapaba un estertor regular que variaba de intensidad, pero que se repetía rítmicamente.

Del techo del cuarto colgaban trenzas de mazorcas de maíz. Una mujer, sentada sobre un arca, lloraba en silencio. Entraba libremente el viento en el cuarto por las grietas de la ventana, y en el silencio de la noche, resonaban potentes los mugidos de los bueyes.

Aquel hombre abandonaba la vida con indiferencia. En sus ojos se transparentaba la lucidez de su espíritu que iba a entrar en el reino de lo inconsciente con la serenidad del estoico. Casi le tenía envidia.

Cuando murió, permanecí en la casa un momento, y sin hablar con nadie, me marché fuera.

Había cesado de llover; la noche estaba húmeda y templada; por entre jirones de las negras nubes aparecía la luna que alumbraba un monte cercano con sus pálidos rayos. Caminaban por el cielo los negros nubarrones y el viento, al azotar los árboles, murmuraba como el mar oído desde lejos.

¡Ah, es triste la vida! Aquí, muerte; allí, nacimiento. ¿Quién sabe si es más triste nacer o morir?

Y mi viejo caballo, con sus ojos de expresión dulce me miraba como si asintiera a mis ideas.

A la vuelta de un camino, me hallé de improviso frente a una casa. Escapaba la luz por los intersticios de la puerta del granero, y, movido por la curiosidad, me puse a mirar por ellos.

En el granero extenso, a la luz de cuatro quinqués que humeaban, habían formado los jóvenes un corro alrededor de un gran montón de mazorcas de maíz, a las cuales despojaban de sus hojas.

Debían de estar terminando el trabajo; porque, al cabo de poco tiempo, se levantaron todos y fueron empujando las hojas y las mazorcas a los rincones.

Cuando se despejó la plaza, el mayorazgo de Zubiaurre tomó el acordeón y, en el silencio de la noche, comenzaron a elevarse las notas del instrumento, primero confusas y atropelladas, y luego con un aire de arpa. Uno de los jóvenes se levantó e invitó a bailar a una moza fresca y rozagante como una manzana; ella, después de hacer algunos remilgos, se plantó frente a él. Un viejo marcó el compás dando con su pipa en el banco, y comenzó el baile que se fue generalizando.

Pasaban ellos y ellas de la luz a la sombra. Se oía el castañeteo acompasado de los dedos, las fuertes pisadas de los mocetones que hacían es-

tremecer el pavimento, chillidos agudos de mujer,
y de vez en cuando algún "irrintzi" de salvaje
alegría o la risa zumbona de algún viejo que a la
mitad se transformaba en una tos pertinaz.

Al alejarme de allí, una voz de mujer cantaba
subrayando maliciosamente aquella canción de
algún poeta campesino en la cual acusa a una
muchacha de saber bailar mejor que escardar el
maíz, y cuyos primeros versos dicen:

> *Baratzaco picuac*
> *Iru chorten ditu*

Los demás acompañaban el canto dando palmadas y repetían a cada estrofa, el estribillo:

> *¡Ay ene! nic ere nainduque*
> *¡Ay ene! zuc nai batzenduque*

estribillo que tenía entonaciones cariñosas, sensuales, productoras de una nostalgia de amor, en
boca de aquellas mozas robustas, garridas, rebo-
sando fuerza, hermosura y salud.

Seguí andando más triste que antes, pues tan
bueno es el hombre que la felicidad ajena le molesta. Al pasar junto a otro caserío, oí el llanto
de una madre que acallaba a su hijo, y sin saber
por qué, sentí como si se me humedecieran los ojos.

La luna iluminaba la tierra con sus pálidos
rayos; las nubes corrían por el cielo atropellada-
mente, como rebaño de seres monstruosos; en el
fondo del valle, se adivinaba la aldea envuelta
en el cendal de la niebla; el río brillaba lúgubre-
mente, con reflejos de plata.

(*La Voz de Guipúzcoa*, núm. 4099, del
27-VII-1896)

EL REMEDIO [8]

La noticia corrió de boca en boca: Lorenza, la mujer del caserío de Aitola tenía una enfermedad rarísima, que se le había presentado dos o tres semanas después del parto. Tan pronto reía como lloraba, y cuando comenzaban sus ataques prorrumpía en quejas desgarradoras y en carcajadas estridentes.

Algunos pensaban que Lorenza tenía los demonios en el cuerpo, y otros aseguraban misteriosamente que le habían hecho mal de ojo.

La curiosidad de las vecinas estaba excitada con aquellos rumores, y todos pensaban que era necesario llamar al cura, al saber que dos muchachas de un caserío cercano se habían impresionado tanto al ver a la enferma que comenzaron a reír y a llorar como ella.

El cura bendijo la casa, conjuró a los espíritus malignos para que salieran del cuerpo de la poseída, pero el exorcismo no produjo efecto alguno, y entonces la madre de Lorenza avisó a una anciana, Sorúa, mitad curandera, mitad bruja, que tenía fama de curar el mal de ojo.

El mismo día que la llamaron acudió la vieja al caserío de Lorenza, cosió un talego, que rellenó de salvado, e hizo una antorcha con ramas secas que fue retorciendo.

Antes de las doce de la noche, entró en el cuarto de la enferma, sin hacer caso de gritos ni de lamentaciones, le ató a la cama y mandó que la dejasen sola. A las doce de la noche, encendió la antorcha, hizo que Lorenza apoyara la cabeza en el saco de salvado y comezó a rezar. A veces se interrumpía y la obligaba a tragar un grano de sal. La sal, como es sabido, ahuyenta al demonio. En esta ocasión, le ahuyentó tan bien que al día siguiente, los ataques de locura habían desaparecido.

La mujer fue recobrando su tranquilidad y se curó completamente. Pasaron los años; un día, la suegra, que la odiaba, le insinuó la idea de que si se había curado era haciendo pasar su enfermedad al cuerpo de su hijo. Por eso el niño estaba siempre triste. Aquel pensamiento llenó el espíritu de la madre de angustiosas zozobras. Su hijo era muy hermoso, pero muy pálido. Y nunca sonreía alegremente. Sus ojos parecían ver más que los de otros niños.

A los tres años, la criatura fue languideciendo y una noche se quedó el chiquitín frío, acurrucado en el regazo de su madre, mirándola con los ojos muy abiertos.

La madre quedó extrañada. De repente, cruzó por su imaginación la idea de que la vieja curandera tendría remedio para despertar al niño, y, envolviéndole en un mantón para que no se enfriara, salió de la casa y tomó el camino del monte.

Iba presentándose la mañana. Un montón de de nubes blanquecinas se deshilachaban en el azul pálido del cielo. El sol tibio y sin fuerza iluminaba a las cimas de los montes, cubiertas de aliagas de amarillenta flor y de helechos mustios y rojizos.

En la cumbre del monte, Lorenza se detuvo

para descansar. El viento era muy fuerte y más frío.

En una hondonada del monte, estaba la vivienda de la vieja, una antigua casa destruida por las llamas que ella había ido restaurando poco a poco.

Bajó a la hondonada y sin llamar entró en la casa. A la luz de dos leños que ardían en el suelo, vio a la curandera que hablaba con un viejo muy encorvado y de pelo blanco.

—¿Eres tú? —preguntó la vieja—. ¿Qué te trae por el caserío de Vicenta Sorúa?

—Mi hijo. Esta noche se ha quedado en mis brazos como muerto. Pero está dormido. ¿Qué le daré para que despierte?

—¡Ah, de veras, duerme! —murmuró la vieja—. Traeré el salvado, la sal, la "zuguebelarra" para hacerle el emplaste...

—Vicenta Sorúa —le dijo el hombre—, lo que vas a hacer no servirá de nada. Si quieres despertar a tu hijo —añadió, dirigiéndose a Lorenza—, no tienes más que un remedio, un grano de maíz que te dé una familia que no recuerde una desgracia.

Lorenza salió de la casa con el niño en brazos, y sin esperar a otro día, fue recorriendo las casas de los alrededores. En Etzagarreta, acababa de morir el padre. En Elizabide, volvía el hijo del servicio, declarado inútil, con los pulmones estropeados, con un par de meses nada más de vida. Aquí, se moría una mujer, dejando cinco chiquillos abandonados; allá, un enfermo marchaba a la *Misericordia* de la capital, porque ninguno de sus hermanos, que estaban en holgada posición, quería recogerle.

La desgracia, por todas partes. Hasta el cura, aquel que parecía feliz, tras miserable y plácido egoísmo, no era dichoso. No podía comer en las veinticuatro horas sus cinco comidas abundantes, sin tener a la semana por lo menos una indigestión.

El remedio era imposible. A todas partes, llegaba el dolor; a todas la enfermedad; a todas, la muerte.

No había remedio, era necesario vivir con la desgracia, tener como compañeros de la existencia a la tristeza y al pesar. Lorenza convencida de esto lloró mucho, enterró a su hijo y volvió a su casa, con una desesperación transida, a vivir al lado de su marido.

(*La Voz de Guipúzcoa,* núm. 4128, del 25-VIII-1896)

LAS DOS ORACIONES [9]

Por la mañana, cuando la aurora no había comenzado a esparcir su luz en las altas nubes, densas gasas de niebla cubrían la aldea.

Poco a poco iba calentando el aire y las brumas subían y se disipaban en el cielo, dejando el ambiente puro y cristalino.

El pájaro abandonaba su morada nocturna para cantar en el árbol y la voz sonora de la campana de la iglesia llamaba a los hombres al trabajo. Comenzaban a abrirse las puertas de los caseríos, para dar paso a los labradores, y los bueyes mugían en sus establos respirando con las narices abiertas el aire fresco de la mañana.

La aldea aletargada despertaba de su sueño; por la plaza, entre cuyo empedrado crecía la hierba, pasaban algunas beatas envueltas en sus mantones a oír la primera misa. Se oía luego el ruido acompasado del martillo del herrero al dar en el yunque, el chirriar de las carretas, el canto monótono de los boyerizos, pasaban las caseras llevando en sus borriquillos trigo o maíz a los molinos, el médico marchaba al pueblo inmediato, montado en su caballo, a hacer su visita y los chicos se agrupaban en la puerta de la escuela.

Después, un silencio absurdo durante todo el día, turbado nada más por el cacareo del gallo, respondido melancólicamente por otro desde lejos, por el aullido triste del perro, y el estrépito de la diligencia al pasar por la carretera...

A la hora melancólica en que el crepúsculo va dominando la tierra, pasaban por el camino los obreros de las fábricas y los labradores.

Los unos venían en grupos cantando alegremente, los otros aguijoneaban a los bueyes que iban tras ellos a paso lento, con las cabezas reunidas, inclinadas hacia el suelo, arrastrando los carros cuyas ruedas chirriaban con infernal algarabía.

Como todas las tardes, el sol, después de brillar con destellos metálicos en los cristales de las ventanas, después de haber acariciado por un momento el campanario de la iglesia, iba retirándose, escalando la montaña hasta dorar las cimas y extinguir su luz en los resplandores rojizos de las nubes.

Allá en la lejanía los grandes montes se encontraban aún iluminados por la mirada de fuego del rutilante astro, y a medida que los rayos se hacían más oblicuos, las montañas se arrugaban, se llenaban de sombras, se volvían más tristes, como seres inmensos que miran asombrados el infinito que no comprenden.

Arriba en los aires pasaban nubes de pájaros lanzando gritos.

La tierra negra y triste, recién labrada, exhalaba de su seno desgarrado ese olor, aire, efluvio de vida que hace germinar el grano y deja una huella indeleble de tristeza en el espíritu.

En los campos segados ardían hogueras de rastrojos produciendo columnas de humo que se perdían pronto en el aire. Así como ese humo se disipa en la atmósfera, se pierde nuestra vida en el mar de la muerte.

Y en la agonía de la tarde, como recuerdo de lo poco que sonaron, el tañido de la campana del *Angelus*, ondulando en el aire se esparcía por el valle como voz misteriosa, voz de los muertos que nos llamara, despertando en nuestro ánimo, pensamientos vagos, ideas embrionarias y sin forma...

(*La Voz de Guipúzcoa*, núm. 4411, del 8 de septiembre de 1896)

EL CHARLATAN [10]

Les sorprendió la noche e hicieron alto en el
fondo de un desfiladero constituido por dos montes cortados a pico, cuyas cabezas se aproximaban allá arriba como para besarse, dejando sólo
a la vista un trozo de cielo largo y estrecho.

A los pies de aquellas dos altísimas paredes de
piedra, serpenteaba la carretera, siguiendo las
vueltas caprichosas del río, que, ensanchado por
el dique de una presa cercana, era allí caudaloso,
profundo y sin corriente.

En las noches oscuras, la superficie negra y
lisa del río, limitada en las orillas por altos árboles, parecía la boca de alguna inmensa sima
subterránea, la abertura de un abismo enorme y
sin fondo.

(Y allá, en el interior negro, muy negro, se reflejaban los altos chopos de las orillas y la claridad del cielo que dejaban pasar los montes.)

Embutida en una grieta larga y angosta de la
montaña, cerca de un terraplén, por donde continuamente rodaban piedras, había una "borda"
para descanso de los caminantes, y junto a ella
se detuvo la familia. La mujer, que iba montada
en un viejo caballo, bajó de él, entró en la borda
y se sentó a dar de mamar a un niño que llevaba
en los brazos.

El hombre y el muchacho quitaron la carga al
rocín, lo ataron a un árbol, recogieron algunas
brazadas de leña por ahí cerca, las llevaron a la
caseta y allí, en el suelo, encendieron fuego.

La noche estaba fría; en aquella especie de embudo formado por los montes, soplaba el viento con fuerza, mezclado con finísimas gotas de lluvia.

La mujer tosía; mientras daba la teta al niño, su marido solícitamente, le quitó el mantón, mojado, de los hombros, y lo puso a secar a la lumbre; después afiló dos estacas, las clavó en el suelo, y con el mantón y un pedazo de lona, improvisó una tienda de campaña, para resguardar el interior del viento; luego, sacó dos mantas raídas de un envoltorio; con una, arropó a su mujer, y la otra, le dio al muchacho.

Se pusieron a cenar sardinas y pan; el fuego se había acrecentado, y, a la luz de las llamas, se veían los rostros del grupo. El hombre era pequeño y flaco, de bigote caído por los lados, y toda su vida parecía reconcentrada en sus ojos chiquitos, negros y vivarachos.

La mujer hubiera parecido guapa sin el aire de cansancio que tenía. Acostumbrada a una vida cómoda desde niña, corría el mundo con aquel hombre, mitad saltimbanqui, mitad charlatán, a quien amaba sin llegar nunca a comprenderle.

El muchacho tenía las facciones y la vivacidad de su padre; ambos hablaban rápidamente, mezclando en su conversación todas las exclamaciones de los países que habían visto.

Después de cenar se arreglaron del modo más conveniente para pasar la noche. A la mujer, se le preparó en el rincón el sitio más abrigado: una cama de helechos secos; y el padre y el hijo se tendieron en el suelo. Al poco rato, los dos dormían. El niño lloraba y la madre le mecía en sus brazos con voz quejumbrosa, le dio de mamar, y minutos después, en el nido improvisado, dormían los cuatro, tranquilos, casi felices en su vida nómada y libre.

Afuera, el cielo murmuraba, gemía y silbaba con rabia en el barranco; el río se contaba a sí mismo sus quejas con tristes murmullos, y la presa del molino, con sus aguas espumosas, ejecutaba extrañas y majestuosas sinfonías.

...En medio de la plaza, sobre un tablado cubierto de una tela roja, el charlatán vestido con un traje argelino, hablaba a los aldeanos; el muchacho tocaba en el cornetín de pistón el aire aquel de "La Mascota", *Me olvidarás, gentil pastor*. Y su padre, después de hacer varios juegos de manos, había tomado la palabra.

—Ahora, señores —dijo—, lo que voy a enseñar no tiene nada que ver con los juegos que he hecho. Yo he venido a España desde el Africa, el País de los Leones, con el objeto benéfico de generalizar la manteca de las culebras cascabeles, manteca, señores, que el extraerla cuesta la vida de muchos negros de la Zululandia y de la Matabelandia, manteca que es la única infalible para curar toda clase de heridas, grietas y mordeduras de serpiente.

¡Ah!; señores, diréis y diréis con razón, si esta manteca cuesta tanto el extraerla, esta manteca será cara. Pero, no, yo no soy ni especulador, ni Musiú Abelardo del Castillo no es un especulador. Musiú Abelardo del Castillo trabaja por la humanidad. Tiene un palacio en París, regalo de Na-

poleón, del gran... Napoleón, pero la España es
su patria y rechaza las proposiciones de los franceses. Somos miembros de la Sociedad Macromi-
crobiológica de Caracas, de la Enofilotélica de
Mecklemburgo, de la Antropopiteca de Tananari-
ve y Papanga. Pues bien, señores, a pesar de esto,
¿qué diréis que cuesta una caja de laterie de manteca de la culebra cascabel? ¿Mil duros? No. ¿Mil
pesetas? Tampoco. En otros lados, la he vendido
a cinco duros. Pero quiero hacer un sacrificio por
vosotros, y os la daré a seis reales, y además al
que la compre, le regalaré un sacacorchos.

Cuatro o cinco inocentes compraron cajitas
con la célebre manteca. Después el charlatán rifó
una navaja de afeitar, una sierra, media docena
de platos y un espejo.

Y al terminar la tarde, el buen hombre en-
ronquecido de tanto hablar pero satisfecho de su
venta, vació la caja en el delantal de su mujer.
Había cerca de ochenta reales.

Aquella noche, cenaron todos opíparamente, y
al otro día por la mañanita, la mujer con el niño
montaba a caballo; el padre y el muchacho salieron del pueblo, y se fueron alejando, alejando,
hasta que se les perdió de vista en la revuelta de
la carretera.

(*La Voz de Guipúzcoa,* núm. 4147, del
14-IX-1896)

CUENTOS PROPIOS: VISIONES [11]

Era una tarde de verano; el sol brillante arrojaba sus dardos de fuego sobre la tierra caldeada y seca; resplandecían las mieses en la llanura con reflejos de oro, esmaltadas por rojas amapolas, que parecían gotas de sangre. El aire saturado de densos vapores, zumbaba en el oído sordamente.

El campo se hallaba desierto; se resquebrajaba el suelo por el calor que descendía de arriba; la naturaleza y el hombre dormían el fatigoso sueño.

A veces, el viento del Sur lanzaba una bocanada de fuego; el polvo se retorcía rabioso en el aire, y daba a los árboles y a las viñas un tono ceniciento.

Dominado por la fiebre, mi cerebro comenzaba a recorrer mentalmente fantásticas regiones.

Cuando mis ojos se fijaron en el cielo, su azul se enrojeció; las peñas reemplazaron a las mieses y a los viñedos, y aparecieron entre sus huecos, plantas extrañas, de aspecto escrofuloso, hierbecillas raquíticas quemadas por el viento del Mediodía que inclinaban tristemente hacia el suelo su amarillenta cabeza. El monte, formado por un montón de rocas áridas y negras, se destacaba recortado bruscamente en el cielo sangriento. De la cresta de las montañas, de los sembrados del valle, del interior de las cavernas, no salía el más ligero murmullo; el silencio, el silencio por todas partes... y nada reposaba bajo el cielo de sangre, fundido por los rayos del ojo inyectado del sol.

La negrura del monte se esparció por el valle, yo me estremecí y temblé...; en la oscuridad había una sombra, la sombra de un hombre más negra que la oscuridad misma. Era él, yo le conocía por haberle visto en otras noches de fiebre; me miraba y sonreía, yo deseaba ocultarme para que no me viese; él hacía esfuerzos para esconderse tras de una gigantesca planta; los dos nos contemplábamos sonrientes, y los dos, nos temblábamos de terror.

Poco a poco se fue acercando a donde yo estaba, y se quedó mirándome. Era un hombre alto y majestuoso; tenía la frente ancha y los ojos sin expresión. Vestía de negro, todo de negro, y su rostro era gris.

De repente vi una mujer que estaba derecha detrás de él. Su vestido era rojo con manchas amarillas; y su cara de color de azafrán, estaba adornada por unas pústulas de aspecto parecido a la cera, que rodeaban completamente su nariz.

Y por todos los lados, iban presentándose personajes extraños a los cuales creía recordar: una mujer hidrópica que había conocido en el hospital, hinchada como un pellejo, me miraba con su cara redonda y reluciente como una pandereta. Y se paseaban por delante de mis ojos hombres con los rostros alargados y serios, y otros de caras muy anchas; unos todo boca y otros todo orejas. Y se movían y daban vueltas sin producir el menor ruido.

Densas humaredas oscuras ennegrecieron rápidamente el horizonte; el ébano sustituyó al rojo. Comenzaron a brillar estrellas y tampoco reposaban éstas. Allá en sus etéreas regiones, se estremecían y palpitaban silenciosas.

Sobrecogido por el silencio absurdo que dominaba, grité; pero mi voz se extinguió, sin que yo mismo la oyera.

Un sapo negro, que hasta aquel momento no había visto, con una estrella reluciente en la espalda, lanzó una nota triste y dulce.

Entonces, mil confusos rumores salieron de la tierra; el viento comenzó a resonar a lo lejos; se acercaba, y de las altas copas de los árboles salía un murmullo semejante al del mar oído desde lejos. La misma soledad suspiraba, y sus suspiros se perdían en los lejanos bosques.

Y el ruido aumentaba en su infernal crescendo, hasta que poco a poco fue apaciguándose, y el hombre alto y majestuoso, vestido de negro, y su cortejo de monstruos, desaparecieron como disueltos en el aire.

Y ya calmada la fiebre, vi por los cristales de la ventana el amanecer de un día de noviembre. El sol pálido y sin brillo, envuelto en gasas, como un reumático en franelas se levantaba perezoso, sin fuerzas para deshacer la bruma que envolvía la aldea.

(*La Voz de Guipúzcoa*, núm. 4164, del 2-X-1896)

LA VIEJA [12]

Sentada junto al hogar de una enorme chimenea cuya campana avanza hasta el centro de la cocina, *hila la vieja, la vieja "ama andria" de Goizibar.*

A veces se interrumpe su trabajo para partir ramas secas y echarlas a la lumbre entre dos grandes leños que muestran su hocico negruzco y se oponen rebeldemente a ser quemados.

Cuelgan de las paredes ennegrecidas por el humo enseres de cocina.

El sol pálido de otoño, al atravesar los cristales de la ventana, deja en el suelo un cuadrado de luz en el cual se dibujan las imperfecciones de los vidrios. En el interior oscuro adonde no llega la claridad del sol, en el fondo negro de las cocina, se destaca la silueta de la vieja, encorvada en su asiento, como la de una hechicera misteriosa de los antiguos días. Los rasgos de su cara acartonada tienen la inmovilidad de la decrepitud. Sus ojos brillan al contemplar la lumbre y su pensamiento vuela hacia el pasado.

Los bueyes rumian acompasadamente, golpean con los cuernos al sacar la cabeza por los agujeros del pesebre. Un olor sano de vacas y de forraje viene por bocanadas del establo.

Y mientras tanto hila la vieja, la vieja "ama andria" de Goizibar.

En el hogar comienza a hervir el contenido de la olla. Las ramas crepitan en la lumbre, disparando flechas de gas como aguijón de fuego. El gato, apelotonado con las manos escondidas en el pecho, mira las llamas perezosamente, abriendo y cerrando sus ojos con un murmullo de satisfacción.

De la ventana, se ven los montes escalados por los árboles de follaje poco espeso y amarillento. En los campos, algunos maíces tardíos se inclinan con el peso de las mazorcas, y en las tierras recién labradas, grandes montones de estiércol despiden ligeras humaredas que se pierden en el aire.

Por el prado cercano al caserío, entre los manzanos desprovistos de hojas, el gallo presuntuoso pasea entre las gallinas, cantando con voz estridente sus conquistas a otros que le responden desde lejos. La clueca, satisfecha de su maternidad, murmura como una señora orgullosa, seguida de sus polluelos. Y, desbaratándolo todo con su torpeza, cinco o seis cerdos, pequeños y feos, corren estúpidamente de un lado a otro, gruñendo y disputándose una corteza encontrada en el suelo.

Arriba, el sol juega entre nubes, alegrando y entristeciendo el paisaje. Murmuran los árboles en la soledad como si sus murmullos fueran suspiros del silencio...

Y mientras tanto hila la vieja, la vieja "ama andria" de Goizibar.

Y la memoria que dora los hechos perdidos en la lejanía del pasado recuerda a la hilandera su juventud dichosa, los "batzarres" al aire libre en los prados de la montaña, las meriendas en las que se consumían marmitas enteras de cuajada, los bailes en los graneros cuando se despojaban a las mazorcas de maíz de sus cubiertas. Todo voló: alegrías, locuras, felicidades, entusiasmos de la primavera de la vida para perderse en la noche del tiempo.

¡Te acuerdas, Maintoni, de aquel día en que celebrasteis las estallas de tu boda! Era una mañana primaveral inmensamente alegre; los manzanos en flor perfumaban el aire, y las hierbas del campo esmaltadas por florecillas de todos colores se bañaban en la luz de la enorme y huera bondad del sol. ¡Cómo chirriaban los carros que llevaban tu ajuar al pasar por la carretera! Ibas junto a tu novio; todos sonreían al verte y tú también sonreías ruborizada.

¡Ay! Entonces el mundo estaba preñado de sonrisas. El cielo era más azul y el sol brillaba más puro, más deslumbrador. Ahora, el cielo es negro, el cielo es triste, los pájaros no cantan en las ramas, ni las mariposas pasean de flor en flor sus amores aéreos.

El manantial de la vida está agotado. Hoy eres sombra que vives con tus recuerdos; mañana serás un puñado de ceniza y celebrarás tu boda con la muerte.

Y en medio de la soledad, en medio del monte, *hila la vieja "ama andria" de Goizibar.*

(*La Voz de Guipúzcoa*, núm. 4168, del 6-X-1896)

EL HOSPITAL DE NOCHE [13]

Y tras de la hora del Angelus que se rezaba a coro, en el hospital avanzaba la noche. El aire se iba enturbiando lentamente con la sombra. Comenzaban a brillar las estrellas y, a lo lejos, a la débil penumbra abandonada en el horizonte por

el sol, ondulaba la línea oscura del campo deso-
lado de los alrededores de la Corte.

De las ventanas que daban a la calle veíase hacia abajo la estación cercana, brillante con sus
focos eléctricos, y en dirección al centro de Madrid, la calle en cuesta, iluminada por las luces
temblorosas del gas y por las que salían de los escaparates de las tiendas.

Llegaba de la calle un murmullo, en el cual se
mezclaban los gritos de los vendedores de perió-
cos, los silbidos de los tranvías, el ruido de los
coches, un murmullo de vida que aumentaba, en
ocasión, de intensidad, y en otras disminuía, dejando oír entonces, traídas por el viento, notas vagas, lejanas del rasgueo de una guitarra acom-
pañando a la reunión en boga, una guajira exó-
tica con toda la melancolía de las canciones de las
tierras abrasadas por el sol.

A las galerías del patio no llegaba del ruido
animado de la calle ni el más ligero rumor. Dominaba en ellas el silencio, el silencio del monte, sin
esos suaves murmullos que impregnan de poesía
misteriosa a la noche del campo.

Por entre las ventanas con rejas de los corredores, se veían iluminadas por las luces vacilantes
de gas las salas, largas, extensas, con treinta o
cuarenta camas a ambos lados.

En el fondo de cada sala había un altar con
una imagen. Y por todas partes, mirando por cualquier ventana, se veía el mismo cuadro: aquí, viejos demacrados, de color terroso, tosiendo constantemente, como si sus toses se respondieran de
un extremo a otro de la estancia; allá, mujeres

pálidas, de cara triste, lanzando ayes repetidos a compás y lamentos desesperados.

Apartadas de las escaleras principales, había otras que terminaban en pasillos estrechos, en salas pequeñas sin más luz ni ventilación que las que daba un patio angosto, oscuro y maloliente.

Los pasillos comunicaban unos con otros y concluían en una de las escaleras principales que bajaba hasta los sótanos, en los que había tres salas de dementes.

Por los corredores y las galerías pasaban los mozos, llevando entre dos en grandes calderos el rancho para los enfermos. Bajaban y subían escaleras, iluminadas por faroles de petróleo de luz tristísima, y dejaban al pasar un olor de comida nauseabundo, más repugnante aún mezclándose con el vaho espeso de las exhalaciones de los enfermos, acumulado en los corredores.

Las monjas andaban, de un lado para otro, dando órdenes, haciendo resonar a su paso las cuentas del rosario colgado a su cintura, mientras sus tocas se agitaban, blancas e inmaculadas como las alas de un ángel.

Pasando las primeras horas de la noche de alguna agitación en el hospital, venían otras de completo silencio, sólo interrumpido por las campanadas del reloj con sus vibraciones largas y dolorosas.

Las hermanas de la Caridad dormían en sus habitaciones. Los internos y el capellán de guardia jugaban al monte en su cuarto, y avanzaba la noche.

Si algún enfermo se agravaba, acudía el interno, luego el médico, después el capellán, y cuando terminaba cada uno con su misión, seguía funcionando la banca en el cuarto de guardia.

Si moría el enfermo, los mozos sacaban su cadáver a la galería, y por eso, muchas mañanas, se veía junto a la puerta de alguna sala, una camilla sosteniendo a un bulto tapado con una sábana, que esperaba con paciencia que los mozos lo llevasen al depósito.

Y avanzaba la noche, la noche sombría del hospital, con todas sus tristezas, con su acompañamiento de gritos de dolor, de toses, de rezos, de súplicas y de lágrimas. Noche eterna, sin calma ni reposo.

De cuando en cuando, se oía el resoplido potente del tren en la estación. Una vaga humareda se levantaba en el aire; se estremecía el suelo por un momento, después el ruido se alejaba y se alejaba hasta perderse.

Y arriba en el cielo, encima de la masa negra del hospital, parpadeaba la estrella *Sirio*, indiferente en su grandeza a los dolores y a los trabajos de los hombres.

(*La Voz de Guipúzcoa*, núm. 4218, del 8-III-1897)

GOLFOS [14]

¡Golfos! He aquí una palabra nueva, pintoresca, de esas que se inventan y corren en seguida de boca en boca, de esas que señalan algo desconocido hasta el momento, una cosa nueva, una idea más gráfica, más exacta, más descarnada.

El golfo es un tipo nuevo que surge de nuestro gastado fondo social. No es un desocupado, ni un vencido, ni un ratero. Es un tipo trágico más bien que cómico. Se revuelve en los alrededores del Código Penal, pero los artículos de éste no llegan todavía a sus acciones.

El golfo no es un vago; al revés, es trabajador, pero a cambio de sus trabajos y de sus esfuerzos, no quiere éste satisfacer sólo sus necesidades, sino también sus pasiones y sus vicios. Comprende que en la vida social, la línea recta es la más larga que existe entre dos puntos, y anda, por caminos tortuosos, buscando siempre una posición que nunca encuentra.

En la clase pobre, el golfo no es un holgazán, ni mucho menos. Si de niño no va a la escuela, es porque necesita todas las horas del día para procurarse sustento.

No sabe nadie las patadas que tiene que dar él, para ganarse dos reales.

Sus ocupaciones son múltiples: lleva maletas de la estación, recoge colillas, vende periódicos, tira de organillo, se arranca de las vallas de los solares tablones para llevarlos a las bollerías, a cambio de migajas que llama *escorza*, pesca en los estanques pececillos rojos para venderlos después. Sus frases favoritas: *"estar al file, aluspiar, andar a la busca"*, pintan al hombre siempre en guardia, siempre al acecho, no al bohemio enamorado de la vida libre y vagabunda.

El golfo hace equilibrio entre los dos códigos. Si se inclina hacia la derecha es un hombre honrado, porque la idea de honradez es negativa y no indica más que la no existencia en la vida de un hombre de un hecho punible conocido; si se cae por la izquierda es un delincuente, un estafador, *un rata*.

Algunos golfos conservan el equilibrio durante toda su vida; son estos tipos mixtos de chulos y de polizontes que se ven en las altas horas de la noche en las buñolerías y cafetines. Vistiendo la última moda de los barrios bajos: el pantalón ceñido, las botas amarillas, la chaqueta corta sin ser torera, *el huito* sobre la cabeza repeinada, un poquillo inclinado hacia la oreja y el pañuelo de seda en el cuello. Estos hablan amistosamente con el inspector y con el *rata*. Tienen negocios con las perdidas y con las señoras, prestan dinero, son corredores de alhajas, revendedores en los teatros, y hay en todos ellos, algo repulsivo, algo de híbrido: tienen media conciencia casi honrada y otra media conciencia criminal.

Entre los golfos de la clase media, hay un sinnúmero de variedades que se diferencian por el matiz especial que da la profesión, las inclinaciones al grupo de hombres que tienen las mismas. En general, hay dos tipos opuestos: el uno. el vulgar, el golfo que odia; el otro, el más raro, el golfo que filosofa.

El primero es un envidioso; sus energías nacen de la fuerza de su odio, se consume al ver que no prospera y al contemplarse arrinconado, devorando un mendrugo. Se queja del país que no premia al mérito, de que le falta ocupación decente, no ve en el mundo más que dinero y es capaz de cometer cualquier infamia para conseguirlo.

El que filosofa comprende que su pereza es la causa de sus miserias, pero las soporta con resignación cuando no se burla de ellas. Tiene su escepticismo que nace de pasear las miradas sobre la multitud y de oír constantemente las opiniones diversas de la muchedumbre que le rodea.

En el que odia, hay esa incredulidad del hortera que sonríe burlonamente a todo, que no cree en rasgos de nadie y mide a la humanidad por su mismo rasero. En el que filosofa, hay la ironía que no hiere y que divierte. El uno se burla de la credulidad de Martínez o de la estupidez de Fernández; al otro le gusta más reírse de la estupidez general del hombre.

Entre los que odian, ninguno es tan odioso, tan despreciable como los periodistas y los cómicos golfos. Como hombres que viven del favor del público, son envidiosos, rabian al verse impotentes; cuando hablan, acuchillan, destrozan, corroen como el ácido sulfúrico. Ven un mundo reflejado en su conciencia, sin dignidad, sin honradez, sin virtud de nada, y achacan al original las manchas y las oscuridades que hay en el espejo de su espíritu.

Cuando el golfo vence y sube, generalmente es porque tiene talento. Y entonces no se satisface con sus éxitos; emprende muchas cosas para abandonarlas en seguida, anda siempre en una inquietud constante sin encontrar postura como el enfermo atacado de insomnio.

Viaja mucho; va de Madrid a París; allí siente la nostalgia del campo, marcha a la aldea y busca en ella entretenimientos de las grandes ciudades. Es sombrío, maldiciente; tiene frases que le hacen terrible. Cuando se hace viejo, se dedica a la vida de casino y a perder su dinero a la ruleta y al treinta y cuarenta.

Estos son los pocos afortunados; los demás, la mayoría, vegetan en la miseria y en el olvido.

El golfo se forma en la puerta del teatro, en los escaparates de las tiendas de lujo, en los paseos de coches, en la atmósfera llena de humo del café. El periódico, con su montón revuelto de noticias y sus cambios vertiginosos de criterio, cultiva su historia. La envidia le corroe, la vanidad le acaricia con sueños de grandeza. Siempre hay alguna mujer para infundirle sed insaciable de dinero, y un amigo que le muestre los distintos aspectos de la desigualdad social.

Cuando a las altas horas de la noche, veo a algún golfo paseándose por la calle desierta, con esa especie de timidez que da la miseria, como una encarnación del hambre y del sufrimiento, creo contemplar a una fiera que olfatea un cadáver.

Hay ahí un hombre ansioso de goces, ansioso de placeres; ve las murallas de la fortaleza social, altas, inaccesibles en el paisaje negro de la vida. Allá dentro, ante el goce, la sensación refinada, el placer aniquilador; afuera, la oscuridad, la sombra, la miseria moral, la tristeza, la rabia sorda e impotente; y sueña con escalar las altas murallas, y, como la fiera que olfatea un cadáver, espía el momento, siempre en acecho, siempre en guardia, para apresar su parte de botín en el banquete regio que da la naturaleza a sus hijos predilectos.

(*La Voz de Guipúzcoa*, núm. 4252, del 12-IV-1897)

DE OTOÑO [15]

Era una excursión que María Luisa repetía muy a menudo. Cuando su marido marchaba con algunos amigotes a Biarritz o a San Juan de Luz, ella tomaba la diligencia que va recorriendo los pueblecillos de la costa, y en uno de ellos se detenía.

Aquel viaje era para María Luisa una peregrinación a un lugar de recuerdos, a un sitio donde su espíritu se refrescaba con la memoria de lo pasado, en donde se tonificaba y se rejuvenecía.

Allá, en el camposanto de uno de aquellos pueblos colocados junto al mar, dormía el sueño eterno el hombre querido, en un cementerio poblado de cipreses y de laureles, huerto perdido en el monte, rodeado de soledad, de flores y de silencio...

Y cuando llegó María Luisa al pueblo, se detuvo en la fonda. Como estaba cansada del viaje, se acostó temprano y durmió hasta la madrugada. Se levantó a las cinco y se asomó al balcón. La fonda estaba próxima a la carretera, a bastante distancia del pueblo. Una de sus fachadas miraba de soslayo hacia el mar.

El tiempo estaba oscuro; tras de las tormentas de los días anteriores, tras del mugir del viento y del estruendo de las olas, había venido la calma.

El mar aún intranquilo, murmuraba allí cerca, sordamente.

De la animación pasajera del verano, no quedaba ni rastro. Ni una luz salía de las casas para perderse en el mar.

María Luisa, con los ojos muy abiertos, miraba las negruras de la noche, sostenidas en las sombras del océano, y de las dos oscuridades, a cual más negra, a cual más siniestra, salían murmullos, voces de angustia, gemidos roncos, misteriosos, con el misterio de lo desconocido y de lo insondable. La pupila ensanchada en presencia de las tinieblas, iba sorprendiendo sombras; la media luz de la aurora mientras tanto se filtraba por entre los cendales grises de la niebla. Ahora, se veía la claridad del arenal, limitada por la superficie oscura, que se fundía en la tonalidad más oscura del ambiente.

Surgían siluetas negras de la penumbra, tan pronto vistas como desaparecidas por las ráfagas de viento, que abrían abismos en la bruma, y las volvieron a cerrar con nuevos y más espesos montones de niebla.

El viento era de tierra, húmedo, tibio, lleno de olores acres, de efluvios de vida exhalados de las plantas

Hacia el pueblo, la niebla más tenue, dejaba ver los caseríos, con sus ventanas negras y sin cristales; entre ellos, se destacaba alguna casa solariega, construida con piedra amarillenta, y esparcidos a ambos lados de la carretera, se veían chalets recién pintados con persianas azules.

Brillaban las tejas por la humedad, y a medida que se deshacía la niebla, iba surgiendo, por entre los tejados, negra, oscura, la vieja torre de la iglesia, chorreando agua por sus medio derruidas paredes.

Se desarrollaba con lentitud el paisaje de la costa; a la izquierda, montones de rocas, encima de los cuaes pasaba la carretera; a la derecha, corría la línea de la playa en suave curva hasta terminar en un monte que avanzaba en el mar, y enfrente, al bajar la marea, iban apareciendo peñones oscuros como monstruos marinos que sacaran sus cabezas por encima del agua.

Ya el pueblo comenzaba a despertar. El viento traía y llevaba el sonido de la campana de la iglesia que tocaba la oración. Se abrían las ventanas y las puertas de las casas; los labradores sacaban de los establos a los bueyes, que, con las cabezas hacia arriba, respiraban el aire húmedo de la mañana, lanzando poderosos mugidos.

Rebotaban las ruedas de las carretas en el desigual empedrado, y al entrar en el camino, rechinaban suavemente e iban alejándose por la carretera llena de charcos de agua amarillenta, mientras el boyerizo con el aguijón al hombro, interrumpía su canción monótona para alentar al ganado con él: "Aida, aida", que los bueyes parecían entender moviendo sus cabezas con signos afirmativos.

Ante aquellas vidas humildes, en presencia del mar que gemía y de la religión que le hablaba por la voz de la campana, extendiéndola en el angustioso crepúsculo, una sensación de tristeza inmensa invadió a María Luisa. Se sentó en la cama, y con la cabeza entre las manos, pensó en el aislamiento, en el claustro, en la vida eterna, y así pasó abstraída, hasta que los rayos del sol entraron en su cuarto.

Entonces, se desvanecieron rápidamente sus místicas ideas, se levantó, se miró al espejo y encontró en sus ojos una expresión de soñadora tristeza. Vistióse rápidamente, lo más rápidamente que puede vestirse una mujer: una falda de color violeta oscuro y una blusa clara; en la cabeza, se puso un sombrero de paja redondo, adornado con unas florecillas azules; se cubrió la cara con el velo blanco y bajó a la calle, y entró en una solitaria callejuela en cuesta, en donde descansaban de sus antiguas faenas algunas barcas medio podridas, con la quilla al descubierto.

Pasó sin que nadie la viera, dejando en el aire un rastro de perfume de heliotropo blanco; cruzó la carretera y bajó al arenal.

El mar sombrío seguía obstinándose en rechazar la caricia amorosa del sol, pero perdía terreno por momentos, y se iba ensanchando poco a poco hasta unir su superficie verdosa con la línea recta del horizonte. Y se veían avanzar las olas redondas, oscuras, mostrando los rayos del sol sus interiores turbios; llegaban otras, impenetrables, sosteniendo en el lomo negruras de algas que allá en las puntas se estrellaban con frenesí contra las rocas. A la playa, llegaban con languideces de mujer convaleciente, dejando una puntilla blanca de espuma, bordada sobre la arena.

Hacía calor. María Luisa estaba sofocada. Apretó el paso. El suelo crujía con sus pisadas. En el arenal brillaban, lanzando destellos las conchas humedecidas y las oscuras medusas.

Cuando María Luisa llegó al extremo de la playa, se sentó en una de las rocas para descansar.

Hubiérase dicho que el día era de verano y, sin embargo, en el murmullo del mar, en el suspiro del viento, en esos mil ruidos indefinibles de la soledad, oía María Luisa la voz del otoño. El mar la enviaba en sus olas una sensación vaga de grandiosa melancolía.

Allá, en aquel mismo sitio, le había conocido; hacía ya diez años. ¡Diez años! Eso es lo que más sentía. Había empezado por tenerle compasión, viéndole enfermo, y, al oírle y al hablarle, quedó estremecida en lo más oculto de su alma; ella, indiferente, se sintió enamorada; ella, estéril, se sintió madre. Solos los dos, tendidos en la arena, pasaron horas enteras, sin pensar, sin hablar, fundiendo su espíritu con las olas, con las nieblas, con el mar inmenso.

Sintieron reflejarse los crepúsculos de agosto dentro de su espíritu, en aquellos anocheceres en que el sol rojizo se ocultaba en el mar tiñéndolo de escarlata, y luego, al retirarse juntos a la aldea, el enfermo hablaba sin quejarse de sus dolores. Y cada pensamiento suyo de resignación y de tristeza recordaba a María Luisa el crujido seco de la hoja del árbol al caer mustia y descolorida de la rama que la sostuvo.

¡Diez años pasados! ¡Qué horror! Y entonces, ella tenía veintisiete. ¡Diez años! Y recomponía el cuadro en su imaginación, como si acabara de verlo. Recordaba aquel matrimonio joven que clavaba su enorme sombrilla en la arena, y estaban siempre marido y mujer mirándose enamorados. Veía al señor paralítico que se hacía pasear en un coche de mano por la playa; aquellos grupos de niños jugando descalzos junto al mar; aquellas dos hermanas: la una, seria, abstraída; la otra, sonriente, coqueta, alentando con sus sonrisas, desalentando con sus desdenes.

De todos ellos, el mar no dejó ni un recuerdo sobre la arena. De aquellos amores, de aquellas coqueterías, de tanta ilusión, nada; ni una reliquia...

Llegarán otras primaveras y otros veranos —pensó María Luisa— y ante el mismo mar que ruge, agitado en olas inmensas; ante los mismos crepúsculos rojizos y las mismas noches estrelladas, germinarán otros amores y otras ilusiones en otras almas...

Y María Luisa contemplaba la playa solitaria y triste, y del mar, que suspira bajo el cielo pálido del otoño, llega a su espíritu la vaga sensación del océano, engrandeciendo la melancolía que siente el notar su decadencia.

(*La Voz de Guipúzcoa*, núm. 4401, del 9-XI-1897)

Cf. *La Voz de Guipúzcoa*, núm. 4.820, del 9-XI-1898: "La playa en otoño.

CROQUIS MADRILEÑOS

FORNOS [16]

¡Fornos! De estudiante, era para mí algo extraño y misterioso, algo como símbolo de la vida madrileña, vida llena de lances, de situaciones imprevistas, de aventuras romancescas.

La imaginación excitada por la lectura de folletines se recreaba en encontrarlo todo indefinido. ¡Fornos! El paraíso del Real, las buñolerías, las casas de juego, abismos insondables.

En aquella época, el ir a un café cantante o a un baile era una aventura, algo así como la invitación de una existencia nueva.

Ibamos tres o cuatro condiscípulos, los sábados, al Café Imperial, no así como si tal cosa, sino como quien va a un templo, comprendiendo lo trascendente de nuestro papel, fumando cigarro puro aunque nos mareáramos, hablando de nuestros desencantos con la cara indiferente y cansada, propia de viejos de diez y siete años.

Salíamos del café para marcharnos al teatro. Si al volver a casa, la criada nos decía: ¡Vaya unas horas de venir! ¿Dónde habrá estado Vd. hasta las dos?, entonces sonreíamos mefistofélicamente. Estábamos contentos.

La otra noche, acababa de ver una funcioncilla insignificante en un teatro, y a la salida, recordé con cierta tristeza aquella época en la cual jugábamos, entristeciéndonos. Me parecía mejor que la presente.

Al menos, pensaba, entonces, en vez de entristecerse uno, se reía, en aquel tiempo se tenía la costumbre de reírse. Es una costumbre que se ha debido perder.

Recordando mis ideas acerca de Fornos, me acerqué por allí. En la acera de la calle de Alcalá, esquina de la de Peligros, formaban corros algunos que volvían de las últimas funciones de los teatros. Llamaban ellos a ésta y a la otra que pasaba contorneándose, luciendo trajes vaporosos. Se oían gritos, carcajadas y, entre los elegantes bien arropados, pasaba alguno que otro golfo con las manos en los bolsillos, tiritando de frío, encogido, como un espectro de la miseria y del hambre.

Algunos coches iban a la carrera. Los últimos tranvías se deslizaban sin ruido por la ancha calle, y las voces soñolientas de los vendedores de periódicos rompían el aire empañado por la niebla.

Entré en el café; al princpio no se veía nada. El tránsito brusco, de la oscuridad de afuera a la luz de adentro, deslumbraba, y el humo llenaba el aire sin dejar ver más que borrosas siluetas. Me senté en un rincón.

Quizá porque aquella noche iba un poquillo mejor trajeado que de costumbre, un joven elegante a quien conocía se acercó a mí y se sentó a mi lado.

Yo, por el honor de que me viesen en su compañía, le invité a tomar algo, y él aceptó. Eso sí, como quien hace un favor, por no despreciarme.

Le ofrecí un cigarrillo, pero en eso no fui tan afortunado.

—No fumo más que cigarros especiales, ¿sabe? —me dijo.

Los míos eran de los baratos.

Empecé a hablar de algo y me atascó al momento, para contarme sus conquistas. De vez en cuando, yo me atrevía a hacer alguna observación, pero, al momento, me paraba diciendo:

—Calle usted. Verá lo que pasó después.

Hice un esfuerzo para no fijarme en sus palabras, y me puse a mirarle atentamente. Tenía una cabeza admirable; ni una de ésas de cera que hay de muestra en las peluquerías están tan bien peinadas. La raya a la izquierda, luego al mismo lado una onda; a la derecha, otra onda, pero mayor; después, una entrada y luego la curva del pelo de las sienes.

Cuando me enteré bien de la forma de sus bigotes y del número de cuadraditos que tenía su corbata, me dediqué a contemplar a un joven de una mesa de al lado, que hablaba a voces para que le oyera todo el mundo, y a quien rodeaban siete u ocho amigos, celebrando sus gracias.

Eran chistes de clavo pasado, de esos antiquísimos de almanaque, pero tenían éxito. El narrador se pavoneaba, inventaba diálogos formados por un conjunto de muletillas que por su misma superficialidad, cuadraban bien a cada instante: "¡Aquello fue la mar!" "¡Ni qué decir tiene!" Y tal...

Me puse a mirar por todos los lados. Iban entrando algunos rezagados con las narices enrojecidas por el frío; se quitaban el gabán y se tendían en los rojos divanes con abandonadas posturas. Echaban bocanadas de humo al techo, y quitaban con la uña del dedo meñique la ceniza del cigarro con una complacencia afeminada. Luego fue una irrupción de mujeres recién pintadas, con trajes claros y vaporosos. Mi amigo, el del cabello ondulado, me fue mostrándolas por sus nombres: aquella rubia flaca era *la Regardé;* la otra pequeñita, que se había sentado con aquellos señores, *La Trini;* la de la calle de Santa Isabel, la gorda de la manteleta, *La Antonia;* la otra, la paliducha, como si estuviera desteñida, *La Churritos;* sepulcros blanqueados con polvos de arroz, que marchaban, de mesa en mesa, sonriendo a los hombres con sus labios pintados.

Después de la irrupción de mujeres, vino la de los cómicos. Mi cicerone me los fue enseñando.

Ahí tiene Vd. a *Sabino,* el barítono ese, tan notable; allá a *Fernández,* ¡je... gracioso! Le ha visto Vd. cómo tuerce las piernas en los tímidos. ¡Qué hombre! Ese otro es *Martínez,* el que sale de baturro en las alegorías nacionales; dicen que si está liado con *la García.*

Afortunadamente, su voz se mezclaba con el murmullo de las conversaciones, con el ruido de las palmadas, de las toses, con el tintineo de las cucharillas al chocar en los vasos, y con el estrépito de la puerta al cerrarse, y no se le entendía.

Y mientras llegaba a mi oído su voz de una manera confusa, miraba cómo se torcían las columnas del café al reflejarse repetidas veces en los espejos de las paredes. Veía el puesto de cerillas en el centro del salón, convertido en exposición de cuadros detestables y me representaba el desdén de las figuras de salas al contemplarlos desde el techo.

Y entre toda aquella mescolanza de viejos infantiles coleccionadores de estampas de cajas de fósforos; de gomosos, de *croupiers,* de perdidas, de cómicos y de toreros, no se veía ni una cara en donde se leyera algo. Las sonrisas destilaban imbecilidad; se respiraba tedio.

Parecía que allí se reunían todas las noches unos cuantos para convencerse a sí mismos que eran unos calaveras y para aburrirse en compañía.

Y esto me pareció tan estúpido que me levanté de la mesa, y después de despedirme del joven del cabello ondulado, me marché renegando de los viejos, de los gomosos, de las perdidas, de los cómicos, de los toreros, y de todo...

(*La Voz de Guipúzcoa,* núm. 4501, del 21-XII-1897)

EL VAGO [17]

Apoyado en una farola de la Puerta del Sol, mira entretenido pasar la gente.

Es un hombre ni alto ni bajo, ni delgado ni grueso, ni rubio ni moreno; puede tener treinta años, y puede tener cincuenta; no está bien vestido, pero tampoco es un desharrapado.

¿Qué hace? ¿Mira algo? ¿Espera algo? No, no espera nada. De vez en cuando sonríe; pero ni su sonrisa es sarcástica, ni su mirada es oblicua. No es un tipo de Montépin.

¿Es empleado? No. ¿Tiene rentas? Tampoco. ¿Alguna industria? Ca, ni mucho menos.

Pues, entonces, ¿qué es? Es... ¡un vago! ¿Un vago?

Para uno de esos Catones de tiendas de ultramarinos, una cosa inútil. Para uno de esos filósofos pedantes, confeccionadores de artículos de los periódicos de gran circulación, ¡casi un criminal!

Seguramente, no lo es. Tiene la mirada profunda, la boca burlona, el ademán indolente.

Mira como un hombre que no espera nada de nadie.

Es un espectador de la vida; no es un actor.

Un vendedor de periódicos se acerca al farol en que se apoya y le cede sitio. Un farol puede sostener dos espaldas.

* * *

Un vago apoyado en un farol es un motivo de reflexiones. El farol, la ciencia, la rigidez, la luz; el vago, la duda, la indecisión, la sombra.

¡Glorificad a los faroles! ¡Pero no despreciéis a los vagos!

No parece sino que ser vago es la cosa más fácil del mundo, que el "farniente" está a la altura de todas las inteligencias. ¡Error! Ser vago es ser filósofo. Un filósofo es algo más que un cualquiera. Para ser vago perfecto, se necesitan más condiciones que para ser un buen industrial, un buen abogado, un buen médico, un buen comerciante o un buen ministro. ¿Se dirá que hay vagos a montones? ¡Qué ha de haber! Tenéis en la clase alta gomosos, clubman, sportman, átomos brillantes de la atmósfera de imbecilidad que recubre este planeta; pero ésos no son vagos. Miradlos: andan de prisa, a la inglesa, pensando en algún caballo, en alguna mujer, en algún perro o en algún amigo.

Tenéis en las otras clases toda una escuela de holgazanes, desde el empleado y el estudiante hasta el "maleta" y el mendigo, pero no tenéis vagos, esos vagos tan despreciados sólo porque en lo mejor de su juventud tienen la debilidad disculpable de perder la afición al trabajo.

El vago es una bagatela social, pero no es una escoria. Hay bagatelas trascendentales, como hay cosas importantes, baladíes. Inventar un juguete demuestra tanto ingenio como inventar una máquina. Idear una catedral es una gran cosa. Idear una rama de papel no es despreciable.

* * *

El vago del farol y yo nos conocemos y nos hablamos.

Es un hombre que no saluda a nadie. Debe de tener pocos amigos; quizá no tenga ninguno. Señal de inteligencia. Sólo los tontos tienen muchas amistades. El mayor número de amigos marca el grado máximo en el dinamómetro de la estupidez.

* * *

Mi hombre no abandona casi nunca la Puerta del Sol. No le gustan los viajes largos. La Puerta del Sol es el campo de sus observaciones; se aventura algo en las calles adyacentes, pero con prudencia.

No esperéis que se detenga a contemplar en los escaparates joyas o corbatas o abanicos. Desprecia esas baratijas. Si va por la Carrera, no creáis tampoco que vaya a espaciarse ante los faisanes de Lhardy. Está convencido de que el faisán es un animal mitológico, una ilusión forjada por el deseo.

Las librerías le interesan un poco, pero le interesa más la gente que pasa. Sus observaciones las hace a media voz; no para que le oigan, sino para discutirlas. Las ideas de uno mismo expresadas en palabras suenan a ideas de otro y dan ganas, sólo por eso, de combatirlas.

A veces, está preocupado. El otro día le vi, apoyado en su farol, pensativo y cabizbajo.

—¿Qué hay, amigo? —le dije, porque no sé cómo se llama.

—Hombre —contestó—, estoy intrigado por quién pueda ser ese señor. Mis observaciones me hacen creer que es médico; pero si es médico, ¿por qué lleva esas patillas? Ese detalle me perturba. ¿Si no será médico el señor de la patillas? ¡Tendría gracia!

En aquel momento se volvió el señor de las patillas y le vi la cara.

—Ya sé quién es —le dije—. Es un antiguo "croupier", que ahora es delegado del distrito.

—Anda. Yo que no podía clasificarlo. Soy un imbécil. Pero en fin, me alegra saberlo.

Nos encontrábamos en la acera que hay entre la Carrera de San Jerónimo y la calle de Alcalá, acera de limpiabotas por la mañana, de timadores, de descuideros al anochecer, de chulapos y maletas a las altas horas de la noche.

Atravesamos la calle de Alcalá. Un turbión de gente subía hacia la Puerta del Sol a empujones. De vez en cuando, la resaca llevaba por allí algún amorío nacido en el Pinar de las de Gómez.

—Mire, usted —señaló mi vago—, una muchacha bonita, pero de aspecto extraño. Sus labios sonríen irónicos, burlones. En cambio, los ojos miran asombrados, con pensativa tristeza, como presos que sueñan con la libertad tras de las rejas de las doradas pestañas.

La siguen un rubio y un moreno Y ella mira a los dos. ¡Es raro! Y quizás no le guste ninguno. ¡Qué curioso! Ya se aleja. ¡Mire usted qué andar ensimismado! Más que una mujer, parece una idea.

Seguimos andando sin apresurarnos.

—Ahí tiene usted. En el espacio de una losa a

un héroe de Cuba, a un espadista, a un municipal y a un colillero.

La gente tomaba por asalto el tranvía de la calle de la Montera. Se oían los silbidos de los conductores. Se cruzaban coches; gritaban los vendedores ambulantes.

Cruzamos la Calle de la Montera y pasamos a la otra acera.

Esta parte —me advirtió el vago— es mixta. Aquí tiene usted rentistas, pobres, golfos, ministros, curas disfrazados de paisano, y generales. Hay de todo: es una acera inclasificable.

La otra, la del Oriental era, según me dijo, la más definida: la acera política por excelencia

Allí se fabrican un sin fin de noticias falsas, de crisis inverosímiles, por toda aquella caterva de cesantes enfundados en levitas raídas. Se discute, se chilla. A Nocedal, se opone Salmerón; a Weyler, Martínez Campos.

Y siguiendo en su filosofía de las aceras, me advirtió que la del Ministerio de Gobernación era la más inmoral y la más peligrosa.

—¿Por qué? —le pregunté.

Porque en esa casa, se fabrican diputados.

—¡Bah! A quién le preocupan esas niñerías de la política —contestó él.

—¿Porque hay citas, porque hay políticos?

—No. Fíjese usted. Es la acera de los prestamistas.

Ahí espían a los deudores para molestarles, reportándoles pagarés y recibos. ¿Ha visto usted cosa más inmoral que un acreedor que exige un pago?

—No, yo no he visto cosa más inmoral, ni de peor gusto. Y tanto es así que decido desde ahora no pasar por esa acera.

—Hará usted bien. De un acreedor, no se puede esperar nada bueno.

Y siguió con su filosofía, indicándome, al pasar, elegantes, políticos, empleados policíacos, periodistas, *chulapos*, *randas*, *maletas*, descuideros, golfos, *petardistas*, mendigos de levita, cesantes, literatos del sable, timadores, estadistas y demás gente de rumbo, que navegaba por las aceras turbulentas de la Puerta del Sol.

Luego nos separamos. Y al día siguiente, le volví a ver, apoyado en el farol. Nos miramos como si no nos conociéramos. Siempre está vagando este tipo, dije yo para mis adentros. Y él quizá dijera, para los suyos, al verme:

—Menudo "gachó". ¡Vaya un vago!

(*La Voz de Guipúzcoa*, núm. 4505, del 25-XII-1897)

LA CASA DE LA TRAPERA [18]

El solar está emplazado en una callejuela sombría de un barrio triste y pacífico del centro de Madrid.

Era un solar grande, rectangular, dos de sus lados lo constituyen las paredes de dos casas vecinas, dos casas modernas, de esas sórdidas, miserables, que parecen viejas a los pocos meses de construirlas.

Los otros lados los forman una empalizada de tablas a las cuales el viento y la lluvia van carcomiendo poco a poco.

Cuando paso por esa callejuela y miro por las rendijas de la empalizada al interior del solar, no sé por qué siento una impresión de tristeza punzante.

Se ven en el suelo barreños rotos, montones de cascotes y escombros, ruedas de coche, latas de petróleo... ¿De dónde procederá todo esto?, suelo preguntarme, y quisiera que cada cosa me contara su historia, su historia de decadencia y de ruina.

Los solares en invierno, suelen estar tristes; pero miradlos en la primavera, cuando el calor se hace sentir.

Los hierbajos han dado flores; los pájaros hicieron sus nidos entre las vigas y los escombros; las mariposas blancas, amarillas o de variados colores, pasean por el aire limpio y vibrante, los primeros entusiasmos de sus alados amores.

Entonces dan ganas de tenderse al sol con el sombrero echado sobre los ojos y pasar horas y horas mirando al cielo azul, viendo revolotear las abejas y los moscones, mientras zumba el aire con murmullo sordo en los oídos.

El terreno del solar no es llano; tiene, en el ángulo que forman las dos casas, una hondonada profunda.

Si algún día pasáis por casualidad de cuatro a cinco de la mañana junto al solar, veréis a una vieja y a una niña que empujan desde dentro dos tablas de la empalizada y salen furtivamente a la calle.

La vieja es pequeña, arrugada, sin dientes; lleva un saco vacío en la espalda y un gancho en la mano. La niña es flaca, desgarbada, el rostro lleno de pecas y el cuerpo cubierto de harapos; pero andrajosa y desgreñada, irradia juventud y frescura.

Si luego que hayan marchado y doblado la esquina, buscáis el sitio por donde salieron, veréis que las tablas desclavadas ceden a la presión de la mano, y que por el hueco que dejan se puede pasar al solar.

Se ve primero un camino, entre montones de cascote y de piedras, que se dirige hacia la hondonada.

En ésta hay una casa, si es que así puede llamarse a un cobertizo hecho de palos y de esteras, al cual sirve de techo una puerta metálica, de éstas de cerrar los escaparates de las tiendas, rota, oxidada y sujeta por varios pedruscos. La casucha no tiene más que un cuarto; un verdadero museo de cosas inútiles, perfectamente clasificadas.

Unas cuantas vigas sirven de vasares, y sobre ellas hay un sin fin de latas de conservas colocadas por orden de tamaño: jarras y nasas, pucheros y cacharros cascados, barreños sin fondo.

Junto a la ventana hay un hornillo, y sobre la ceniza blanca unos cuantos carbones, que hacen hervir, con un glu-glú suave, un puchero de barro.

A veces un chorro de vapor levanta tímidamente la tapadera y deja un vaho apetitoso en el cuarto.

Os digo que es apetitoso el olor que deja al hervir el puchero de barro.

El otro día, a las cinco de la mañana, espié la salida de la vieja y la niña. Estaba oscuro.

Salieron las dos. La vieja se detuvo en la esquina, escarbó en un montón de basuras, recogió unos papeles y unos trapos, los metió en el saco, y ella y la niña siguieron su camino.

Se detenían a cada paso removiendo y escarbando los montones de basura. ¡Qué *sport* el del trapero!

Cada montón de basura es un enigma. Dentro de él, ¡cuántas cosas no hay!, cartas de amor, letras de comerciantes, rizos de mujeres hermosas, periódicos revolucionarios, periódicos neos, artículos sensacionales, medias de cortesana, pedazos de un pañuelo quizás mojado por las lágrimas de una madre.

En algunos portales de la calle dormían acurrucados chiquillos descalzos, con unos cuantos periódicos que sostenían debajo del brazo, pobres seres sin familia, sin hogar, sin más protección que la de la naturaleza, madrastra cruel de los desgraciados.

La vieja y la niña atravesaron la Plaza Mayor y luego siguieron por la calle de Toledo, que estaba triste y oscura.

Entraron en el cafetín del Rastro, sitio notable por albergar lo más florido de los golfos y timadores madrileños.

Casi todas las mesas estaban ocupadas en aquella hora por mendigos que dormían con las cabezas apoyadas en los brazos. El aire, lleno de humo de tabaco y de aceite frito, era irrespirable.

La vieja y la niña tomaron, por diez céntimos cada una, su café con aguardiente. Salieron del cafetín. Una aurora de invierno se presentaba con colores sombríos en el cielo.

El piso bajaba por entre las dos filas de casas de la Ribera de Curtidores; luego se veía un montón confuso de cosas negras constituido por las barracas del Rastro y de las Américas; más lejos ondulaba la línea oscura del campo, bajo el cielo plomizo preñado de amenazas de una mañana de invierno.

Bajaron la cuesta y atravesaron la Ronda. Allá, la vieja, habló con los vendedores ambulantes, discutió con ellos, con frase pintoresca, recargada de adornos de más o menos gusto, y cuando hubo cerrado sus tratos, volvió hacia Madrid.

Eran las siete. Las calles vecinas estaban intransitables por las verduleras que obstruían el paso; se cruzaban obreros, criadas, mozos de café, repartidores...

La vieja compró un pan grande en la calle de la Ruda, a mitad de precio, lo dio a la niña que lo guardó en la cesta, y las dos se dirigieron hacia su calle.

Empujaron las tablas de la empalizada, y entraron rápidamente en el solar, quizá felices, quizá satisfechas por tener un hogar pobre y miserable, y un puchero en la hornilla que hervía con un glu-glú suave, dejando un vaho apetitoso en el cuarto.

(*La Voz de Guipúzcoa*, núm. 4510, del 30-XII-1897)

CAMINO DEL ESTE [19]

El coche de muerto venía por la Ronda hacia la calle de Atocha Era un coche de tercera, ramplón, enclenque; estaba pintado de negro, y en las cuatro columnas de los lados y en la cruz que le adornaba tenía vivos amarillos, chillones, como los de dominó de Carnaval.

No era ni mucho menos uno de esos coches fúnebres de movimientos respetables, tirados por caballos briosos y conducidos por palafreneros de media blanca y peluca empolvada; era un pobre coche, modesto, sin pretensiones aristocráticas, sin más aspiración que la de llevar mucha gente al cementerio y no romperse en pedazos un día, camino de las Ventas.

No se había honrado nunca conduciendo al Camposanto cuerpos de generales o magnates. Llevaba la carroza de los barrios bajos al pudridero, pero no se lamentaba de su posición. Lo más que hacía era rechinar, la única manera de quejarse de los coches.

Arrastrado por dos caballos escuálidos, uno de ellos cojo, se bamboleaba como un barco en alta mar; hasta crujía lo mismo que los buques.

El cochero, subido en el alto pescante, con su librea negra y raída y su sombrero calado hasta las cejas, era el piloto de aquella embarcación que conducía su cargamento de los puertos de la Muerte a las orillas de la Nada.

Con las riendas en una mano y con el látigo en la otra, serio, tranquilo, miraba desde sus alturas la Humanidad agitándose a sus pies, la Humanidad a la cual se encargaba él de ir trasegando en su coche al cementerio.

El cortejo que seguía al coche no era tampoco muy lucido; lo formaba un grupo de obreros bastante mal trajeados, a pesar de ser domingo; una serie de tipos de cara dura, de espaldas encorvadas y de mirada fosca.

Eran todos panaderos, se les conocía en ese matiz especial que da el trabajo de noche en sitios húmedos, mal iluminados por un mechero de gas.

Iban por el medio de la calle, mirándose del lodo. Primero, junto al coche, dos hombres, como presidiendo el duelo, vestidos con pantalón de pana y gran cadena de reloj en el bolsillo del chaleco.

Los demás iban después, formando dos grupos sin reunirse. La causa de aquella separación era la rivalidad que existía entre la tahona del *Francés* y la tahona del *Gallo*.

Los obreros de una y otra panadería no se hablaban nunca. Sólo en las grandes ocasiones solían reunirse, pero siempre guardando las distancias.

Al entierro de Mirandela, antiguo oficial de masas de la tahona del *Gallo*, y luego hornero

en la tahona del *Francés,* no podían faltar ni
los de una casa ni los de la otra.

En el grupo de los del *Gallo* sobresalían *El
Maestro,* llamado también *O Ferrador; El Manchego,* uno de los antiguos de la tahona, que siempre asistía a los entierros con sombrero de alas
anchas, como si fuera a cazar mariposas, blusa
blanca y bastón; *El Maragato* y *El Moreno.* Los
demás eran de poca importancia.

El otro grupo lo capitaneaba el mismo amo o
Francés; un *auvernés* grueso y colorado, siempre
con la pipa en la boca; junto a él iban los dos
hermanos Barreiros, dos gallegos de instintos an-
daluces que vestían de corto y sombrero cordobés;
luego Paquirri *el Americano,* Paco conocido por el
mote de *la Paquita;* Basilio, *el aragonés* y *El Rubio,* el repartidor.

Iban todos metiéndose en el barro, repitiéndose
unos a otros las frases de cajón; "¡La verdad es
que para la vida que uno lleva... más valiera mo-
rirse! y ¡Qué se le va a hacer! y ¡Que aquí no se
puede decir, no quiero!"

El día era de invierno, oscuro, tristón; las casas, ennegrecidas por la humedad, teniendo grandes manchas negruzcas en sus fachadas, lagrimo-
nes que iba dejando la lluvia; el suelo estaba lleno de barro, y los árboles descarnados, entrecru-
zaban en el aire sus ramas secas, de las cuales aún
colgaban algunas hojas mustias y arrugadas...

El coche fúnebre bajó por la calle de Atocha
hasta dar vuelta a las tapias del Retiro.

Comenzó a llover. A la derecha se extendía la
ancha llanura madrileña, ya verde por el trigo que

retoñaba; a lo lejos surgía, entre la niebla, el cerrillo de los Angeles; más cerca, las dos filas de casas del Pacífico, que terminaban en la barriada del Puente de Vallecas.

Allá junto a una puerta del Retiro, próxima al Hospital del Niño Jesús, se detuvieron un momento y algunos aprovecharon la ocasión para entrar en un ventorrillo a echar unas copas.

—Aquí vaciamos un frasco de vino con el pobre Mirandela cuando fuimos a enterrar al Ferreiro. Os acordáis —dijo el Maragato.

—El decía —añadió uno de los Barreiros— que camino del Purgatorio había cuarenta mil tabernas y en cada una se tiene que echar un trago. Estoy seguro de que él no se contenta sólo con uno.

—Necesitará lo menos media arroba, porque era aficionado, si bien se quiere —añadió *El Moreno*.

—Y ¿qué se va a hacer? —repuso con su filosofía habitual *O Ferrador*. Va uno a su casa y la mujer riñe y los rapaces lloran, y ¿qué se va a hacer? Marcharse a la taberna.

Llegaron a la calle de Alcalá. Algunos allí, se despidieron del cortejo, los demás siguieron para adelante.

—¡Eh! ¡Al Este! ¡Al Este, por un real! —gritaron unos cocheros Se ocuparon dos tartanas. El coche de muerto comenzó a alejarse de prisa, al trote largo de sus caballos, y partieron después las dos tartanas, dando tumbos y tumbos por la carretera.

Al paso se cruzaban otros coches fúnebres, ca-

si todos de niños. Se llegó a las Ventas, se detuvo
el coche de muerto, se cruzó el puente y nuevamente siguieron los tres coches a la carrera. Llegaron al Este. Se hizo el entierro sin grandes ce-
remonias. Lloviznaba y corría un viento muy frío.

Volvieron a los coches, y ¡hala! ¡hala! Las tartanas dejaron atrás el coche de muerto y llegaron
pronto con su estrépito de campanillas a las Ventas. Quedaba todavía una parte importante: la
merienda. ¿Qué se iba a tomar? Se preguntaron
unos a otros como gente que tiene que resolver un
problema gravísimo.

Que había de ser cosa de carne era evidente;
tenían todos una verdadera adoración por la carne. Decían carne como un místico pudiera decir
Dios.

Se discutió, pero el parecer general fue el de
traer chuletas.

El Maragato se encargó de comprarlas en la
carnicería y volvió poco después con ellas envueltas en un papel de periódico.

En un ventorrillo prestaron la sartén, dieron
unas astillas para hacer fuego y trajeron vino.

La Paquita se encargó de freír las chuletas. Se
sentaron todos a la mesa.

Los dos primos del muerto, que presidían el
duelo se creyeron en el caso de poner una cara
resignada; pero pronto se olvidaron de aquello y
empezaron a engullir.

Comían todos con las manos, embutiéndose en
la boca pedazos de pan como puños, llenándose los
labios de grasa y royendo la última piltrafa de
los huesos.

El único vaso que había, pasaba de una mano a otra, y a medida que el vinazo iba llenando los estómagos, las mejillas se coloreaban y los ojos chispeaban.

Ya no había separación: los del *Gallo* y los del *Francés* ahogaron sus rivalidades en vino, se cruzaban preguntas acerca de sus amigos y parientes: "Y ¿*Lenzuela,* el de Goy? Y ¿*Perucho,* el de Jesús? Y ¿*el Farruco,* el de Castroverde? Y ¿*Cavanela?*...

Y llovían historias y anécdotas y risas y puñetazos en la mesa y carcajadas; hasta que de pronto *el Manchego,* sin saber por qué, se indignó y empezó a insultar a los gallegos, diciendo que en Galicia no había más que nabos, que todos ellos eran unos hambrientos y que no sabían lo que era el vino.

—Y en la Mancha, ¿qué hay? —le preguntaban los gallegos.

—El mejor trigo y el mejor vino del mundo —replicaba *el Manchego.*

—En cuanto a trigo —repuso *el Maragato*—, no hay país como la Maragatería.

Todos se echaron encima, protestando. *El Francés* quiso hablar de la Auvernia, pero no se le dejó. Ya *el Ferrador* encontró que era tarde y hora de marcharse

Era un anochecer triste. Corría un viento helado. Una nubecilla roja aparecía sobre Madrid, como una lejana esperanza de buen tiempo.

Se discutió la parte que a cada uno le tocaba pagar de la merienda.

El Manchego siguió vociferando en contra de los gallegos.

—*Léveme o demo* —le decía uno de ellos. A pesar de eso, ya quieres casar a tu hija con un gallego.

—¡Yo! ¡Yo! —replicaba él y echaba el sombrero en el suelo—. Antes la quiero ver entre cuatro velas.

Entonces *el Ferrador* quiso calmarle con sus reflexiones filosóficas.

—¡Por fin! Mira, *Manchego* —le decía *O Ferrador*—, ¿de dónde son gobernadores, ministros y demás?... Pues de la Galicia, hombre, de la Galicia. ¡Y qué se va a hacer!

Pero *el Manchego*, sin darse por convencido, seguía indignado, ensañándose en el maldito barco que trajo a los gallegos a España.

Luego, con el frío, se fueron calmando los ánimos. Al llegar a la estatua del Espartero, cada uno tiró por su lado.

A la noche, en los locales sombríos de la tahona del *Gallo* y de la del *Francés* trabajaban todos medio dormidos, a la luz vacilante de un mechero de gas.

(*La Voz de Guipúzcoa*, núm. 4514, del 3-I-1898)

LA INSTITUTRIZ [20]

Hasta hace unos días se les veía siempre.

La elegante familia no había ido a veranear por razones económicas más que por otra cosa.

Por las mañanas salía el coche del hotel colocado en una calle próxima a la de Serrano y se detenía en el Retiro, junto a una plazoleta, con un estanque adornado de macetas. Del coche bajaban dos señoritas, descoloridas, y una institutriz con dos niñas pequeñas de cuatro a cinco años. Las dos se reunían con una amiguita acompañada de una inglesa, uno de esos ejemplares dignos de figurar en un museo de cosas grotestescas, y paseaban todas hablando, riéndose en el andén solitario, dando una nota alegre de color, con sus trajes vaporosos de verano.

Tras de ellas mariposeaban dos jovencillos, con sombrerillo de paja y pantalón blanco, dos gomosos acicalados, repeinados, con los bigotes retorcidos y el pelo brillante por el cosmético, dos muchachos de aspecto vulgar, de esos que sonríen con la amabilidad de los mancebos de las peluquerías.

Ellas, con la sonrisilla burlona de los espíritus mezquinos, cambiaban sus observaciones, aprovechando alguna ocasión para mirarles; ellos, a pesar de su frivolidad y de su petulancia, pensaban en la dote, en el hotel confortable, en el coche lujoso.

La institutriz, llevando las dos niñas de la mano, marchaba detrás de sus señoritas. Nadie se fijaba en ella, y no porque fuese fea. Era rubia, menudita, de talle flexible, iba algo inclinada hacia adelante para coger las manos de las niñas y en su figura había algo indefinido como una idea, algo indefinido como un sueño.

Ciertamente, su cuerpo no era escultural ni su pecho bien desarrollado, pero en cambio de esto, sus ojos tenían la serenidad de las auroras tranquilas del otoño y sus labios el color de las amapolas en los amarillos trigales.

Cuando se cansaban las niñas de andar, la institutriz se sentaba en un banco y mientras las niñas hacían montes de arena en el suelo, ella, pensativa, miraba sin ver las masas de verde follaje.

¡Recordaba!

Recordaba los prados de su tierra, de la Bretaña, aquellos prados verdes en donde pastaban las vacas la hierba recortada, resoplando con alegría, corriendo pesadamente de un lado a otro, mientras azotaban sus piernas con la larga cola para espantar los moscardones.

Recordaba luego el colegio de Rennes, en donde pasó sus años de la niñez, los mejores de su vida, estudiando para obtener el *Certificat de Titre* y el *Brevet,* con tanta ansia esperado, y le venían a la memoria sus ilusiones místicas de niña, cuando purificada por la comunión, sobre su cama estrecha de colegiala, se le aparecían procesiones de santos, llevando el Divino Cordero, todo amor, todo pureza, y pasaban ante sus ojos las *Dolorosas* de los ojos negros y de la cara macilenta, las *Vírgenes* de las azules túnicas, con blancos lirios en la mano, las *Beatas,* los *Mártires,* los *Venerables;* todos envueltos en claridades celestes, caminando sobre nubes de incienso, nubes blancas como mármoles griegos, salidas a borbotones lentos de enormes incensarios de plata colgados de las estrellas.

Luego del colegio pasaba su memoria otra vez a la aldea de Bretaña; en donde su nodriza le contaba la triste historia de su madre, la historia de la mujer seducida por un hombre, abandonando el fruto de sus amores para casarse con otro; y en el tiempo pasado en casa de su nodriza, en la alquería, ante el campo libre, ante las mariposas alegres, paseando entre las altas hierbas sus amores, el ideal místico de la fusión con Dios se desvanecía en su alma e iba creciendo en ella y ocupándola por completo el ideal humano del amor, de la vida, de la maternidad, del trabajo.

Después venía la proposición de ir a España. A España, el país del sol, donde florece el naranjo, la tierra del Cid, la tierra de los amores romanceros. Luego ya en España sus recuerdos se confundían con sus dolores. Eran desdenes de las señoritas, siempre humillándola en sus ilusiones de mujer, desdenes de la señora preocupada de convencerla de que a pesar de su buena educación, era tan sólo una criada; brutalidades del señor que quería seducirla con sus sesenta años, su vientre puntiagudo y su cara congestionada de imbécil: ingratitudes de las niñas, ya con la doble perversidad de niños y de mujeres. La maldad humana, estúpida y cobarde por todos lados.

Y ella, sin desalentarse, esperaba.

Esperaba un hombre, un hombre fuerte para respetarle, bueno para amarle, un hombre joven, solo y pobre como ella, emprendedor y valiente; un hombre a quien dedicar la existencia entera, a quien consagrar los tesoros de ternura de su alma, a quien consolar de las tristezas y de las decepciones de la lucha por la vida, con sus más solícitos cuidados y sus más apasionadas caricias.

Y los hombres pasaban y pasaban; miraban los ojos soñadores que como el alma que se asomaba a ellos, tenían la nostalgia del amor y de la bondad. Y pasaban los melancólicos y los alegres, los graves y los petulantes, los sórdidos y los generosos... Y pasaban, atrincherados todos en su egoísmo, pensando en el dinero, en la comodidad, en la conciencia.

Y como en su niñez al dormirse en su lecho de colegiala, llamaba a las procesiones de Santos que viniesen a sonreírla en sus sueños, esperaba al hombre, al hombre fuerte para respetarle, bueno para quererle, que no venía... por más que su corazón le llamaba a gritos.

De noche, sola, en la alcoba, después de acostar a las niñas, mientras sus señoritas *flirteaban* en los jardines, se asomaba a la ventana y miraba con los ojos muy abiertos la noche negra y sofocante. Abajo, en el jardín del hotel, el viento empezaba a suspirar entre los árboles con los primeros quejidos tristes del otoño. A lo lejos, brillaban las luces de gas envueltas en una atmósfera turbia. Arriba, en el cielo, palpitaban y vibraban las estrellas en la enormidad de sus existencias solitarias.

Y ella con el corazón aplanado por languideces sin causa, pensando en su vida, en su vida triste y monótona, lloraba... lloraba y seguía esperando al hombre fuerte para respetarle; bueno para quererle, como en su niñez esperaba en su lecho de colegiala, las imágenes benditas que venían a sonreírla.

(*La Voz de Guipúzcoa*, núm. 4770, del 19-IX-1898)

PLAYA DE OTOÑO [21]

Era una excursión que María Luisa hacía todos los años a principios de otoño. Cuando su marido marchaba con algún amigote a Biarritz o a San Juan de Luz, ella tomaba la diligencia que va recorriendo los pueblecitos de la costa de Guipúzcoa, y en uno de ellos se detenía.

Aquel viaje era para ella una peregrinación al santuario de sus amores, lugar [1] donde su espíritu se refrescaba con las dulces memorias de lo pasado, y descansaba un momento de la fiebre de una vida ficticia.

Allá, en el camposanto de uno de aquellos pueblos colocados junto al mar, dormía el sueño eterno el hombre querido, en un cementerio poblado

de cipreses y de laureles, huerto perdido en el
monte, rodeado de soledad, de flores y de silencio...

Aquella tarde, al llegar María Luisa al pueblo,
se detuvo, como siempre, en casa de su nodriza.
Estaba rendida del viaje; se acostó temprano y
durmió hasta la madrugada con un sueño tranquilo.

Se despertó con un sobresalto; abrió los ojos;
ni un rayo de luz se filtraba en la alcoba. Debía
ser de noche. Trató de volver a dormirse; pero
iban acumulándose en su cerebro tantos recuerdos, tantas fantasías, que para calmar su ex-
citación saltó de la cama, se vistió ligeramente y
fue tanteando en la oscuridad hasta encontrar la
ventana y abrirla.

El amanecer era de otoño. Una gasa de niebla
luminosa llenaba el aire [2]; ni un ruido, ni un
signo de vida rompía la calma del crepúsculo. A
lo lejos se oía el murmullo del mar, lento, tranquilo, sosegado...

El pueblo, el mar, los montes, todo estaba borrado por la bruma gris, que empezaba a temblar
por el viento de la mañana.

María Luisa, pensativa, encontraba tranquilidad al contemplar la niebla opaca y maciza que
impedía a los ojos [3] ver más allá. Poco a poco,
sus pupilas, ensanchadas en presencia de las tinieblas, iban sorprendiendo aquí una sombra sin
contornos; allá, la claridad de la arena de la
playa, y las siluetas sin forma [4] aparecían y
desaparecíon con los movimientos de las masas de
bruma.

El viento era de tierra, húmedo y tibio, lleno de olores acres, de efluvios de vida exhalados de las plantas. A veces, una bocanada de olor a marisma [5] indicaba la presencia del viento de mar.

La luz de la mañana empezaba a esparcirse por entre los grises cendales de la niebla; luego, ya las formas confusas y sin contornos claros se iban fijando, y el pueblo, aquel pueblecillo de la costa guipuzcoana, formado por negros caseríos, iba apareciendo sobre la colina en que se asentaba, agrupado junto a la vieja torre de la iglesia, mirando de soslayo al mar, al [6] mar verdoso del Norte, siempre agitado por inmensas olas, siempre fosco [6], murmurador y erizado de espumas.

Se desarrollaba con lentitud el paisaje de la costa; veíanse a la izquierda montones de rocas, sobre las cuales pasaba la carretera; a la derecha se dibujaba vagamente la línea de la playa, suave curva que concluía en grandes peñones negros y lustrosos, que en las bajas mareas se destacaban a flor de agua como monstruos marinos nadando entre nubes de espuma.

Ya el pueblo comenzaba a despertar. El viento traía y llevaba el sonido de la campana de la iglesia, cuyos toques, reposados y lentos, de la oración del alba vibraban en el aire empañado del angustioso crepúsculo.

Se abrían las ventanas y las puertas de las casas; los labradores sacaban el ganado de los pesebres a la calle, y en el silencio del pueblo sólo se oían los mugidos [7] de los bueyes, que, con las cabezas hacia arriba y las anchas narices abiertas, respiraban con delicia el aire fresco de la mañana.

Ante aquellas vidas humildes y resignadas, en presencia del mar que gemía y de la religión que le hablaba por la voz de la campana, una vaga languidez [8] invadió a María Luisa, y sólo cuando los rayos del sol entraron en el cuarto se sintió animada, se miró al espejo y encontró en sus ojos una expresión dulce, de soñadora tristeza.

Se preparó para salir; se puso un trajecillo de color violeta oscuro; en la cabeza un *canotier* sin adornos; se cubrió la cara con un [9] velillo blanco, cuajado de graciosas motas, y salió a la carretera, llena de charcos de agua amarillenta.

De cuando [10] en cuando se encontraba con algún boyerizo que, con el palo al hombro, marchaba delante de los bueyes, que iban a lento paso, arrastrando las chirriantes carretas.

María Luisa respondía a los saludos que la dirigían.

Luego fue acercándose al pueblo, cruzó la plaza, desierta, y pasó por debajo de un arco pequeño de piedras ennegrecidas por la humedad a una callejuela llena de pedruscos, estrecha y en cuesta, en donde descansaban de sus antiguas faenas algunas barcas medio podridas, con la quilla al descubierto.

En la clave de arco, resto de la antigua muralla que rodeó al pueblo, veíase una imagen toscamente tallada, y, debajo de ella, una guirnalda de hierbajos crecía en los intersticios de las piedras.

Desde el final de la callejuela se veía la playa. Era un desbordamiento de alegría el que iba inundando el paisaje, a medida que el sol destrozaba las nubes y las nieblas subían del mar para desvanecerse en el aire.

El ambiente se purificaba, aparecían jirones de cielo azul pálido, y en las faldas de los montes se veían, al descorrerse la niebla, aquí un caserío solitario en medio de sus verdes heredades de forraje; allá un bosquecillo de hayas y de robles; en las cimas, piedras angulosas y algún que otro arbusto raquítico de ramas descarnadas [11].

Hacía calor en la playa. María Luisa apretó el paso hasta llegar al extremo del arenal, y allí, en una roca, se sentó, fatigada.

El mar, terso y ceñudo, se obstinaba en rechazar la caricia del sol; amontonaba sus brumas, pero en balde; la luz dominaba, y los rayos del sol empezaban a brillar sobre la piel ondulada del monstruo de las olas verdosas.

De repente, el sol pareció adquirir más fuerza; el mar se fue alargando y alargando, hasta unirse en línea recta con el horizonte.

Entonces se vieron llegar las olas; unas, oscuras, redondas, impenetrables; otras, llenas de espuma: algunas, como alardeando de sinceridad, mostraban a la luz del día sus interiores turbios; allá, en las puntas, se estrellaban furiosas contra las rocas; a la playa llegaban suaves, con languideces de mujer convaleciente, bordando una puntilla blanca sobre la playa, y al retirarse dejaban en [12] la arena negruzcas algas y oscuras medusas, que brillaban con destellos a la luz del sol.

La mañana parecía de verano, y, sin embargo, en los colores [13] del mar, en el suspiro del viento, en los murmullos indefinidos de la soledad, sentía [14] María Luisa la voz del otoño. El mar le enviaba en sus olas la vaga sensación de su grandeza [15].

Y al compás del ritmo del mar, el ritmo de su pensamiento le llevaba a la memoria los recuerdos de sus amores.

Y llegaban como oleadas imágenes de aquellas horas que pasaron los dos, solos, tendidos en la arena de la playa [16], sin hablar, sin pensar, sin formar ideas, fundiendo su espíritu con [17] el espíritu que late en las olas, en las nieblas, en el mar inmenso.

Allá, en aquel mismo sitio, le había conocido; hacía ya diez años, ¡diez años! Había empezado por tenerle compasión viéndole enfermo, y al oírle y hablarle quedó estremecida en lo más oculto de su alma; ella, indiferente, se sintió enamorada; ella, satisfecha de ser estéril, sintió envidia por la maternidad. Las ráfagas del deseo crisparon sus nervios cuando, solos los dos, sentía reflejarse en sus espíritus los grandiosos crepúsculos de agosto, cuando el sol rojizo se ocultaba en el horizonte y el mar palpitaba con reflejo de escarlata.

¡Diez años pasados! ¡Diez años! Quizá era esto lo que más sentía ella [18]. Miraba en el porvenir la indiferencia, el cielo ceniciento de la vejez [19].

¡Diez años! ¡Entonces ella tenía veintiocho!

"Y llegarán otras primaveras y otros veranos —pensó[20] con desesperación—, y ante el mismo mar que ruge, agitado en olas inmensas; ante los mismos crepúsculos rojizos y las mismas noches estrelladas, y germinarán otros amores y otras ilusiones en otras almas..., y yo habré pasado como la espuma que brilló un momento."

... ...

Y María Luisa contempla la playa solitaria y triste, y del mar, que suspira bajo el cielo pálido del otoño, llega a su espíritu la vaga sensación del océano a agrandar la melancolía que sienta al ver su decadencia[21].

(*La Voz de Guipúzcoa,* del 9-XI-1898)

El mismo texto salió en *El Globo,* de Madrid, del 7 de noviembre de 1898.

El título del cuento publicado a su vez en la *Voz de Guipúzcoa* del 9-XI-1898 ya es distinto, como se puede ver. Y el texto se aproxima al publicado en *Vidas Sombrías,* salvo las siguientes diferencias:

(1) *al lugar* donde...
(2) llenaba el aire; (...) ni un signo de vida rompía...
(3) a lo lejos *mirar más allá* (≠ *ver*)
(4) las siluetas sin *fondo* (≠ *forma*)
(5) una bocanada de olor a *marisco* (≠ *marisma*)
(6) siempre *fresco* (≠ *fosco*), mirando al mar, el mar verdoso (≠ *al*)
(7) sólo se oían los *poderosos* mugidos...
(8) por la voz de la campana, *cuyo sonido se extendía en el triste crepúsculo,* una vaga languidez...
(9) la cara con *el velillo* (≠ *un*)
(10) De *vez* en cuando (≠ *cuando*)
(11) de ramas descarnadas, *triste como un pensador.*
(12) al retirarse dejaban *sobre* la arena (≠ *en*)
(13) en los *tonos* del mar (≠ *colores*)
(14) oía María Luisa (≠ *sentía*)

(15) El mar le *envía* ($\neq$ *enviaba*)

(16) de aquellas horas *en que, solos los dos, tendidos de espaldas en la arena, pasaron en la playa, sin hablar*... (que *pasaron los dos, solos, tendidos en la arena de la playa*...)

(17) fundiendo su espíritu *en* el espíritu (con el...)

(18) lo que más sentía (...), borrándose *ella*)

(19) el cielo ceniciento de la vejez *y se aferraba a sus recuerdos*.

(20) pensó *ella* con desesperación (*ella*, añadido)

(21) al *notar* su decadencia ($\neq$ al *ver*)

Hemos tomado el texto publicado y no el del periódico, por ser más fácil el cotejo de las diferencias, que ascienden a 21. Si nos reportamos al texto titulado *De Otoño,* que hemos dado en su debido lugar, observamos un sinfín de diferencias, siendo la escritura, y la estructura casi también, distintas.

DE LA TIERRA

MARI BELCHA [22]

Cuando te quedas sola a la puerta del negro
caserío con tu hermanillo en brazos, ¿en quién [1]
piensas, Mari Belcha, al mirar los montes lejanos
y el cielo pálido?

Te llaman Mari Belcha, María la Negra, porque naciste el día de los Reyes, no por otra cosa;
te llaman Mari Belcha, y eres blanca, como los
corderillos cuando salen del lavadero, y rubia
como las mieses doradas del estío... Cuando voy
por delante de tu casa, en mi caballo, te escondes al verme, te ocultas de mí, del médico viejo
que fue el primero en recibirte en sus brazos, en
aquella mañana fría en que naciste.

¡Si supieras cómo la recuerdo! Esperábamos
en la cocina, al lado de la lumbre. Tu abuela, con
las lágrimas en los ojos, calentaba las ropas que
habías de vestir y miraba al fuego, pensativa;
tus tíos, los de Aristondo, hablaban del tiempo y

de las cosechas; yo iba a ver a tu madre a cada paso a la alcoba, una alcoba pequeña, de cuyo techo colgaban, trenzadas, unas mazorcas de maíz, y mientras tu madre gemía y el buenazo de José Ramón, tu padre, la cuidaba, yo veía por las ventanas el monte lleno de nieve y las bandadas de tordos que cruzaban el aire.

Por fin, tras hacernos esperar a todos, viniste al mundo, llorando desesperadamente. ¿Por qué lloran los hombres cuando nacen? ¿No será[2] que la nada, de donde llegan, es más dulce que la vida que se les presenta?

Como te decía, te presentaste chillando rabiosamente, y los Reyes, advertidos de tu llegada, pusieron una moneda de un duro en tus zapatitos de lana[3]. Quizá era el mismo que me habían dado en tu casa[4] por asistir a tu madre...

¡Y ahora te escondes cuando paso, cuando paso con mi viejo caballo!

¡Ah!, pero yo también te miro ocultándome entre los árboles; y ¿sabes por qué? Si te lo dijera, te reirías... Yo, el medicuzarra, que podría ser tu abuelo; sí, es verdad. Si te lo dijera, te reirías.

¡Me pareces tan hermosa! Dicen que tu cara está morena por el sol, que tu pecho no tiene relieve; quizá es cierto; pero, en cambio, tus ojos tienen la serenidad de las auroras tranquilas del otoño, y tus labios, el color de las amapolas de los amarillentos trigales.

Luego, eres buena y cariñosa. Hace unos días, el martes que hubo feria, ¿te acuerdas? Tus padres habían bajado al pueblo, y tú paseabas por la heredad con tu hermanillo en tus brazos.

El chico tenía mal humor, tú querías distraerle, y le enseñabas las vacas: *la Gorriya* y *la Beltza*, que pastaban la hierba, resoplando con alegría, corriendo pesadamente de un lado a otro, mientras azotaban las piernas con sus largas colas.

Tú le decías al condenado del chico:

—Mira a *la Gorriya*..., a esa tonta... con esos cuernos; pregúntale tú, *maitia*: ¿por qué cierras los ojos, esos ojos tan grandes y tan tontos?... No muevas la cola.

Y *la Gorriya* se acercaba a ti y te miraba con su mirada triste de rumiante, y tendía la cabeza para que acariciaras su rizado testuz.

Luego te acercabas a la otra vaca, y, señalándola con el dedo, decías:

Esta es *la Beltza*... ¡Hum! ¡Qué negra!... ¡Qué mala!... A ésta no la queremos. A *la Gorriya*, sí.

Y el chico repitió contigo:

—A *la Gorriya*, sí.

Pero luego se acordó de que tenía mal humor, y empezó a llorar.

Y yo también empecé a llorar, no sé por qué. Verdad es que los viejos tenemos dentro del pecho corazón de niño.

Y para acallar a tu hermano, recurriste al perrillo alborotador; a las gallinas que picoteaban en el suelo, precedidas del coquetón del gallo; a los estúpidos cerdos, que corrían de un lado a otro sin hacer caso de la madre [5].

Cuando el niño callaba, te quedabas pensativa. Tus ojos miraban los montes azulados de la lejanía, pero sin verlos; miraban las nubes blancas que cruzaban el cielo pálido, las hojas secas que cubrían el monte, las ramas descarnadas de los árboles, y sin embargo, no veían nada.

Veías algo; pero era en el interior del alma[6], en estas regiones misteriosas, donde brotan los amores y los sueños...

Hoy, al pasar, te he visto aún más preocupada.

Sentada sobre una piedra[7], mascabas nerviosa una hoja de menta.

¡Dime, Mari Belcha!: ¿en qué piensas al mirar los montes lejanos y el cielo pálido?

(*La Voz de Guipúzcoa*, del 27-I-1899)

Variantes:

(1) en *qué;*

(2) ... *llorarán*... *No será que...*

(3) una moneda, un duro, en *la gorrita que había de cubrir tu cabeza.*

(4) que me habían dado por asistir a tu madre.

(5) a los estúpidos cerdos que corrían de un lado a otro...

(6) *veían algo...*

(7) Sentada *sobre un tronco de árbol, en actitud de abandono,* mascabas...

AL LLEGAR A LA VENTA [23]

Al viajar en el tren por las provincias del Norte, habréis visto alguna casuca oscura en el cruce de una carretera solitaria, junto a un pueblecito negro.

Os habréis fijado en que, frente a la casa, está parada una diligencia, en que el portal se halla abierto e iluminado; que el zaguán, ancho, tiene un aspecto de tienda o de taberna.

Habréis supuesto con lógica que es la venta del pueblo aquella casa, y en el fondo de vuestra alma ha nacido cierta compasión por la pobre gente que vive allí, en aquel lugar desierto.

Y los de la venta han salido al camino a mirar el tren, y lo han visto pasar con tristeza y lo han saludado con el pañuelo.

Parece que entre los que se quedan y los que se van, los dichosos son éstos, que pasan veloces, y quizá son más dichosos que los que se quedan.

Esos que corren, que huyen a confundirse pronto en el torbellino de la ciudad, no conocen las ventas de nuestras provincias vascongadas, las ventas más hospitalarias, las más amables de la tierra.

Yo me dirijo a vosotros [1], a vosotros que pasáis la vida recorriendo caminos, a vosotros vendedores ambulantes de quincalla, buhoneros, charlatanes, caldereros, húngaros, mendigos, saltimbanquis; a vosotros, filósofos, que recorréis el mundo con un organillo tocando *la Marsellesa* o *la Mandolinata*.

Vosotros que no tenéis más patria que el suelo que pisáis, ni más hacienda que la que lleváis en vuestras espaldas; que no tenéis más amores que la libertad y el campo, decidme, ¿no es verdad que las ventas de las Provincias Vascongadas son de las más amables, de las más hospitalarias que habéis encontrado en vuestro paso? ¿No es verdad?

Cierto que las hay tristes y melancólicas en campos desolados y yertos, en paisajes de pesadilla[2], pero casi todas[3] son alegres, casi todas sonrientes, y sus ventanas son como pupilas[4] que os envolvieran como en una mirada cariñosa.

Esos desdichados que cruzan corriendo en la máquina negra por el campo sin conocerlo, que huyen a confundirse en el torbellino de las ciudades grandes, no han sentido la impresión más deliciosa, la más exquisita de la vida: la de llegar a la venta después de un largo viaje en coche. ¡Oh!

A pie o en coche, el llegar a la venta es uno de los momentos más deliciosos, uno de los momentos más exquisitos de la vida. Lleváis unas horas de diligencia[5]; está lloviendo; el cielo gris gotea sobre[6] la tierra negra y desnuda del invierno. La carretera, llena de charcos, se extiende y brilla con un tono plateado, y se alarga y serpentea a medida del avance de la diligencia por entre filas de árboles desnudos, junto al río turbio por las crecidas, bordeando montes, llenos de aliagas y de zarzas secas, en donde salta el agua clara y espumosa de peña en peña, buscando los sitios de más declive[7].

Estáis amodorrados por el frío, habéis *ensayado* una porción de posturas fantásticas[8] para dormir un rato, y no lo habéis conseguido. El monótono cascabeleo[9] de los caballos suena constantemente[10], y no hay medio de perder la conciencia de que se tiene frío, hambre[11], aturdimiento *y ganas de estirarse*[11].

Esto no concluye nunca, se dice uno a sí mismo. Y los montes, y los caseríos[12], y las casitas solitarias del cruce de la carretera que se ven por *entre* los cristales enturbiados[12], parece que son los que se dejaron atrás, que van siguiendo al coche en su marcha[12].

Se llega a un *pueblecillo*[13]; las ruedas de la diligencia rebotan[14] en el empedrado desigual de la calle. ¿Será aquí?[15], se pregunta uno[16], pero el mayoral no baja; echa un paquete de cartas *desde su pescante*[17], hace chasquear la tralla de su látigo, y vuelve otra vez la diligencia a *dejar* los guijarros[18] del empedrado y a rodar por la carretera llena de charcos.

Y tras de muchos *desengaños*[19], cuando ya empieza el sueño a cerrar los párpados y comienza uno a *sospechar*[20] que el viaje no tendrá fin, se para la diligencia, y se ve que el mayoral salta *desde el estribo*[21] del pescante a la *calle*[22].

Se comprende[23] que se ha llegado y baja uno del coche, molido, encorvado, casi sin poder sostener la maleta *con la mano*[24].

—Pase usted, por aquí [25]... *Deje usted* [26]; ya le subiremos todo esto al cuarto.

Le desembarazan a uno del abrigo *y de la maleta* [27], y le preguntan si *¿quiere Su Merced* [28] calentarse en la cocina?

—*Ya lo creo. Y penetráis en la cocina, pero como la chimenea no tira bien, el viento está alborotado,* el humo escapa de la campana y *os pican* los ojos [29].

Luego, la vieja, que ve que habláis vascuence, os hace sitio junto al fuego, con grandes extremos de finura, y mientras os preparan la cena y *os calentáis* [30] los pies, la viejecita de la nariz ganchuda y del pañuelo atado a la cabeza, os cuenta alguna historia insustancial del tiempo [31] en que ella estaba de *muchacha* [32] en casa del rector del pueblo, hace más de *cuarenta* [93] años, y con los recuerdos sonríe enseñando sus encías como las de los niños, desprovistas de dientes.

Mientras tanto, la dueña de la casa va de un lado a otro, y el patrón juega [34] una partida al mus con otros tres en una *mesita* [34] tan alta como los bancos *en* [35] donde se sientan, graves y serios; y los cuatro [36] doblan los naipes, ya de suyo grasientos y abarquillados, y los "envido" y los "quiero" se suceden acompasadamente, y se van aumentando el número de habichuelas blancas y coloradas de los dos bandos contrarios.

Junto a la lumbre, el gracioso *del solar* [37] y del pueblo, que vive casi de limosna en la ven-

ta, habla con el cazador de truchas [38], y los
dos se enfrascan en largas conversaciones *de caja
y cesta* [39], acerca de las costumbres de los sal-
mones y de las nutrias, *de los lagartos* [39] y de
los erizos.

—¿Comerá usted aquí o en el comedor? —pregunta la dueña de la casa [40].

—Aquí, aquí, *porque el comedor suele estar
frío como una nevera* [41].

Ponen una mesita con un mantel blanco, y
viene la cena que os sirve la muchacha *de la
venta*, Martceliña, *una chica que sería una pre-
ciosidad si tuviera los dientes buenos, que tiene
esa mirada dulce que da la contemplación del
campo* [42].

La cena es abundante y empieza con sopa de
ajo con huevos y sigue con guisados traídos en
la misma cazuela [43].

Coméis de todo y bebéis *un poquito* [44] de
más, y mientras Martceliña os escancia del bondadoso *acuático* [45], le decís que es muy bonita
y que... y ella se ríe con una risa clara [46] al
ver vuestros ojos brillantes y vuestra nariz colorada.

Luego, después de *cenar* [47], sube uno a dormir al piso principal, en una alcoba pequeña, ocu-
pada casi completamente por una cama enorme
de madera, con cuatro o cinco colchones [48], y
cuando se escala aquella torre y se estira uno
entre las sábanas, que huelen a hierba, mientras
se oye el ruido de la lluvia en el tejado, y del

viento *en los árboles, se cree más que nunca*[49] que hay *un buen Dios*[50] allá arriba que *se preocupa en poner*[51] camas mullidas[52] y dar cenas suculentas en las ventas de los caminos[52].

(*La Voz de Guipúzcoa*, del 1-II-1899)

---

(1) Cambio muy frecuente de texto en todo este párrafo, y particularmente la frase final.

(2) *en paisajes de* pesadilla: ≠ paisajes de *una* pesadilla siniestra.

(3) pero *la mayoría* son: ≠ pero *casi todos* son

(4) y sus ventanas *son como pupilas que os envolvieran en* una mirada cariñosa: sus ventanas *parece que os miran de una manera cariñosa.*

(5) *A pie o en coche, el llegar a la venta es uno de los momentos más deliciosos, uno de los momentos más exquisitos de la vida. Lleváis unas horas de diligencia...: ¡Exquisito! Es la única palabra propia de ese momento. Lleváis* unas horas... Un texto totalmente cambiado, o mejor una frase.

(6) *el cielo* gris *gotea sobre* la tierra *negra y* desnuda del invierno: *el ambiente* gris *envuelve* la tierra desnuda del invierno.

(7) El final de este párrafo quedó también ampliamente modificado: "*La carretera, llena de charcos, de agua amarillenta, se alarga entre la bruma a medida que la diligencia avanza... de árboles sin hojas, junto al río..., bordeando montes..., y de zarzas secas.*" Aquí termina el párrafo, sin el final que vemos en el periódico.

(8) de posturas: de posturas *fantásticas.*

(9) cascabeleo...: Cascabeleo *de las colleras...*

(10) en los oídos: añadido después.

(11) las modificaciones son las Y añadidas, con la expresión final "*y ganas de comer*".

(12) El texto sufre varias alteraciones: "*Se figura uno que el viaje no va a concluir nunca, y los montes...*

y los saltos de agua, y las casucas... los cristales empañados de la ventanilla..."

(13)   a un *pueblecillo*: ≠ a un *pueblo*.

(14)   *empiezan a rebotar*: ≠ *rebotan*.

(15)   *¿Habremos llegado?*: ≠ *¿Será aqui?*

(16)   *asomándose a la ventana*: añadido después.

(17)   de cartas *a un hombre, entrega una cesta a una mujer, vuelve* a chasquear... El texto viene algo modificado.

(18)   y *otra vez la diligencia tropieza en* los guijarros; *...y vuelve a rodar...*: ≠ *vuelve ... a dejar los guijarros... y a rodar...*

(19)   tras de muchos *aburrimientos*: ≠ de muchos *desengaños*.

(20)   comienza uno a *pensar seriamente si* el viaje: ≠ *...a sospechar que...*

(21)   desde el *pescante*: ≠ desde *el estribo del* pescante.

(22)   a la *carretera*: ≠ a *la calle*.

(23)   *Se comprende que*: queda borrado.

(24)   *entre los dedos*: ≠ *con la mano*.

(25)   *Entra uno en la venta*: no estaba en el texto primero.

(26)   *Deje usted*: Por el contrario, ha sido borrado.

(27)   del abrigo y *del equipaje*: ≠ del abrigo y *de la maleta*.

(28)   *Su Merced*: se quitó también.

(29)   La frase ha sido cambiada por: *"Entráis en ella, y al principio el humo os empieza a* picar *en los ojos"*. Y el nuevo texto añade :

—*Es la chimenea* —dicen— *que no tira bien, y como el viento está alborotado... Pero, ¿quién se ocupa de eso?...*

(30)   os *tostáis* los pies: ≠ os *calentáis* los pies.

(31)   del tiempo *de su juventud*: complemento añadido.

(32)   estaba de *criada*: ≠ estaba de *muchacha*.

(33)   hace más de *cincuenta años*: ≠ hace más de *cuarenta* años.

(34)   en una *mesa*: ≠ en una *mesita*.

(35)   donde: ≠ *en* donde.

(36)   Hay inversión de términos: *"Se sientan, y los cuatro, graves y serios"*.

(37) *del solar y*: suprimido después y sustituido por *"holgazán de oficio, poeta y cantor de iglesia, que vive..."*

(38) cazador de truchas, *cazador, no pescador, como suele advertir él, porque mata las truchas a tiro de escopeta.* Se trata de un añadido posterior.

(39) en una larga y *misteriosa* conversación acerca de... *de los jabalíes* y de los erizos. Aquí sustituyó Baroja *jabalíes* a *lagartos.*

(40) Conviene añadir: *comprendiendo que sois personas de importancia, lo menos viajante de comercio.*

(41) Pero ha suprimido: *porque el comedor suele estar frío como una nevera.*

(42) Igualmente en este párrafo, hay variantes; dos añadidos: *y ponen... Martceliña o Iñachi.* Pero también varias supresiones en todo lo que define la hermosura de la muchacha de *la venta,* sustituido por: *una chica frescachona y garrida.*

(43) Cambio completo en este párrafo, ampliado así: *Se devoran los guisos y se moja el pan en las salsas, no precisamente con la elegancia de un duque del faubourg Saint Germain, y se come en la misma cazuela; lo que quizá no se use en las casas aristocráticas.*

(44) un *poquillo*: ≠ un *poquito.*

(45) del bondadoso *aguardiente*: ≠ **del** bondadoso acuático.

(46) con una risa *alegre y argentina*: ≠ con una risa *clara.*

(47) después de *la cena*: ≠ **después de** cenar.

(48) colchones, *y otros tantos jergones...* Añadido luego.

(49) y del viento *que muge*: ≠ **y** del viento *en los árboles.*

(50) *se enternece uno, y casi con lágrimas en los ojos,* se cree más que nunca en que hay un *buen papá*: ≠en que hay un *buen Dios...*

(51) *que no se ocupa de otra cosa más que de* poner: ≠ que *se preocupa con poner...*

(52) *"Camas mullidas en las ventas de los caminos y de dar cenas suculentas a los pobres viajeros"...* Texto añadido y transformado.

EL TRASGO [24]

El comedor de la venta de Aristondo, sitio en donde nos reuníamos después de cenar, tenía en el pueblo los honores de casino. Era una habitación grande, muy larga, separada de la cocina por un tabique, cuya puerta casi nunca se cerraba, lo que permitía llamar a cada paso para pedir café o una copa a la simpática Maintoni, la dueña de la casa, o a sus hijas, dos muchachas a cual más bonitas: una de ellas, seria, abstraída, con esa mirada dulce que da la contemplación del campo; la otra, vivaracha y de mal genio.

Las paredes del cuarto, blanqueadas de cal, tenían por todo adorno varios números de *La Lidia*, puestos con mucha simetría y sujetos a la pared con tachuelas, que dejaron de ser doradas para quedarse negras y mugrientas.

La mano del patrón, José Ona, se veía en aquello; su carácter, recto y al mismo tiempo bonachón y dulce como su apellido, se traslucía [1] en el orden, en la simetría, en la bondad, si se me permite la palabra, que habían inspirado la ornamentación del cuarto.

Del techo del comedor, cruzado por largas vigas negruzcas, colgaban dos quinqués de petróleo, de esos de cocina, que aunque daban algo más humo que luz, iluminaban bastante bien la mesa del centro, como si dijéramos la mesa redonda, y bastante mal otras mesas pequeñas, diseminadas por el cuarto.

Todas las noches tomábamos allí café; algunos preferían vino, y charlábamos un rato el médico joven, el maestro, el empleado de la fundición, Pachi el cartero, el cabo de la Guardia Civil y algunos otros de menor categoría y representación social.

Como parroquianos y además gente distinguida, nos sentábamos en la mesa del centro.

Aquella noche era víspera de feria y, por tanto, martes. Supongo que nadie ignorará que las ferias en Arrigoitia se celebran los primeros miércoles de cada mes; porque, al fin y al cabo, Arrigoitia es un pueblo importante, con sus sesenta y tantos vecinos, (y eso)[2] sin contar los caseríos inmediatos. Con motivo de la feria había más gente que de ordinario en la venta.

Estaban jugando su partida de tute el doctor y el maestro, cuando entró la patrona, la obesa y sonriente Maintoni, y dijo:

—Oiga su merced, señor médico, ¿cómo siguen las hijas de Aspillaga, el herrador?

—¿Cómo han de estar? Mal —contestó el médico, incomodado—, locas de remate. La menor, que es una histérica tipo, tuvo anteanoche un ataque, la vieron las otras dos hermanas reír y llorar sin motivo, y empezaron a hacer lo mismo. Un caso de contagio nervioso. Nada más.

—Y, oiga su merced, señor médico —siguió diciendo la patrona—, ¿es verdad que (le)[3] han llamado a la curandera de Elisabide?

—Creo que sí; y esa curandera, que es otra loca, les ha dicho que en la casa debe de haber un duende, y han sacado en consecuencia que el duende es un gato negro de la vecindad, que se presenta por allí de cuando en cuando. ¡Sea usted médico con semejantes imbéciles!

—Pues si estuviera usted en Galicia, vería usted lo que era bueno —saltó el empleado de la fundición—. Nosotros tuvimos una criada en Monforte que cuando se le quemaba un guiso o echaba mucha sal al puchero, decía que había sido *o trasgo;* y mientras mi mujer le regañaba por su descuido, ella decía que estaba oyendo al trasgo que se reía en un rincón.

—Pero, en fin —dijo el médico—, se conoce que los trasgos de allá no son tan fieros como los de aquí.

—¡Oh! No lo crea usted. Los hay de todas clases; así, al menos, nos decía a nosotros la criada de Monforte. Unos son buenos, y llevan a casa el trigo y el maíz que roban en los graneros, y cuidan de vuestras tierras y hasta os cepillan las botas; otros son perversos y desentierran cadáveres de niños en los cementerios; y otros, por último, son unos guasones completos y se beben las botellas de vino de la despensa o quitan las tajadas del[4] puchero y las sustituyen con piedras o se entretienen en dar la gran tabarra por las noches, sin dejarle a uno dormir, haciéndole cosquillas o dándole pellizcos.

—¿Y eso es verdad? —preguntó el cartero cándidamente.

Todos nos echamos a reír de la inocente salida del cartero.

—Algunos dicen que sí —contestó el empleado de la fundición, siguiendo la broma.

Y se citan personas que han visto los trasgos (...) [5].

—Sí —repuso el médico en tono doctoral—. En eso sucede como en todo. Se le pregunta a uno: "¿Usted lo vio?" Y dicen: "Yo, no; pero el hijo de la tía Fulana, que estaba de pastor en tal parte, sí que lo vio", y resulta que todos aseguran una cosa que nadie ha visto.

—Quizá sea eso mucho decir, señor —murmuró una humilde voz a nuestro lado.

Nos volvimos a ver quién hablaba. Era un buhonero, que había llegado por la tarde al pueblo, y que estaba comiendo en una mesa próxima a la nuestra.

—Pues qué, ¿usted ha visto algún duende de ésos? —dijo el cartero, con curiosidad.

—Sí, señor.

—Y, ¿cómo fue eso? —preguntó el empleado, guiñando un ojo con malicia—. Cuente usted, hombre, cuente usted, y siéntese aquí si ha concluido de comer. Se le convida a café y copa, a cambio de la historia, por supuesto —y el empleado volvió a guiñar el ojo.

—Pues verán ustedes —dijo el buhonero, sentándose a nuestra mesa—. Había salido por la tarde de un pueblo y me había oscurecido en el camino.

La noche estaba fría, tranquila, serena; ni una ráfaga de viento movía el aire.

El paisaje [6] infundía respeto; yo, era la primera vez que viajaba por esa parte de la montaña de Asturias, y, la verdad, tenía miedo.

Iba atravesando una cortadura estrecha formada por dos montes cuyas crestas parecían querer besarse arriba y no dejaban más que una faja de cielo llena de estrellas. Al pie del desfiladero, serpenteaban unidos la carretera y el río, y éste en algunos sitios, se extendía muy negro, muy negro. Y allá, en su interior, se reflejaban los dos chopos de las orillas y la claridad del cielo que dejaban pasar los montes.

Estaba muy cansado de tanto andar con el cuévano en la espalda, pero no me atrevía a detenerme. Me daba el corazón que allá [8] no estaba seguro.

De repente, sin saber de dónde ni cómo, veo a mi lado un perro escuálido, todo de un mismo color, oscuro, que se pone a seguirme.

"¿De dónde podía haber salido aquel animal tan feo?", me pregunté.

Seguía adelante, ¡hala, hala!, y el perro detrás, primero gruñendo y luego aullando, aunque por lo bajo.

La verdad, los aullidos de los perros no me gustan. Me iba cargando el acompañante, y para librarme de él, pensé sacudirle un garrotazo; pero cuando me volví con el palo en la mano para dárselo, una ráfaga de viento me llenó los ojos de tierra, y me cegó por completo.

Al mismo tiempo, el perro empezó a reírse detrás de mí, y desde entonces ya no pude hacer otra cosa a derechas; tropecé, me caí, rodé por una cuesta, y el perro, ríe que ríe, a mi lado.

Yo empecé a rezar, y me encomendé a San Rafael, abogado de toda necesidad, y San Rafael me sacó de aquellos parajes y me llevó a un pueblo.

Al llegar aquí, el perro ya no me siguió, y se quedó aullando con furia delante de una casa blanca con un jardín

Recorrí el pueblo que no tenía más que una calle. Todas las casas estaban cerradas. Había un cobertizo a un lado de la calle, y hacia allá me encaminé. Al entrar en él me encontré con una vieja gitana y un hombre que debía ser su hijo, calentándose en una hoguera. Hablamos y les conté lo que me había sucedido con el perro[9].

—¿Y el perro se ha quedado aullando? —preguntó con interés, el hombre.

—Sí: aullando junto a una[10] casa blanca que hay a la entrada de la calle.

—Era *O trasgo* —*murmuró la vieja*—, y ha venido a anunciarle la muerte.

—¿A quién? —pregunté yo, asustado.

—Al amo de esa casa blanca. Hace media hora que está el médico ahí. Pronto volverá.

Seguimos hablando, y al poco rato vimos venir al médico a caballo, y por delante a un criado con un farol.

—¿Y el enfermo, señor médico? —preguntó la vieja, saliendo al dintel[11] del cobertizo.

—Ha muerto —contestó una voz secamente.

—¡Eh! —dijo la vieja—; era *O trasgo*.

Entonces cogió un palo, y marcó en el suelo, a su alrededor, una figura como la de los ochavos morunos, una estrella de cinco puntas. Su hijo la imitó, y yo hice lo mismo.

—Es para librarse de los trasgos —añadió la vieja.

Y, efectivamente, después dormimos perfectamente[12]. Y concluyó el buhonero de hablar y nos levantamos todos para ir a casa.

El simplón del cartero me dijo al día siguiente que había visto en sueños un trasgo con gorro de cuartel, pantalones amarillos y polainas blancas (13).

(*El Globo*, Madrid, del 3-II-1899, y en *La Voz de Guipúzcoa*, del 6-II-1899)

En V. S., *variantes*:

(1) como su apellido (*Ona en vascuence significa "bueno"*), se traslucía...

(2) con sus sesenta y tantos vecinos, sin contar los caseríos...

(3) ¿es verdad que han llamado?...

(4) o quitan las tajadas *al* puchero...

(5) y se citan personas que han visto los trasgos —*añadió uno.*

(6) El *paraje* infundía respeto...

(7) Aquí había todo un párrafo que quedó suprimido luego, antes del que empieza por: "Estaba muy cansado de tanto andar..."

(8) Me daba el corazón que *por los sitios que recorría...*

(9) Recorrí el pueblo (un pueblo de sierra con los tejados muy bajos y las tejas negruzcas), que no tenía más que una calle. Todas las casas estaban cerradas. (Sólo a un lado de la calle) había un cobertizo *con luz. Era como un portalón grande, con vigas en el techo, con las paredes blanqueadas con cal. En el interior, un hombre desharrapado, con una boina, hablaba con una mujer vieja, calentándose en una hoguera. Entré allí y les* conté lo que me había sucedido.

(10) Sí; aullando junto a *una* casa blanca.

(11) saliendo al *dintel* del cobertizo.

(12) y efectivamente, *aquella noche no nos molestaron,* y dormimos perfectamente... Concluyó el buhonero...

(13) El texto termina en *nos levantamos todos para ir a casa.*

A LA PESCA [25]

Eran trece los hombres, trece valientes curtidos en el peligro y avezados a las luchas del mar. Con ellos iba una mujer, la del patrón.

Los trece nacidos en los pueblecillos de la costa vascongada [1] tenían el sello característico de la raza [2]: cabeza ancha, perfil aguileño, la pupila muerta por la constante contemplación de la mar, la gran devoradora de hombres [3].

Todos sabían por aquellos sitios la profundidad de las aguas y las condiciones del fondo.

El Cantábrico los conocía; ellos conocían las olas y el viento.

La trainera, larga, estrecha, pintada de negro, se llamaba "Arantza", espina, y su figura legitimaba su nombre [4]. Tenía un palo corto, plantado junto a la proa, con una pequeña vela triangular [5].

La tarde era de otoño, el viento flojo, las olas redondas, mansas, verdosas [6]. La vela apenas se hinchaba por la brisa, y la trainera se deslizaba suavemente, dejando una estela de plata en el mar verdoso.

Habían salido de Motrico y marchaban a San Sebastián [7] a la pesca del besugo [7] con las re-

---

El texto sufrió 21 alteraciones al pasar al libro *Vidas Sombrías*, aquí señaladas.

des preparadas, a reunirse con otras lanchas para el día de Santa Catalina. En aquel momento pasaban por delante de Deva.

El cielo estaba lleno de nubes algodonosas y plomizas. Por entre sus jirones aparecían [8] trozos de un azul pálido. El sol salía en rayos dorados [9] por la abertura de una nube, cuya boca enrojecida se reflejaba vagamente [10] temblando y agitándose en el fondo del mar.

Los trece hombres hablaban poco; la mujer ya vieja, con su pañuelo blanco en la cabeza, hacía media con sus gruesas agujas [11] y un ovillo de lana azul. El patrón, serio y grave [12], con la boina calada hasta los ojos, la mano derecha en el remo que hacía de timón, miraba impasible al mar. Un perro de aguas, de color blanco [13], sucio, sentado en un banco de popa, junto al patrón, miraba también al mar, tan impasible como los hombres.

El sol iba poniéndose. La brisa empezaba a soplar más fuerte. Arriba, rojos de fuego, nubes de plomo, colores cenicientos; abajo, la piel verde del mar, con tonos rojizos, escarlata y morados. De vez en cuando, el estremecimiento rítmico de las olas [14].

La trainera se encontraba frente a Iciar. El viento era de tierra, húmedo, tibio, lleno de olores de monte; la costa se dibujaba como en un mapa [15], y los detalles se veían más claros a medida que los rayos del sol caían oblicuos [15].

De repente, en la agonía de la tarde, sonaron

las horas [16] en la iglesia de Iciar; y luego las campanadas del Angelus se extendieron por el mar como voces lentas, majestuosas y sublimes.

El patrón se quitó la boina y los demás hicieron lo mismo. La mujer dejó sus agujas [17], y todos rezaron, graves, sombríos, mirando al mar tranquilo y de redondeadas olas [18].

Cuando empezó a hacerse de noche, el viento sopló con más fuerza [19], la vela se redondeó con sus ráfagas [20], y la trainera se hundió en la sombra, dejando una estela de plata sobre la superficie ya obscura del agua [21].

Eran trece los hombres, trece valientes, curtidos en el peligro y avezados a las luchas del mar.

(*La Voz de Guipúzcoa*, del 24-II-1899)

Se volvió a publicar el mismo año, en el *Abum de Madrid*, del 30 de junio de 1899, ya con el título de *Angelus*, con las nuevas variaciones subsiguientes:

1) Eran trece *los* hombres, trece valientes...
2) Los trece, hombres de la costa...
3) La gran *prostituta* devoradora de hombres...
4) *enormes* ballenas...
5) El viento era de tierra, *húmedo, tibio*, lleno de olores...
6) *redondeadas* olas...

Entre febrero y junio, Baroja borró y modificó muchas de las expresiones primitivas. Aún quedaban artículos, comas o adjetivos que cambiar o borrar; lo que hizo.

PAGINAS LITERARIAS

ERRANTES

Les sorprendió la noche e hicieron alto en el fondo de un desfiladero constituido por dos montes cortados a pico, cuyas cabezas se aproximaban allá arriba como para besarse, dejando sólo a la vista *un trozo* de cielo *alargado y estrecho* *.

A los pies de aquellas dos altísimas paredes de piedra serpenteaba la carretera, siguiendo las vueltas caprichosas del río, que ensanchado por el dique de una presa cercana, era allí caudaloso, profundo y sin corriente.

En la noche obscura, la superficie negra y lisa del río, limitada en las orillas por altos árboles, parecía la boca de *alguna* * inmensa sima subterránea, la entrada de un abismo enorme y sin fondo (...) *.

Embutida en una grieta angosta de la montaña, cerca de un terraplén, por donde continuamente rodaban piedras, había una borda, y la familia se detuvo en ella.

Era una de esas casucas que en las provincias del Norte se ven en las carreteras para descanso de los caminantes. En ellas solían albergarse gitanos. caldereros, mendigos, buhoneros, y toda esa gente sin trabajo que recorre los caminos, *sin más patria que el suelo que pisan, sin más hacienda que la que llevan en las espaldas, sin otro entusiasmo ni amor que la libertad y el campo* *.

La familia la constituían una mujer, un hombre y un muchacho. La mujer, que iba montada en un viejo caballo, bajó de él, entró en la borda y se sentó en el banco de piedra a dar de mamar a un niño que llevaba en los brazos.

El hombre y el muchacho quitaron la carga al rocín, lo ataron a un árbol, recogieron algunas brazadas de leña, las llevaron a la caseta, y allí, en el suelo, encendieron *la* * lumbre..

La noche estaba fría; en aquel desfiladero, formado por los dos montes cortados a pico, soplaba el viento con fuerza, llevando finísimos copos de nieve y gotas de lluvia.

Mientras la mujer daba de mamar al niño, el hombre, solícitamente, le quitó el mantón, empapado en agua, de los hombros, y lo puso a secar al fuego; después afiló dos estacas, las clavó en la tierra y colgó sobre ellas el mantón, que así impedía el paso a las corrientes de aire.

El fuego se había acrecentado; las llamas iluminaban el interior de la borda, en cuyas paredes blanqueadas se veían toscos dibujos y letreros, trazados y escritos con carbón por otros vagabundos.

El hombre era pequeño y flaco, sin bigote ni barba; toda su vida parecía reconcentrada en sus ojos, chiquitos, negros y vivarachos.

La mujer hubiera parecido bella sin el aire de cansancio que tenía. Miraba resignada a su hombre, a aquel hombre, mitad saltimbanqui, mitad charlatán, a quien amaba sin comprenderle.

El muchacho tenía las facciones y la vivacidad de su padre; ambos hablaban rápidamente, en una jerga extraña, y leían y celebraban los letreros escritos en las paredes.

Se pusiero a comer los tres sardinas y pan. Luego, el hombre sacó una capa raída de un envoltorio y arropó con ella a su mujer. El padre y el hijo se tendieron en el suelo; al poco rato los dos dormían. El niño comenzó a llorar; la madre se puso a mecerlo en sus brazos con voz quejumbrosa.

Minutos después, en el nido improvisado, dormían todos tranquilos, tan felices en su vida nómada y libre.

Afuera, el viento murmuraba, gemía y silbaba con rabia en el barranco.

El río se contaba a sí mismo sus quejas con tristes murmullos, y la presa del molino, con sus aguas espumosas, ejecutaba extrañas y majestuosas sinfonías...

Al día siguiente por la mañana, la mujer con el niño, montada a caballo, el padre y el muchacho comenzaron nuevamente su marcha y se fueron alejando, alejando, los errantes, hasta que se perdieron de vista en la revuelta de la carretera.

(*La Voz de Guipúzcoa,* del 19-IV-1899)

Este texto es muy distinto del que sirvió de patrón, y que en nuestros textos lleva el título de *El charlatán.* Saldrá luego sin modificaciones en el libro de cuentos. Conviene reportarse a la vez a *El Charlatán,* en *La*

EL RELOJ

Hay en los dominios de la fantasía bellas comarcas en donde los árboles suspiran y los arroyos cristalinos se deslizan cantando por entre orillas esmaltadas de flores a perderse en el azul mar. Lejos de estas comarcas, muy lejos de ellas, hay una región terrible y misteriosa en donde los árboles elevan al cielo sus descarnados brazos de espectro y en donde el silencio y la obscuridad proyectan sobre el alma rayos intensos de sombría desolación y de muerte.

Y en lo más siniestro de esa región *terrible* * hay un castillo, un castillo negro y grande, con torreones almenados con su galería ojival * derruida y un foso lleno de aguas muertas y malsanas.

Yo la conozco, conozco esa región terrible. Una noche, emborrachado por mis tristezas y por el alcohol, iba por el camino tambaleándome como un barco viejo al compás de las notas de una vieja canción marinera.

Era una canción la mía en tono menor, canción de pueblo salvaje y primitivo, triste como un *cántico* * luterano, canción serena de una amargura grande y sombría, de la amargura de la montaña y del bosque. Y era de noche. De repente, sentí un gran terror y * me encontré junto al castillo *.

Justicia, del 14 de setiembre de 1896, y a *Vidas Sombrías* (O. C., V, páginas 1007-1008).

Entré en una sala desierta; un alcotán, con un ala rota, se arrastraba por el suelo.

Desde la ventana se veía la luna, que iluminaba con su luz espectral el campo yerto y desnudo; en los fosos se estremecía el agua intranquila y llena de emanaciones. Arriba, en el cielo, el brillante Arturus resplandecía y titilaba con un parpadeo misterioso y confidencial. En la lejanía, *el resplandor* * de una hoguera *se agitaba* * con el viento.

* * *

En el ancho salón, adornado con negras colgaduras, puse mi cama de helechos secos. *La sala* * estaba abandonada; un braserillo *en* * donde ardía un montón de teas, lo iluminaba. Junto a *la* * pared del salón había un reloj gigantesco, alto y estrecho, como un ataúd, un reloj de caja negra que en las noches llenas de silencio lanzaba su tictac metálico con la energía de una amenaza.

"Ahora * soy feliz —me repetía a mí mismo—. Ya no oigo la odiosa voz humana, nunca, nunca."

Y el reloj sombrío media indiferente las horas tristes con su tictac metálico.

La vida estaba dominada; había encontrado el reposo. Mi espíritu gozaba con el horror de la noche, mejor que con las claridades blancas de la aurora.

* Me encontraba tranquilo, nada turbaba mi calma; allí podía pasar mi vida solo, siempre solo, rumiando en silencio el amargo pasto de mis ideas, sin locas esperanzas, sin necias ilusiones, con el espíritu lleno de serenidades grises, como un paisaje de otoño.

Y el reloj sombrío media indiferente las horas tristes con su tictac metálico.

En las noches calladas, una nota melancólica: el canto de un sapo me agradaba *.

—Tú también —le decía al cantor de la noche— vives en la soledad. En el fondo de tu escondrijo no tienes quién te responda, más que el eco de los latidos de tu corazón.

Y el reloj sombrío media indiferente las horas tristes con su tictac metálico.

Una noche, una noche callada, sentí el terror de algo vago que se cernía sobre mi alma; algo * vago como la sombra de un sueño en el mar agitado de las ideas. Me asomé a la ventana. Allá en el negro cielo se estremecían y palpitaban los astros, en la inmensidad de sus existencias solitarias; ni un grito, ni un estremecimiento de vida en la tierra negra.

Y el reloj sombrío media indiferente las horas tristes con su tictac metálico.

Escuché atentamente; nada se oía. ¡El silencio por todas partes!

Sobrecogido, delirante, supliqué a los árboles que suspiran en la noche que me acompañaran con sus suspiros; supliqué al viento que murmurase entre el follaje, y a la lluvia que resonara en las hojas secas del camino, e imploré de las cosas y de los hombres que no me abandonasen, y pedí a la luna que rompiera su negro manto de ébano y acariciara mis ojos, mis pobres ojos, turbios por la angustia de la muerte, con su mirada argentada y casta.

Y los árboles, y la luna, y la lluvia, y el viento permanecieron sordos.

Y el reloj sombrío que mide indiferente las horas tristes se había parado para siempre.

(*La Voz de Guipúzcoa,* del 14-VI-1899)

En este cuento, Baroja no había puesto el epígrafe del *Eclesiastés.* Tal añadidura tiene su sentido, ligado con preocupaciones de tipo literario-religioso, en aquel entonces, cuando preparaba, junto con Martínez Ruiz, un libro sobre *Los Jesuitas.* El texto varía tan sólo en diez variaciones, con asteriscos señaladas.

NOTAS A "DE LA FIEBRE" [28]

Se trata del mismo texto que vimos anteriormente con el tíulo de *Visiones,* pero en una elaboración distinta. Se publicó en *La Voz de Guipúzcoa* el 3-VII-1899, dos días después de hacerlo en *El País* de Madrid (1-VII-1899), cuando *Visiones* tenía por fecha el 2-X-1896.

En *De la Fiebre,* sin embargo, existen las diferencias siguientes con el texto del libro:

(1) El aire. saturado de densos vapores, zumbaba en *el oído* sordamente (≠ en *los oídos*).

(2) *la naturaleza* dormía con un sueño inquieto y fatigoso (≠ *la tierra*).

(3) hierbecillas raquíticas quemadas por el viento (...). No estaba lo que viene después: *del mediodía, hierbecillas raquíticas...*

(4) La negrura del monte se esparció por el valle, (*y*) yo me estremecí... supresión de la conjunción *y*.

(5) desaparecieron como disueltos *por* el aire (≠ *en* el aire).

DESDE PARIS [29]

I

Se celebró el 14 de julio, el Día del Ejército, según algunos periódicos; el aniversario de un pueblo emancipado, según todo el mundo

En París, los soldados se emborracharon, cantaron por las calles, alborotaron en los bailes de los Bulevares Exteriores y abrazaron a las mujeres. En Chesburgo, han maltratado a personas sin defensa, han roto los cristales de las tiendas, y uno de ellos para superar las hazañas guerreras de sus camaradas ha desnudado a una pobre mujer del pueblo que transitaba por la calle.

Torpezas en unos lados, alborotos en otros. Los militares franceses, parecen que tienen interés en divorciarse del pueblo; y sin embargo, por ellos está el entusiasmo de la mayoría de los franceses. Y esa farsa "¡Viva Déroulède!" y el atrabiliario de Rochefort se pasan la existencia incensando y adulando al ejército, suponiendo que está dominado por los políticos, cuando realmente es el dominador en todas partes.

Pero a pesar de esto, los militares franceses no se dan por satisfechos. La revisión del Proceso Dreyfus ha sido para ellos un golpe terrible. La vanidad del ejército no permite haber sufrido un

engaño, como la vanidad del pueblo francés tampoco pasa por el recuerdo de su inmensa derrota,
y al cabo de los treinta años, sienten los franceses
como si todavía resonaran en sus oídos bajo el Arco de la Estrella el trote de los caballos de Bis-
marck.

Ese sentimiento de vanidad herida lo sienten
casi todos. Lo mismo los grandes que los pequeños.

El día de la Fiesta comía yo en un restaurán
próximo al Campo de Marte. Por la calle, pasaban
de cuando en cuando algunos oficiales de alta
graduación con su escolta. Cuando se oía el ruido
de las pisadas de los caballos, los concurrentes todos se levantaban a contemplar a los militares.

Yo esperaba a que me sirvieran la comida.

—¡Eh, Señor! —me decía el dueño del restaurante—. Venga usted, venga usted, el Coronel Tal,
el General Négrier.

Yo, sin levantarme de la mesa, con la languidez del hombre que tiene el estómago vacío, le replicaba:

—Luego, luego los veré.

Cuando pasaron los soldados, el dueño de la
fonda, después de preguntarme si era español y
de consultarme acerca del tamaño que tienen los
toros que se lidian en Madrid, me dijo que me trae-
ría una cerveza alemana muy buena.

—¡Oh, eso sí! —añadió, haciendo una concesión graciosa a los alemanes— ¡Los alemanes tienen muy buena cerveza!

—Y ¿nada más? —le dije yo cándidamenre.

El hombre no contestó, pero luego vino a decirme "sotto voce", como si fuera una observación que se le ocurría en aquel momento, que los norteamericanos valían más que los españoles.

A pesar de todo a los españoles y a los italianos en París se nos respeta, no por honrados ni trabajadores, sino por muy peligrosos. Si algo teme el "voyou" parisién es la navaja del español o el puñal del italiano.

En París se cree todavía que en España vivimos a navajadas, y que nuestras costumbres son de una brutalidad sin ejemplo al lado de las suyas apacibles y angelicales.

Alejandro Sawa, que ha vivido mucho tiempo en París, decía en la mesa de una horchatería madrileña:

—Allí son mejores que nosotros. Hay que confesarlo. De costumbres mucho más dulces.

Una dulzura notable, por lo que voy viendo. Ayer, al pasar por el Bulevar Port-Royal, oí dos tiros en la calle Broca. Me acerqué a la casa, y esperé un momento con la gente que se agolpó frente al portal. Al poco rato sacaron dos municipales a un hombre atado codo con codo.

—Ha venido borracho a casa y le ha querido pegar dos tiros a su mujer —dijo a mi lado una vieja.

Hoy en mi calle, al asomarme al balcón, había un grupo de curiosos mirando hacia un portal. De pronto, todas han abierto paso, y ha salido a la calle una mujer gruesa, desgreñada, con la cara llena de sangre, seguida de un hombre que la golpeaba de una manera inaudita. La mujer llevaba el vestido hecho jirones, y, aturdida o embriagada, no podía andar. El hombre le pegaba en la cara con un trozo de madera que llevaba en la mano. Mujeres y hombres contemplaban el espectáculo sin decir ni una palabra. Nadie intentaba separarlos.

Al contar eso a un amigo entusiasta acérrimo de París, me ha dicho:

—¡Claro! Es muy frecuente ahí. Vive usted entre Montparnasse y el Barrio Latino.

Y me ha aconsejado que vaya, un día, a vivir hacia el Arco de la Estrella, que es lo mismo que aconsejar a uno que tenga 3 ó 4 mil duros de renta.

En los demás barrios serán las costumbres más morigeradas, pero eso no es obstáculo para que se vean en todas partes, en los barrios de los Bulevares, en las mesas de los cafés y de los restauráns, parejas que se abrazan como si estuvieran en su casa.

Yo creo que en esto, más que vicio hay farsantería.

París es un pueblo de "poseurs" más que un pueblo de locos. Se muere por el pintajo, por la condecoración. Tiene un entusiasmo notable por todo lo chabacano. Los estudiantes llevan grandes melenas y corbatas formidables. Los sabios se dedican también a las melenas, a los levitones y a los sombreros de copa de alas planas. Todo el mundo busca el caracterizarse de alguna manera.

Por lo demás, yo creo —quizás me equivoque— que París no es ya la capital del mundo, como lo fue durante el Segundo Imperio. No se ven en él los adelantos industriales que hay en otras partes. Parece que la derrota del 70, al arrancar a Francia la supremacía militar, arrancó también a París la supremacía literaria y científica.

(*La Voz de Guipúzcoa*, núm. 5074, del 20-VII-1899)

II

Se espera a que llegue la semana próxima con impaciencia, una semana que será histórica en Francia, porque se dirá en ella la última palabra acerca del Asunto Dreyfus.

Mientras tanto, París se achicharra, y hay gente que se asfixia por las calles como si estuvieran en la zona tórrida.

La gente rica abandonó París hace ya tiempo. Los hoteles de los barrios aristocráticos están herméticamente cerrados. No se ven más que modestos coches de punto en la Avenida de los Campos Elíseos y en el Bosque.

En casi todos los teatros echan "Relâche" o "Clôture", como diría un español que viajó conmigo y que se asombraba de que en Francia hubiera tanta estación que se llamara "Buvette".

Todo el París brillante emigró a las playas de
moda. Aquí, no queda más que el París sin brillo,
caravanas de ingleses y un aluvión de negros, sobre todo en el Barrio Latino, que dentro de poco,
más que "Latino" parecerá un barrio de la Ne-
gricia.

El que no puede veranear espera el domingo
para salir al campo. Y entonces todo el París hor-
teroide y almacenista se desparrama en los pueblecillos de alrededor como una bandada de pin-
güinos.

Pero ni aun para divertirse dejan los franceses
su aire atareado.

Llegan a la estación del vapor o del tren a la
hora fija, se apresuran, les falta tiempo para
todo.

* * *

El domingo pasado esperaba el tren en la estación de Estrasburgo para ir a Lagny, un pueblec-
llo de los alrededores.

Se me había escapado el tren y tomé la resolución heroica de esperar sentado, y me senté en
un banco junto a un moro viejo, vestido con un
jaique sucio.

Todo el mundo corría en la sala de la estación:
una señora con una cesta, un caballero con un
cochecito de niño, una vieja con un loro, todos
se apresuraban, hablaban, se cruzaban, entraban
y salían. El moro y yo éramos los únicos que se-
guíamos inmóviles en nuestro banco.

Yo, que estaba impaciente, manifesté en una
exclamación muy gráfica mi impaciencia, y entonces el moro me dijo en andaluz cerrado:

—¿No le *paese,* compare, que es muy difícil que nosotros hagamos *chanza* entre esta gente que corre tanto?

—Pero, ¿es usted español? —le dije yo.

—No, pero he estado en Sevilla mucho tiempo vendiendo dátiles.

Hablamos un rato y me despedí de él para subir a un vagón que parecía, por el calor que echaba, una cocina económica.

Echó a andar el tren y cruzamos diez o doce estaciones pequeñas con sus marquesinas de cristales y sus armaduras de hierro, y me detuve en Lagny-Marigny, estación común a dos pueblos colocados a ambas orillas del Marne y unidos por un puente.

Seguí el camino corto por la vía, aunque encontré un *cartel* en donde indicaba que estaba prohibido pasar por allá, bajo pena de multa y de proceso verbal, pero pensé que con decir que era español y que no entendía lo que decía el cartel, estaba libre.

Pasé el puente, atraído por un gran letrero de una casa de la otra villa, en donde se leía: "Matelotes-Fritures-Vins", y entré en la fonda, cuyos dos pisos estaban atestados de gente, y me di por muy satisfecho al encontrar un rincón junto a la ventana de una galería que cae sobre el río.

Mientras esperaba la comida, vi a los viajeros *legales* que habían salido de la estación por donde se debe salir, que venían apresuradamente sin saber que iban a encontrarse con que en el restaurante no había un sitio disponible. Comprendí entonces aquella frase: *La legalidad nos mata.*

En el río veía a algunos pescadores que se dedicaban pacíficamente desde sus barcas a las delicias de la caña. El Marne se alargaba a lo lejos como una franja de plata, entre sus orillas poco elevadas.

Después de comer di una vuelta por Lagny; entré en la iglesia, grande y hermosa; el sacristán, que estaba arreglando las velas del altar, me preguntó si deseaba algo; la verdad, me chocó la pregunta tanto como a él se conoce que le chocó la vista, y me marché a la calle.

A la orilla del río vi a un viejo pescando con caña, tan atento a su faena que me quedé mirando yo también el corcho del aparejo.

—Parece que se pesca, ¿eh? —le pregunté yo, por decir algo.

El hombre se debió de quedar calculando el derecho que podría tener un desconocido para hablarle, y no contestó nada, quizá para no asustar a los peces.

Luego, cuando levantó la caña para echar el anzuelo, me enseñó el puente de piedra, un puente que los franceses volaron en tiempo de la guerra para que no pasaran los alemanes.

También me contó con verdadera indignación que un alumno alemán de un colegio del pueblo, del Instituto Fleury, que fue después en su tierra oficial del ejército prusiano, era uno de los que mandaban las tropas que entraron en Lagny.

Ya de vuelta en París, y de noche, cenaba en el restaurante Richer, un rincón simpático en donde se reúnen una turba de artistas principian-

tes, cuando se propuso ir a pasar la noche a
Montmartre.

Aceptaron la invitación unos cuantos, y entre
ellos yo. Llegamos a Montmartre, tomamos un
"bock" en la cervecería Cyrano, y entramos en
Moulin Rouge. Iban ya en la última parte del programa; Cecilia de Gracieux cantaba *On deman-
de un professeur capable,* y después de ella, M.
Dufor cantó *J'ai perdu la boule.*

La gente reía a carcajadas las gracias más
insustanciales; formaba el público un conjunto de
"cocottes", de caballeros y de chulos que, por su
candidez, más parecía una bandada de estudiantes en vacaciones.

Tras del concierto vino el baile en el jardín.
Un amigo me dijo que el director de la orquesta
se llamaba Monsieur de Mabille, un apellido muy
en carácter para *Moulin Rouge.*

Alrededor del quiosco se bailaban aires de can-
cán entre mujeres solas; las faldas a la altura del
pecho y las piernas por todo lo alto, hasta darse
con ellas en el sombrero.

Los amigos se iban perdiendo intencionada-
mente, y habían encontrado sus parejas; yo iba
hablando español con un gascón, cuando encontró él una conocida y se reunió con ella.

—Este señor —dijo por mí— es español.

—*Español... de Batignolles* —replicó ella, después de mirarme de arriba abajo y de echarse a
reír.

Me quedé solo; había concluido el baile, y salí

del *Moulin Rouge*. Eché a andar sin saber a punto
fijo el camino de casa, y recorrí calles y más calles.

Días antes, un amigo me había llenado la cabeza con relatos de ataques nocturnos que dan
los golfos, *Voyons* y *maquereaux,* a las altas horas de la noche, diciéndome que en París no había vigilancia y que los periódicos tenían una sec-
ción, "Paris la nuit", para contar las fechorías de
las turbas de perdidos que pululan por las calles
de París.

Después de callejear mucho, llegué a los Mer-
cados Centrales, iluminados con luz eléctrica, y
recordé las descripciones de Zola en *Le ventre de
Paris.* Luego, habiendo encontrado la dirección
de mi casa, me dirigí hacia ella por las calles de-
siertas y tranquilas.

(*La Voz de Guipúzcoa,* núm. 5094, del
9-VIII-1899)

III

Tras de largas semanas de inquietud y ajetreo,
tras de la vida agitada de los hoteles del Bulevar
Exterior, lleno de aventureros y de perdidas, he
encontrado el ideal romántico de la casa pobre,
la buhardilla clara, alegre, inundada por el sol;
la cama estrecha, la mesa de escribir, el sillón
viejo, el reloj que mide las horas tranquilas.

Desde mi ventana, por encima de los árboles del Luxemburgo, veo lejos, muy lejos afortunadamente, una hilera de tejados, de torrecillas, de altas chimeneas. En los árboles pían los gorriones; las palomas cruzan el gran horizonte azul lleno de esperanza.

Para nosotros, los vascos, que sentimos la nostalgia del paisaje gris, del monte lleno de plateadas hayas y de retorcidas encinas, el árbol es un amigo, más amigo todavía que el hombre.

Ahora, mientras escribo, veo en los jardines del Luxemburgo, un grupo de niños que se adornan con las hojas secas caídas de los árboles, formando con ellas bandas con las cuales cruzan el pecho, y capacetes que colocan sobre las rubias cabezas.

En mi imaginación, París ha cambiado. Ya no es el pueblo sombrío de rincones siniestros, de tabernas llenas de golfos, ni es tampoco la ciudad banal de los edificios pesados de los Grandes Bulevares. Para mí ha adquirido su aspecto lleno de dulzura y de gracia: un jardín lleno de árboles, pájaros que cantan, niños que juegan; el sol pálido que acaricia el follaje y al matizar los colores otoñales, ¡basta!

La imaginación es una mujer que ríe o llora por cualquier cosa. Como contraste a la impresión serena de hoy, viene a mi memoria algo amargo que presencié ayer.

Iba por el muelle del Arzobispo, admirando esa joya que se llama Nuestra Señora, cuando frente al jardín de la Catedral junto a un edificio largo y de poca altura, vi un grupo numeroso de gente;

pregunté a un guardia qué edificio era aquél y me dijo que *La Morgue*.

Entré porque vi que entraba todo el mundo.

Cerrando el vestíbulo, hay una mámpara de madera, y en ella un cuadro lleno de fotografías de cadáveres no identificados, caras de esas que dan miedo, carcomidas, sin ojos, un poema completo de Baudelaire.

En el interior, un gran número de personas se agrupaba ante un ventanal y una cámara, tras de los cristales se veían cuatro cadáveres, tres de hombre y uno de mujer, los cuatro cubiertos con sus ropas haraposas, colocados en mesas de madera, inclinadas hacia abajo por la parte de adelante. Las cabezas, sostenidas en una horquilla de hierro, miraban con los ojos vacíos hacia la gente, y sobre el fondo blanco de unas cortinas, en el marco del ventanal alto y estrecho, se destacaban los cuatro cuerpos con la violencia de unas figuras de Zurbarán.

Los tres hombres eran tipos de vagabundos; uno tenía el pelo enmarañado, sucio por el barro del Sena, las barbas lacias, entrecanas, los ojos blancos. El otro era delgado hasta la exageración. El tercero de barba negra y cerrada, parecía un ánade en un sueño profundo.

La mujer tenía un aspecto repulsivo, la cara llena de rayas azules, la mandíbula apretada, los labios contraídos.

La gente se agolpaba, llena de curiosidad malsana; se empujaban, se oprimían para recrear los ojos con el espectáculo de los desperdicios humanos.

Entre la turba, me chocó ver una mujer joven-
cita, muy elegante, que se levantaba sobre las
puntas de los pies para ver algo en el interior de
la cámara. Tras de algunos apretones, logró ponerse junto al cristal. Luego de estar durante algún tiempo contemplando los cadáveres, salió
sonriendo. Junto al jardín de la catedral le esperaba un coche de lujo. Subió en él, y pasó por
delante de nosotros, con la sonrisa en los labios y
la mirada llena de alegría.

Hay seguramente en el hombre un instinto
perverso que se manifiesta en cada raza y en cada
país, de distinto modo. El fondo de esta perversidad es el mismo. Las formas son las que varían.
Los que están acostumbrados a la crueldad de
su raza no la notan. La crueldad extraña es la
que ven con claridad.

Así se ha visto en periódicos patrioteros de
aquí, indignarse porque en Londres han ahorcado
a una envenenadora histérica, y al mismo tiempo,
en el mismo día, decir que Dreyfus era un traidor
a quien se ha tratado con excesiva benignidad.
Una benignidad atroz.

Rochefort afirmaba hace días en *El Intransi-
geant* que uno de los directores de un presidio
en el cual él mismo estuvo recluido le decía que
por término medio hay por lo menos en cada cárcel central del territorio francés, siete u ocho desgraciados que expían un delito que no han cometido.

Con lo cual ya lo saben, Dreyfus y su mujer y
sus hijos y todos los castigados sin culpa ni motivo, Rochefor les dice que no se quejen, que tam-

bién hay otros inocentes que purgan delitos que no cometieron.

¡Benignidad! ¡Es extraordinario! Desde ahora, los españoles podemos, sin inconveniente llamar benigno a Torquemada. Ya sabe Dreyfus lo que es la benignidad; por eso emplea el sistema de negarlo todo en los interrogatorios de Rennes.

Si Dreyfus dijera que como hombre de origen alemán tiene simpatías por Alemania, lo que no implica el ser traidor; si no negara el hecho ya afirmado en alguna ocasión que a su juicio la influencia germánica sería beneficiosa en Francia; si añadiera que como judío, no podía tener simpatías por compañeros de carrera que ofendían sus ideas religiosas, y que, como hombre inteligente, no podía tener aprecio por señores militares como los que le juzgan hoy —que no comprenden que no haya nadie que tenga interés en aprender—; si dijera Dreyfus lo que sabe, si lo dijera a la luz del sol, quizás el proceso de Rennes tendría que terminar en París "ab internatos".

Pero, callemos. Los extranjeros no tienen derecho a ocuparse del Asunto Dreyfus. Sólo lo tienen los franceses. Y yo, si por mí fuera, concediera ese derecho únicamente a los que han nacido en el mismo departamento de Dreyfus, en la misma cabeza de partido y en el mismo pueblo, y en la misma casa. Cada uno que se ocupe de lo suyo, viene a decir todos los días *La Patrie,* cuando se ve que un periódico extranjero se ocupa del Asunto.

Mañana vamos a ir, dos españoles al Jardín del

Louvre a pedir que nos den la estatua de Velázquez, porque ¿qué derecho tienen los franceses para ocuparse de Velázquez? Cada cual a lo suyo, y
los que creen que París es el *summum* de la des-
preocupación religiosa, les ofrezco la lectura de
este letrero que he leído la otra tarde en la iglesia de la célebre Sorbona.

Está sobre un cepillo para recoger cuartos. Y
dice así: "Notre Dame des Etudiants; Recomman-
dation des candidats aux examens. Tous les ma-
tins, à la messe de 8 heures, offrande pour les
examens". No le falta al cartelito más que una ta-
rifa en la que se especifique cuánto se necesita
para sacar cada nota.

            (*La Voz de Guipúzcoa,* núm. 5099, del
            14-VIII-1899)

IV

Cuarenta individuos de la *Liga de Patriotas,* y
de los más curiosos antisemitas, se encerraron hace días en una casa de la calle de Chabrol, y para
defenderla, han construido barricadas y han hecho de ella una fortaleza.

El jefe de esos matones, madrileño de nacimiento, Julio Guérin, ha asegurado que está dispuesto a resistir, que tiene víveres para tres meses y armas para todos sus hombres.

El gobierno ha vacilado; ha puesto un plan-
tel de guardias vigilando la calle, y espera que los

antisemitas se vayan aburriendo en su madrigue-
ra de cantar y de beber, para coparlos a todos.

La casa en donde están encerrados es la redacción del *Antijudío*, y al mismo tiempo *Gran
Occidente de Francia*. Hace pocos días pasé junto
a ella a visitar al pintor español Daniel Cortés,
que vive en la calle Chabrol, junto a ese pomposo
Occidente, que *para Occidente*, y *Grande* tiene una casa muy pequeña.

Hoy, ya no se puede pasar por allá. La policía
y la Guardia Republicana cierran las dos salidas
de la calle. Los alrededores de ésta presentan un
aspecto guerrero, un aspecto guerrero que recuerda mejor una opereta de Offenbach que una
ópera de Wagner.

Por las tardes y por las noches, grupos de antisemitas pasean por la calle Lafayette y por el
bulevar Magenta, los dos sitios en donde desem-
boca la calle de Chabrol, cantando una insufrible
tabarra que hace el efecto de un himno a Shanti,
a la que llaman *Le Lampion,* y al final de cada
copla, repiten diez o doce veces, no como gente
entusiasmada, sino como quien grita por contra-
ta: ¡Viva Guerin! ¡Viva Déroulède! ¡Viva Rochefort!

Los soldados de la *Guardia Republicana* de a
cballo recorren las calles disolviendo los grupos,
empujando a la gente hacia las aceras.

Hay militares jovencillos que se pavonean entre la multitud buscando su migajita de ovación,
y el que algún grupo de mozos de restaurán griten
a su paso agitando el sombrero en el aire: "¡Vive
l'Armée!"

Algunos valientes queman *La Aurora,* el periódico de Clémenceau, y hay otros todavía más valientes, como aquellos que, en número de ciento, atacaron hace unas noches a bastonazos a un obrero anarquista que manifestó sus simpatías por Dreyfus.

Ayer noche, presenciaba yo el espectáculo que presentan los alrededores de la calle de Chabrol desde un café del bulevar Magenta. La multitud iba y venía a oleadas, siguiendo los movimientos de los soldados de a caballo. Se disolvía un grupo y volvía en seguida a formarse otro, y al poco rato se elevaba en el aire el himno "à chanter Les Lampions", cantando a voz en grito.

En un grupo de la calle vi un periodista de Burdeos a quien conozco de verle y encontrarle en el restaurán, dreyfusista rabioso que discutía con dos o tres. El hombre no se mordía la lengua; estaba exasperado, y decía muy alto, con su acento enérgico de meridional, que los antisemistas eran vergüenza del pueblo francés.

Su amiga, una siberiana que le acompaña siempre, trataba de alejarle de allí, pero era imposible. Lo que no pudo hacer ella, lo hizo un empellón que le dio la gente, que huía de los caballos, obligando al periodista y a su compañera a entrar en el café. Se sentaron a mi lado.

—Le parece a Vd. —me dijo el periodista enfurecido—, pues no aseguran esos imbéciles que los dreyfusistas han pagado al asesino de Laborie. ¡Hay en ningún lado canalla más innoble!

La siberiana, variando de conversación, empezó a contar que había conocido en su tierra al gran escritor Dostoievski, un gran hombre que no era como Tolstoï —(Tolstá), pronunciaba ella—, el cual vive admirablemente, sin trabajar en el campo ni hacer zapatos.

Pero el tiempo no estaba para conversaciones literarias. Pasó una turba cantando *La Marsellesa antijudía* y repitiendo al final de cada copla, como estribillo: ¡Assassin, Gallifet! ¡Assassin, Gallifet!"

—¡Esos sí que son asesinos! —comenzó a decir el periodista, a voz en grito, para que le oyera todo el mundo. Y prodigó los epítetos de *miserable,* de *canalla* y de *bandido* a todos los personajes políticos del bando contrario al suyo.

Afortunadamente a nadie se le ocurrió contestarle. Y yo que estaba viendo en perspectiva algún garrotazo que por equivocación cayera sobre mí, me encontré muy satisfecho en la calle con todos los huesos sanos.

Parece imposible de crer los odios inmensos que ha producido la cuestión de Dreyfus. Ahora que en parte se han apaciguado algo, la palabra *asesino* es una palabra suave, casi sin importancia. Un taquígrafo de Rennes le llama al general Mercier, asesino; Rochefort le llama a Gallifet, asesino; Drumont le llama a Clémenceau, asesino; Clémenceau llama asesino a Drumont y a todos los nacionalistas.

Si fuera verdad lo que dicen unos y otros, Francia sería el país más miserable del mundo. Para ir al Senado o al Congreso, en donde se reúnen todos esos *asesinos,* había que llevar trabuco y navaja de Albacete.

Una manifestación de odio un tanto cómica es la de Octavio Mirbeau, el célebre autor de *Los Malos Pastores*. Octavio Mirbeau, según se dice, ha invitado a Meyer, el director de *El Gaulois,* a que se vaya de la fonda en donde ambos viven. A Mirbeau le molesta tener junto a él un antidreyfusista como Meyer y le ha pedido con mucha finura que haga el favor de marcharse.

En el fondo de estos odios de hoy, está la lucha eterna de la reacción y de la revolución. Los reaccionarios comprenden que en el Asunto Dreyfus juegan una de sus últimas cartas. Para ellos, la absolución de Dreyfus significa el descrédito del ejército, el descrédito de la fuerza y del principio de la autoridad. No quieren que se vea la torpeza de los generales y la incapacidad de los Jefes del Estado Mayor. Esperan en una revancha ilusoria. Y todo lo que sea mermar la importancia de los generales y del Ejército, estiman que atrasa la hora de la revancha.

Los revolucionarios, seguramente, no creen en el desquite y en la absolución de Dreyfus. Es, para ellos, además de un acto de justicia, una satisfacción que da la patria a la humanidad.

Son previsores al condenar el nacionalismo exagerado; van preparando lentamente la aproximación de Francia hacia Alemania.

Porque parece que no, pero un país como Francia en donde la natalidad disminuye de un modo terrible, en donde hay mujeres que se someten a la ovariotomía por el miedo a ser madre, en donde pasa, como ocurre en París, que la cuarta parte de los nacimientos son de hijos ilegítimos, en donde no hay ni iniciativas industriales ni comerciales, un país así, teniendo al lado un enemigo como Alemania, la nación actualmente más fuerte y más próspera del mundo, está expuesto a ser devorado a cada instante.

En cambio, buscando la alianza con Alemania, la vida de Francia sería más tranquila y dichosa.

¡Ojalá tuviéramos nosotros en España tan próximo al elemento sajón para que fuera infundiendo en nuestra vida su ciencia y sus costumbres, sus hábitos de trabajo y sus iniciativas industriales!

> (*La Voz de Guipúzcoa,* núm. 5106, del
> 21-VIII-1899)

V

¡Hoy es el ataque! ¡Hoy es el ataque!, nos han dicho diariamente los periódicos. La gente curiosa que hay en todos los lados, y en París, aún más, porque el parisién es *papanatas* por temperamento, se aglomera en los alrededores de la calle de Chabrol, husmeando, mirando por si la cosa iba mal, y al ver que no pasaba nada, volvían a sus casas, un tanto displicentes, como personas a quienes han engañado.

· El Gobierno se ha decidido a esperar tranquilamente a que los amigos de Guérin se rindan por hambre.

Y los nacionalistas que veían una infamia en que el Gobierno mandara a soldados en vez de agentes de Policía para atacar el pomposo *Gran Occidente,* ven otra canallada en que ahora se les sitie por hambre. A pesar de que la tragedia concluirá en mojiganga, Guérin y los suyos han demostrado que son unos señores con todos los requisitos exigidos por la ley. Guérin ha estado soberbio con su apostura grotesca de matamoros.

Se explica muy bien, me decía un parisién, el que sea español.

Yo me explico muy bien en cambio el que sea francés. Su energía, su arrogancia, sus frases clásicas pronunciadas con el objeto de que pasen a la historia, con todos sus panteones, son exclusivamente francesas.

Yo no creo que la vanidad quijotesca sea exclusivamente española. Para mí, no hay nadie que aventaje a los franceses en el arte de tomar posturas académicas. La farsantería les conduce muchas veces hasta el heroísmo.

Grandes y chicos, intelectuales e impulsivos, sabios y políticos, Flammariones y Deroulèdes, todos tienen siempre, a pesar de su talento, a pesar de su valor y de su energía, algo extremadamente cómico y grotesco.

Por eso, quizá, dijo el cruel escritor Schopenhauer, si el Africa tiene monos, en cambio Europa tiene franceses.

Lo que tomó un aspecto serio de veras, fue la manifestación del día 20 organizada por los anarquistas. Yo los vi pasar por el Boulevar Magenta.

A la cabeza iba Sébastien Faure, con sus amigos, formando un grupo numeroso. Se veían en él caras extrañas, tipos exóticos, melenudos, de largas levitas, gente pálida de mirada triste, ojos alucinados de poetas y de rebeldes.

Luego detrás, venía la chusma, la legendaria hidra revolucionaria: caras congestionadas, brutales, sombrías, tipos patibularios, golfos, sietemesinos. Una mescolanza abigarrada y siniestra.

Ya de noche, el Boulevar fue tomando un aspecto imponente. El aire enturbiado por el polvo parecía de gasa. Tenía una esfumación de luz. La multitud se apiñaba, corría en avalanchas atropellándolo todo. Pasaban los tranvías despacio con sus luces de reverbero, roncando sordamente por sus bocinas. Los guardias de a caballo cargaban sobre las masas, que respondían con gritos formidables de "¡Hou! ¡Hou!". Los domingueros, cogidos por sorpresa en medio del alboroto, iban corriendo azorados. Había mujeres y niños que caían al suelo, de quienes nadie se ocupaba; y en medio de los tranvías y de los ómnibus detenidos se veía como nota simpática, dos coches de boda adornados con ramaje y farolillos de papel que volvían de algún pueblecillo próximo.

En la salida de la calle de Chabrol, que estaba completamente oscura, se veían filas de soldados con sus capotes, sus kepis y la bayoneta calada, esperando el momento.

Los franceses, que tienen la especialidad de los géneros de moda y de fantasía, tienen la política como sus géneros, puramente de fantasía, casi tan fantasista como la nuestra.

Se comprende que no haya aquí partidos ni agrupaciones políticas definidas, ni programas ni otras zarandajas. Se comprende también que habiendo llegado todos a apasionarse con el asunto Dreyfus, no haya más que dreyfusistas y antidreyfusistas. Lo que no se explica es ese revoltijo de gente en un mismo bando que por sus tendencias y por su historia han sido siempre incompatibles.

Si esto marcha como hasta ahora, dentro de poco el reaccionario *Fígaro* será el periódico de los anarquistas. En cambio, Rochefort, el demoledor Rochefort, ayudará a decir misa. Ya tiene algo adelantado para eso. Su cara de viejo sátiro, alargada por la perilla y el tupé, parece una cariátida de esas macabras de los bajorrelieves de las catedrales.

En estas luchas de hoy, los nacionalistas llevan la peor parte; van a conseguir divorciar, por ejemplo, por completo, al ejército del pueblo. Están haciendo campañas asombrosas. Han tratado de demostrar que el falsificador *Henry* era un hombre muy leal, que las falsificaciones del agente del Estado Mayor eran lícitas, que los oficiales extranjeros que aseguran bajo su palabra de honor no haber tenido relación con Dreyfus, no tienen honor, ni palabra, ni nada. Que Laborie y sus amigos, han fingido una tentativa de asesinato. ¡Una porción de enormidades!

Ahora los nacionalistas manifiestan una gran indulgencia por los capitanes asesinos: Boulay,

Chanoine, y se comprende. Es natural y lógico. Boulay y Chanoine son hombres para entusiasmar a esa gente. Han hecho proezas como Marchand, como Galliéni, proezas como las que hizo Weyler en Cuba.

Es verdad que han asesinado a muchos negros, que han quemado pueblos enteros, que han pasado a cuchillo todo lo que se les ha puesto por delante. Pero en cambio han ensanchado los dominios de su país y han plantado la bandera en tierras lejanas. ¡Qué más se le puede pedir a un militar!

También es verdad que esos territorios no les han servido de nada a los franceses, y que el día que empiecen a civilizarse, los ingleses a quienes les gusta más robar las escobas hechas que robar primero las palmas y los palos, y luego tomarse el trabajo de hacerlas, se quedarán con esos territorios y *laus tibi Christi*.

Los tales ingleses son unos guasones terribles. He aquí una conversación escuchada en una cervecería de la calle de Montmartre:

En una mesa hablan varios señores. Entre ellos, uno alto y grueso, completamente afeitado, de aire un tanto monacal.

—Y usted —le preguntan al señor alto—, ¿es usted dreyfusista?

—¡Oh, no! —contesta el caballero muy despacio y con acento inglés—. Soy esterhazista.

—¿Cree usted inocente a Esterhazy?

—¡Oh, no! Si fuera inocente, yo no sería su partidario. Es para mí el traidor más ingenioso y más ameno que se conoce. ¡Pobre amigo mío!

—Pero, ¿le conoce usted?

—Es tan íntimo que me ha honrado regalándome la pluma con que escribió el *bordereau*. La tengo en mi despacho.

Un caballero que ha oído la conversación, al mozo:

—¿Quién es ese señor que dice que conoce a Esterhazy?

El mozo sonriendo:

—¡Es un blaguer! ¡Monsieur Oscar Wilde!

Un guasón que ha estado deshaciendo maromas en un presidio de Inglaterra durante unos cuantos años. ¡Bromitas de los ingleses!

(*La Voz de Guipúzcoa,* núm. 5113, del lunes 28-VIII-1899)

VI

Ayer al asomarme a la ventana, vi el cielo más triste, los árboles más deshojados y amarillentos. París había cambiado de color con la lluvia. Las casas estaban ennegrecidas por la humedad. El suelo mojado y brillante. En los jardines del Luxemburgo, las hojas muertas iban cayendo con tristeza a dejar una alfombra amarilla sobre la hierba verde.

Me pareció oír la voz del otoño que comenzaba a murmurar a lo lejos débilmente, entre los árboles movidos por el viento.

El Luxemburgo estaba desierto, melancólico. A cada momento, el cielo se nublaba; luego, el sol salía sin fuerza, dibujando en el suelo sombras sin contornos. Un lamento lejano, intenso, rítmico, como el latido de un corazón, llegado no sé donde, vibraba en el aire y embotaba los sentidos, produciendo una extraña y lánguida angustia.

Era como un canto lleno de quejidos de otoño, de voces de decadencia, algo que hablaba de aniquilamiento, de muerte y de tristeza. Una locomotora silbaba a lo lejos; tañía una campana; las hojas secas jugueteaban en el aire alegre con su inconsciencia.

Recordé aquella poesía de Verlaine: *La Canción del Otoño*, tan triste, tan sentida. Quizá se inspirara en este jardín del Luxemburgo en donde el poeta paseaba, arrastrando sus piernas. fumando su pipa mal oliente, haraposo, sucio, repulsivo, con los estigmas de los vicios fijados en el rostro, montón de barro inmundo, en donde por casualidad, había caído una delicada perla.

Hoy el día está primaveral. El otoño que hizo su aparición ayer se ha retirado hoy.

He abierto los periódicos. Nada nuevo, absolutamente nada. Clemenceau demuestra en "La Aurora" una vez más que Dreyfus es inocente. Barrès prueba a su manera en "Le Journal" que es culpable. Rochefort, que empieza a chochear, no contento con llamar al procesado traidor, le llama imbécil.

La gente que discurre empieza a preocuparse de los efectos del fallo del Tribunal. Francia ne-

cesita una tregua para calmar sus odios, para
celebrar en paz su Exposición. El Asunto Dreyfus
se lo impide. Es un motivo continuo de agitación
y de discordia.

La gravedad de la situación, en vez de desaparecer, aumentará con el fallo del Tribunal. Si el
procesado es absuelto, el Ejército y los antisemitas declararán la guerra a todos los Gobiernos.
Don Déroulède de la Mancha se pondrá el yelmo
de Mambrino, y con su coraza de papel y su lanza de comparsa, jinete en algún Rocinante na-
cionalista, saldrá al campo a deshacer los entuer-
tos de los malsines, que no respetan como se
merece a su Dulcinea.

Si el fallo es adverso, como parece que lo va
a ser, la lucha por parte de los revolucionarios
se hará más audaz, no se atacará solamente ya
a algunas personalidades del ejército, sino a todo
él. Se acercan días de grandes batallas.

Dreyfus ha sido un pretexto para que amigos
y enemigos se reconozcan y formen sus respec-
tivos bandos. En Francia, más que el pleito de
Dreyfus se ventila ahora el pleito del militarismo.

Las discusiones siguen tan acaloradas en los
cafés, en las cervecerías, en todas partes. En el
restaurán se insultan que es un gusto. Todos hacen protestas de que no quieren hablar del asunto, pero en seguida que alguno saca la conversación, se echan los demás como fieras; y hablan
todos a la vez, como las mujeres cuando están
en visita.

Hoy, mientras discutían, estaba oyendo las
historias de un aragonés a quien conocí ayer. Ha

ganado los días anteriores mucho dinero, impresionando cilindros, cantando jotas y malagueñas.

El hombre contó una cosa graciosa. Habían querido impresionar en la casa un trozo de un discurso de Castelar. Y se lo trajeron a él impreso para que lo leyera junto a la bocina del fonógrafo.

¡Vaya un discursito! —decía el aragonés—. *Entoavía* me acuerdo; decía así: "Soy republicano y *en jamás* seré monárquico!" Y luego porque la ideología nos lo dice. Y el aragonés seguía entusiasmándose con sus recuerdos: ¡Hay para fiarse en la fidelidad de los fonógrafos!

El español que ha oído mismamente a la propia voz de Castelar decir "en jamás, ideología" va a crer que Castelar era un tocador de guitarra o cosa por el estilo.

Esta tarde, aprovechando el buen tiempo he ido a pasear, sintiéndome un buen burgués, al Cementerio del Padre La Chaise. Quizá no hubiera entrado si su aspecto fuera fúnebre o triste, pero es todo lo contrario, alegre, sonriente; un jardín lleno de frondosas avenidas, de rincones poéticos, de grandes calles de árboles.

Por las avenidas, paseaba un colegio de niños que charlaban alegremente. Se veía señores sentados en los bancos tomando el fresco; grupos de inglesas jóvenes, de ojos azules y de sombreritos de paja, con la guía de París en la enguantada mano, paseaban mostrándose una a otra las tumbas de los hombres célebres.

Todo tenía una nota semi triste. Una señora anciana vestida de luto, limpiaba con una escobita una tumba, quizá la de su marido, quizá la de su hijo. En su cara, no se veían señales de dolor reciente. Seguramente, es una señora que vive en el barrio y va allí a cumplir una antigua y piadosa costumbre.

Subí unas escaleras y llegué a una plazoleta. Desde las gradas de la capilla, situada ésta a alguna altura, se veía a lo lejos París, que se ensanchaba hasta perderse de vista, envuelto en una gasa de niebla dorada por el sol, con sus cúpulas, sus torrecillas, sus chimeneas. Con un resplandor que parecía salir de sus interminables filas de tejados que le envolvían en una luz de apoteosis.

En el fondo verde e intenso de las avenidas floridas, se destacaban las tumbas, claras y escuetas, con sus adornos, sus monolitos, sus yeseras, estatuas.

Llegué junto a las tapias del Camposanto. Allá, por las chimeneas de un horno destinado a la cremación, iba saliendo lentamente una blanca humareda, recipo ? de cuerpos muertos, de almas apagadas, átomos que iban a fundirse más pronto en el aire con la eterna materia, siempre viva y siempre poderosa.

De allá bajé al antiguo cementerio en donde están las tumbas de Abelardo y Heloïsa. Me senté en un banco y pensé como mister Pickwick, el personaje de Dickens, en la inestabilidad de las cosas humanas.

Cuando se me ocurrió marcharme, era ya tarde. El viento había refrescado. Las tumbas resaltaban aún más a la luz fría del crepúsculo.

Al pasar junto a la capilla, miré hacia París, y el nimbo de apoteosis había desaparecido, y las nubes parecían arrojar sobre la gran ciudad, puñados de ceniza.

(*La Voz de Guipúzcoa,* núm. 5120, del 4-IX-1899)

NOTAS A LOS CUENTOS Y ARTICULOS DE
LA VOZ DE GUIPUZCOA

(1) Su colaboración empezó en seguida de llegar a Cestona de médico: *Era esto por septiembre, por las fiestas de Cestona. Recuerdo que yo escribí sobre las fiestas del publo un artículo en "La Voz de Guipúzcoa" de San Sebastián* (Memorias; Familia, Infancia y Juventud, VI parte, III, en O. C., VII, p. 615, 1.ª col.). Efectivamente, en el número 3420 del 11 de setiembre de 1894 está con la firma al final de *Tirteafuera*, lo que me ha servido de base para la suposición de sus firmas en otros periódicos y revistas con el mismo seudónimo o el de *Pedro Recio*. También pudieran ser suyas dos cartas, una desde Zarauz (23-8-1894) y otra desde Cestona (7-9-1894), así como un artículo del año siguiente sobre *Los Balnearios* (27-6-1895).

(2) *El Carbonero.*—Este cuento formará parte de *Vidas Sombrías,* como gran parte de los cuentos aquí presentados. En la presente edición se da la primera elaboración, la del periódico. En el libro lleva el número 14. En él se podrán comprobar las diferencias que aquí no conviene ahondar.

(3) *La Farsa de Pachi.*—Damos la segunda escritura, después de la de *La Justicia,* para que el lector pueda comprobar el trabajo de escritor y estilista que hace en estos años ya Pío Baroja que dará más adelante a este cuento el título de *Las coles del cementerio* (núm. 26).

(4) *Ideales.*—Trátase de un texto en su mayor parte igual que el titulado *Monólogos,* con idéntico subtítulo en *La Justicia* del 4-1-1894. No lo volvió a recoger en libro don Pío, pero coincide con su ideología y puede añadir sus puntos a un estudio profundo del pensamiento barojiano. En este texto toda la última parte viene añadida, en relación con *Monólogos,* y esto se podrá comprobar en un cotejo rápido.

(4 bis) *Gritos en el mar.*—Pocas diferencias en el texto definitivo (núm. 33) de V. S.

(5) *Morir al sol.*—Texto nuevo, muy relacionado con los que tratan de la muerte, del sol mediterráneo, del artista solo, pobre y moribundo. Cuajado pues de recuerdos de la triste estancia en tierras levantinas.

(6) *La guerra y la ciencia.*—Se encontrará este texto muy modificado: a) con el título de *Lejanías* en el tomo VIII de *Obras Completas,* páginas 860-861; b) en *El Tablado de Arlequín,* con el título de *Romanticismos* (cf. O. C., tomo V, páginas 66 a 68). Un estudio comparado de los textos revelará sus parecidos y diferencias, en circunstancias sociales y personales acaso distintas.

(7) *Noche de Médico.*—Está en *Vidas Sombrías,* con el número 19. Recordaremos que su primera expresión salió en *La Justicia* del 28 de diciembre de 1895, con el título de *La Operación.* También aquí, como en todos los textos con dos o tres escrituras, debiera hacerse un cotejo formal. Lo damos como segunda manera, acudiendo el lector al texto definitivo en *Vidas Sombrías.*

(8) *El Remedio.*—Es un cuento de la tierra que más tarde llevará el título y nombre de *Marichu* en *Vidas Sombrías,* con el número 5. Las diferencias son tales, pero más de forma que de fondo.

(9) *Las dos Oraciones.*—Se trata de unas impresiones de un día en la aldea, de la vida silenciosa del campo. Es texto "nuevo".

(10) *El Charlatán.*—Este cuento cambiará de título para salir en *Vidas Sombrías* con el número 16, llamándose *Errantes.* Volverá a salir con este título el 19 de abril de 1899; con este título ya en la misma *Voz de Guipúzcoa* (véase la nota 26: *Errantes*).

(11) *Visiones.*—Lo mismo ocurre con este texto, que con el título *De la Fiebre* sale en *Vidas Sombrías* bajo el número 29. También saldrá otra vez en *La Voz de Guipúzcoa* el 3 de julio de 1899, como se verá en la nota 28: *De la Fiebre.*

(12) *La Vieja.*—Se trata de un cuento nuevo, pero enteramente conforme con la serie de *Vidas Sombrías,* por lo vascongado, por lo nostálgico y algo tristón, por la filosofía natural que se desprende de él.

(13) *El Hospital de Noche.*—Es un cuento nuevo, si se quiere, pero que está plenamente concentrado sobre el período de estudiante de Medicina de Pío Baroja en Madrid. Y corresponde bien con lo que de ello dice en sus *Memorias.*

(14) *Golfos.*—Varios son los textos que escribió don Pío sobre este tema, describiendo a los golfos madrileños y su "patología", como se comprobará en *El Tablado de Arlequín.* También hay que ver *Patología del golfo,* que salió en otra colección de cuentos.

(15) *De Otoño.*—Este es *Playa de Otoño,* el cuento número 6 de *Vidas Sombrías,* un texto muy modificado en sus varias expresiones, por lo que damos además de ésta del libro, dos versiones distintas, que como verá el lector también difieren bastante.

(16) *Fornos.*—Hay en *La Voz de Guipúzcoa,* un conjunto de *Croquis madrileños;* el primero de ellos es esta jugosa descripción de esta sala recreativa que era "Fornos". Texto nuevo, pues, que sin embargo no es novedad para el asiduo lector de Baroja.

(17) *El Vago.*—Como cuento sale con el número 28 en *Vidas Sombrías,* pero muy modificado con relación a éste. Luego, no se sabe por qué, volvió a salir en *El Tablado de Arlequín.* Naturalmente, es indispensable el cotejo entre estos tres textos, por lo menos.

(18) *La Casa de la Trapera.*—Este célebre cuento ha tenido varias expresiones. En *Vidas Sombrías* con el título de *La Trapera* (número 23). En otro caso, se llamará *El Glu-Glú de la Olla.* Sin embargo, los textos varían bastante y deberán ser cotejados, pues hay bastantes párrafos cambiados.

(19) *Camino del Este.*—El título en *Vidas Sombrías* será el de *Los Panaderos,* llevando en la colección el número 4. No repetiremos aquí lo dicho ya sobre los textos anteriores, y particularmente los tres últimos que, con *Fornos,* forman los *Croquis madrileños.*

Los textos los dio don Pío por épocas, sin regularidad. Entre *Camino del Este* y el siguiente median más de ocho meses.

(20) *La Institutriz.*—En realidad este cuento se llamará más tarde *Biquette* y saldrá en *Idilios Vascos.* Pero también aquí en este texto primerizo hay muchas diferencias con el futuro cuento impreso.

Dicho cuento volverá a publicarse, sin más alteraciones que tres palabras cambiadas, en *El País* del 8 de mayo de 1899 (número 4320).

(21) *Playa de otoño.*—Ya hemos dado el texto anterior, también publicado en *La Voz de Guipúzcoa* del 9 de setiembre de 1897, en su debido lugar. Si damos la segunda versión es para que el lector se dé cuenta a la vez de la continuidad del fondo y de las diferencias formales que son múltiples. El texto se va acercando a lo que será en *Vidas Sombrías.*

(22) *Mari Belcha.*—Por causa de las escasísimas diferencias qu existen entre este texto, el del 25 de enero de 1900 en *El Nervión* de Bilbao y el del libro de cuentos, sólo apuntamos en nota las transformaciones sufridas.

(23) *Al llegar a la Venta.*—Además de acortar el título, quitándole su dinamismo verbal para hacerlo más costumbrista, el autor conservará intactos los seis primeros párrafos, y luego surgirán tan notables modificaciones que convenía dar íntegro el texto primitivo del periódico. Hay añadidos, hay restas, hay alteraciones. Su estudio, como el de otros muchos de estos cuentos, no cabe en esta presentación. Sin embargo damos los puntos distintos para el lector curioso.

(24) *El Trasgo.*—Volvemos a dar el texto, aunque no haya muchas modificaciones. Son idénticos los textos de los dos periódicos, el madrileño y el donostiarra.

(25) *A la Pesca.*—Se trata de un caso casi idéntico, ya que aquí el título cambió por el de *Angelus,* el cual aparece ya en *El Album de Madrid,* del 30 de junio de 1899. En nota se verán las diferencias entre los tres textos, cosa que no hemos podido hacer para todos los cuentos de *Vidas Sombrías,* aquí sacados.

(26) *Errantes.*—No damos más que unas notas aclaratorias de las variantes que existen entre el periódico y el libro.

(27) *El Reloj.*—Como en el caso de *Mari Belcha,* sólo damos las diferencias para este texto.

(28) *De la Fiebre.*—Como lo comprobará el lector, el texto, casi idéntico al del libro *Vidas Sombrías,* es muy distinto de *Visiones,* que salió el 2 de enero de 1896 en el mismo diario.

(29) *Desde París.*—Se trata de seis artículos mandados desde la capital de Francia, con ocasión de su primera estancia larga en ésa, durante el verano y parte del otoño de 1899. Son artículos muy relacionados con lo que dice en sus *Memorias,* tratando de la Francia finisecular enfrascada en el "Asunto Dreyfus". Uno de estos artículos salió casi íntegro en *El Tablado de Arlequín,* con el título de *Lagny* (cf. O. C., tomo V, páginas 49-51). Otro trata del cementerio del Père Lachaise, y también lo empleará don Pío más adelante como lo hacía con todos sus apuntes y documentos, a su hora. Casi todo, pues, en estos artículos es inédito. El primero de ellos, poco después de su llegada, evoca la fiesta nacional francesa: "el 14 de julio".

INDICE

SEGUNDA PARTE